W0388330

AUSPICIUM

Lateinische Grammatik

Günther Hoffmann
Klaus Karl
Harald Kloiber
Dr. Günther Wolf
Nicole Wunder

LATEIN-BUCH-VERLAG LAPPERSDORF
Inhaber: Klaus Karl

AUSPICIUM
Lateinische Grammatik

Günther Hoffmann
Klaus Karl
Harald Kloiber
Dr. Günther Wolf
Nicole Wunder

© 2009
Das Werk und seine Teile sind urheberrechtlich geschützt. Jede Verwertung in anderen als den gesetzlich zugelassenen Fällen bedarf deshalb der vorherigen schriftlichen Einwilligung des Verlages.

Herausgeber: LATEIN-BUCH-VERLAG LAPPERSDORF, Inhaber: Klaus Karl
Gesamtherstellung: Vormals Manzsche Buchdruckerei und Verlag, Regensburg
ISBN: 978-3-938119-16-7

Vorwort

Mit der vorliegenden Grammatik wird die Lehrbuchreihe "Auspicia" abgeschlossen. Sie bildet eine Ergänzung zu den drei Übungsbüchern und zur Wortkunde.

„Auspicium“ will keine herkömmliche Elementargrammatik sein. Deshalb sind z. B. sprachgeschichtliche Zusammenhänge auf ein Minimum reduziert. Vielmehr soll eine Lern- und Nachschlagegrammatik vorgelegt werden, die es ermöglicht, einzelne Stoffe zu wiederholen und zu vertiefen. Sie soll auch dem Selbststudium dienen.

Die Auswahl der Stoffe orientiert sich am Lehrplan für Latein. Es wurde alles aufgenommen, was hier vorgeschrieben ist. „Auspicium“ ist somit nicht auf ein spezielles Unterrichtswerk festgelegt; es kann neben jedem anderen Lehrbuch verwendet werden.

Im Lehrplan sind allerdings einzelne Stoffgebiete nicht immer zusammenhängend und systematisch angeführt. „Auspicium“ ordnet sie sachimmanent an und ermöglicht auf diese Weise einen Überblick über die einzelnen Phänomene.

Im ersten Teil dieser Grammatik ist die Formenlehre, im zweiten die Satzlehre abgehandelt. Großer Wert wurde dabei auf Anschaulichkeit gelegt. Verschiedene farbliche Kennzeichnungen sollen eine rasche Orientierung gewährleisten. Tabellen mit elementaren sprachlichen Inhalten sind gelb, weitere wichtige Lernstoffe blau unterlegt, Beispiele sind magenta unterlegt oder eingerahmt. Letzteres gilt insbesondere für die Satzlehre, damit die einzelnen Erscheinungen verständlich gemacht, vertieft und eingeübt werden können. So werden auch Hilfen für die Übersetzung geboten, was ein erklärtes Ziel von „Auspicium“ ist.

Der Abriss der Laut- und Wortbildungslehre sowie die Auflistung der wichtigsten rhetorischen Mittel beschränken sich auf das Wesentliche und erheben nicht den Anspruch auf Vollständigkeit. Hier werden gewisse Grundkenntnisse angestrebt.

Das beigefügte Register soll eine rasche Auffindbarkeit der einzelnen Stoffbereiche ermöglichen.

Das Team Auspicia hofft, mit dieser Grammatik die Lateinkenntnisse festigen und vertiefen zu können. Allen, die mit „Auspicium“ arbeiten, wünschen wir viel Erfolg. Für zahlreiche äußerst förderliche Hinweise danken wir Herrn Dr. Wolfgang Flurl, München, sehr herzlich.

Lappersdorf, im November 2008 — Team Auspicia

Die vorliegende Ausgabe ist ein weitgehend unveränderter Nachdruck, bei dem Versehen und Ungereimtheiten beseitigt und geringfügige Ergänzungen vorgnommen wurden.

Lappersdorf, im Mai 2009 — Team Auspicia

Inhaltsverzeichnis

FORMENLEHRE

SATZLEHRE

§ 1 Die lateinische Sprache

1. Die lateinische Sprache

Die lateinische Sprache gehört, wie fast alle europäischen Sprachen, zur sog. indogermanischen Sprachenfamilie, die von Westeuropa bis Mittelasien reicht. Diese Urverwandtschaft des Lateinischen mit den anderen Sprachen lässt sich an Wortgleichungen besonders aus dem Grundwortschatz ablesen, z. B.: altgriech. *patḗr; (h)eptá* – lat. *pater; septem* – dt. *Vater; sieben* – engl. *father; seven.*

Latein war ursprünglich nur die Sprache der Latiner, der Bewohner der mittelitalischen Landschaft Latium und ihrer Hauptstadt Rom. Dadurch dass die Römer im Laufe der Zeit ihr Herrschaftsgebiet fast auf den ganzen damals bekannten Erdkreis ausweiteten, wurde Latein die Amts- und Verkehrssprache in diesem Weltreich und bildete dann schließlich die Grundlage für die sog. romanischen Sprachen: Italienisch, Spanisch, Portugiesisch, Französisch und Rumänisch. Aber auch von den anderen europäischen Sprachen, besonders vom Deutschen und Englischen, wurden im Laufe der Zeit viele lateinische Wörter übernommen und entweder als Fremdwörter (die meist bis auf die lateinische Endung unverändert geblieben sind, z.B.: lat. *fundāméntum* – dt. *Fundament*) oder als Lehnwörter (die der entlehnenden Sprache angeglichen wurden, z. B.: lat. *fenéstra* – dt. *Fenster*) in die eigene Sprache integriert.

Als Sprache der Wissenschaft und besonders der katholischen Kirche ist das Lateinische über die Jahrhundert hinweg von Bedeutung geblieben. Und in der heutigen Zeit wird verschiedentlich versucht, das Lateinische zu neuem Leben zu erwecken, wie z. B. die wöchentlichen Nachrichten in Latein im finnischen Rundfunk zeigen.

2. Die Schrift

Das Lateinische umfasste bis ins 1. Jh. v. Chr. 21 Buchstaben, dazu wurden in der Kaiserzeit aus dem Griechischen die Buchstaben **Y** und **Z** und im Mittelalter zur Differenzierung gegenüber **V** der Buchstabe **U** hinzugefügt. Das lateinische Alphabet entspricht somit fast vollständig dem deutschen, es fehlen lediglich die Buchstaben **J** und **W**; der Buchstabe **K** kommt ganz selten vor (z. B. *kaléndae*).

Während in der Antike ausschließlich Großbuchstaben (Majuskeln) verwendet wurden, werden jetzt im Lateinischen alle Wörter grundsätzlich klein geschrieben, groß schreibt man nur das erste Wort im Satz, Eigennamen und davon abgeleitete Adjektive (z. B. *Rōma, Rōmā́nus*).

3. Die Aussprache

In Deutschland wird das Lateinische heute im Großen und Ganzen so gesprochen, wie es geschrieben wird. Abweichend davon ist die Aussprache:

- **ae** bzw. **oe** oft als ***ä*** bzw. ***ö*** (zum Teil auch als *ai* und *oi*)

- **c** als ***k*** (vielfach auch vor dem Diphthong ae und den hellen Vokalen i und e als *z*, sonst als *k*)
- **i** in einer Silbe vor einem Vokal als ***j***
- **v** wie ein ***w***.

Z. B.: *Rōmae* => Romä (Rōmai) – *circus* => kirkus (zirkus) – *Iānus* => Janus – *vīlla* => willa

4. Die Betonung

Beachte zunächst: **Vokale** können kurz oder lang sein. Zur Kennzeichnung (z. B. in einem Lexikon) verwendet man für eine Länge das Zeichen ¯ (z. B.: ā); eine Kürze wird nur in besonderen Fällen durch das Zeichen ˘ (z.B.: ă) hervorgehoben (vgl. im Deutschen: Pfād, Tāt, rōt, Mūt – aber: Mănn, Wăsser, Gŏtt, Mŭtter).

Für die Betonung lateinischer Wörter gelten folgende Regeln:

- Zweisilbige Wörter werden im Lateinischen immer auf der ersten Silbe betont. Beispiel: *Rṓma – páter – hábet*
- Bei Wörtern mit mehr als zwei Silben gilt das sog. **Dreisilbengesetz**:

  Die **vorletzte Silbe ist immer betont**, wenn sie einen langen Vokal oder Diphthong (Doppelselbstlaut) aufweist (Naturlänge), oder meist, wenn auf einen an sich kurzen Vokal **zwei oder mehr Konsonanten** folgen (Positionslänge). **Ansonsten ist die drittletzte Silbe betont**, d. h. wenn die vorletzte Silbe einen kurzen Vokal enthält und nicht zwei oder mehr Konsonanten folgen. Eine Ausnahme bildet die Konsonatenverbindung *mūta cum liquida* (Verschlusslaut + *l* oder *r*); sie bewirkt in der Regel keine Positionslänge.

  Beispiele: *Afric**ā́**nus – nāt**ū́**ra – magí**st**er; māté**rn**us – dēsé**rt**us – conté**nt**us;*
  aber: *Germā́nĭcus – agrícŏla – benévŏlus – íntegra – múltiplex.*

Merke: Wenn zwei Vokale (Selbstlaute) aufeinander folgen, ist der erste von ihnen in der Regel kurz. Beipiele: idónĕus, hábĕo, árdŭus.

Zur Erleichterung wird in Auspicium bei Wörtern mit mehr als zwei Silben die Betonung immer durch einen Akzent angegeben.

§ 2	Lautliche Veränderungen

Das Lateinische war als lebende Sprache im Laufe der Zeit gewissen Veränderungen unterworfen, wofür sich Gesetzmäßigkeiten erkennen und Lautregeln aufstellen lassen. Die Kenntnis solcher Regeln erklärt viele unregelmäßig erscheinende Wortformen und erleichtert deren Erkennen und das Einprägen dieser Wortformen. Die wichtigsten Lautregeln sind:

1. Vokalschwächung

1.1 In Mittelsilben werden **kurze Vokale** meist zu ***i*** oder (vor r und Doppelkonsonanten) zu ***e***, die **Diphthonge ae** bzw. **au** zu ***i*** bzw. ***u*** abgeschwächt:

z. B.: fácilis => dif-fícilis — habḗre => ad-hibḗre
fácere => per-fícere => per-féctum
quáerere => in-quī́rere — cláudere => ex-clū́dere.

1.2 In Endsilben werden ***ŏ*** vor s, m, nt zu ***ŭ***, **Diphthonge (Doppelvokale)** meist zu ***ī*** und am Wortende **i** zu ***e*** abgeschwächt:

z. B.: *fílios* (Nom.) => fílius — *corpos* => corpus
viroi => virī — *curais* => cūrīs
mari (Nom.) => mare — *capi* (Imperativ) => cape
agont => agunt

2. Vokalkürzung

2.1 Ein Vokal vor einem anderen Vokal ist/wird **kurz**:

z.B.: monḗre => mónĕō — fidēs => fídĕī

2.2 Ein langer Vokal wird in der Endsilbe vor Konsonanten (außer vor s) **gekürzt**:

z.B.: laudā́re => laudănt — clāmṓr-is => clāmŏr
audī́re => audĭt — aber: audīs

3. Vokaldehnung

3.1 Ein kurzer Vokal wird gedehnt bei Ausfall eines s vor einem stimmhaften Konsonanten:

z. B.: *isdem* (Nom.) => īdem — *dismitto* => dīmíttō

3.2 Vor **nf** und **ns** wird ein kurzer Vokal gedehnt:

z. B.: cóntulī => cṓnferō — manḗre => mānsī

4. Vokalschwund

Kurze Vokale zwischen zwei Einzelkonsonanten (ver)schwinden manchmal, besonders auch am Wortende:

z. B.: *valĭdē* => valdē — *quīnĕ* => quīn
hīcĕ => hīc — *facĕ* => fac

5. Vokalzusammenziehung (Kontraktion)

Zwei zusammenstoßende Vokale werden nicht selten zu einem langen Vokal zusammengezogen (kontrahiert):

z. B.: *laudao* => laudō — *iisse* => īsse

6. Konsonantenwandel

6.1 Ein Konsonant wird häufig an den folgenden angeglichen (assimiliert):

z. B.: *ad-firmā́re* => affirmā́re — *in-rīdḗre* => irrīdḗre

6.2 Ein stimmhafter Verschlusslaut wird vor einem stimmlosen Konsonanten ebenfalls stimmlos:

z. B.: *scrī́bere* => scrīpsī — *régere* => rēctum

6.3 Ein Nasallaut wird meist dem folgenden Konsonanten angepasst:
z. B.: *eú**m**dem* => eú**n**dem   *septé**m**decim* => septé**n**decim

6.4 Ein **s** zwischen zwei Vokalen wurde zu einem **r** (Rhotazismus):
z. B.: *e**s**am* => e**r**am   *mō**s**is* => mō**r**is

6.5 Die Lautverbindungen **dt** und **tt** sowie **ds** und **ts** wurden zu **ss**, das nach langem Vokal zu **s** vereinfacht wurde:
z. B.: cédere: *ce**ds**i* => cĕ**ss**ī, *ce**dt**um* => cĕ**ss**um
vidḗre: *vi**dt**um* => *vī**ss**um* => vī**s**um

7. Konsonantenschwund

7.1 Bei Konsonantenhäufung oder bei Konsonantengruppen am Wortende wird meist vereinfacht:
z. B.: *su**bst**inḗre* => su**st**inḗre   *pa**rts*** => pa**rs**
*lauda**nts*** => laudā**ns**   *e**ss*** (2. Pers.) => e**s**
*to**rqus**i* => to**rs**ī   *spa**rgs**i* => spa**rs**ī

7.2 Zwischen klangähnlichen Vokalen schwindet ***v*** oft:
z. B.: *aud**īví**sse* => audī́sse   ***nevo**lo* => nōlō

§ 3 Wortbildung

1. Vorbemerkung

Eine flektierte lateinische Wortform besteht meist aus drei Teilen:
Wurzel/Wortstock – Charaktervokal (Kennlaut) – Endung bzw. Ausgang.
Die Wurzel/Der Wortstock ist der unveränderliche Teil und Bedeutungsträger, Charaktervokal und Endung bzw. Ausgang sind veränderlich und geben die syntaktische Funktion des Wortes an (Wortart, Kasus, Tempus, usw.). Wurzel + Charaktervokal (Kennlaut) ergeben den Wortstamm, Charaktervokal (Kennlaut) + Endung den Ausgang, z. B.:

Wortstock + Ausgang
dómin - a - m   **a: Charaktervokal (Kennlaut)**
= Stamm   Endung

Wortstock + Ausgang
món - e - ō   **e: Charaktervokal (Kennlaut)**
= Stamm   Endung

2. Ableitungen

Ableitungen von Wörtern ergeben sich, indem an die Wurzel/den Wortstock oder den Stamm Präfixe und Suffixe hinzukommen:

z. B.: ven-ī́ – re ad – vén – t-us

Die Kenntnis der wichtigsten Ableitungsregeln erleichtert das Erschließen und Erlernen solcher abgeleiteter Wörter.

2.1 Ableitungen von Substantiven

• Vom Stamm eines Verbums	Bedeutung:
-tor, -trīx	(oft berufsmäßig) tätige Person z. B.: *vic-tor, imperā́-tor, vic-trīx*
-iō, -tiō (-siō)	Handlung oder Handlungsweise z. B.: *opī́n-iō, ōrā́-tiō, dissḗn-siō*
-tū́ra, -tus (-ūs), -ium	Tätigkeit oder Ergebnis z. B.: *nā-tū́ra, advén-tus, stúd-ium*
-bulum, -culum, -men, -méntum	Mittel oder (im weitesten Sinne) Werkzeug z. B.: *vocā́-bulum, vehí-culum, certā́-men, monu-méntum*

• Vom Stamm eines Nomens	Bedeutung:
-ia, -itia, -tās (-ā́tis), -tūs (-ū́tis), -tū́dō (-tū́dinis)	Zustand oder Eigenschaft z. B.: *inóp-ia, amī́c-ítia, lībér-tās, sérvi-tūs, māgni-tū́dō*
-ulus (-olus), -culus, -éllus (-ula, -ola, -cula, -élla)	Verkleinerung oder Verniedlichung z. B.: *puér-ulus, fīlí-olus, artí-culus, lib-éllus,lun-ula, fīlí-ola, partí-cula, cist-élla*

2.2 Ableitungen bei Adjektiven

• Meist von einem Nomen	Bedeutung:
-ōsus	Fülle (voll von, reich an) z. B.: *perī́cul-ōsus*
-ius, -icus, -nus	Herkunft oder Zugehörigkeit z. B.: *pátr-ius, béll-icus, Rōmā́-nus*
-tus (-a, -um)	Ausstattung mit etwas z. B.: *togā́-tus*
-eus	Stoff oder Farbe z. B.: *áur-eus, purpúr-eus*
-ā́lis, (-ā́ris), -ī́lis	Zugehörigkeit oder Eigenschaft z. B.: *mort-ā́lis, popul-ā́ris, cīv-ī́lis*
-ā́rius, -ā́rium	oft substantivisch: Zugehörigkeit z. B.: *legiōn-ā́rius, tabul-ā́rium*

• Meist von einem Verbum	Bedeutung:
-idus, -uus	Zustand oder Beschaffenheit z. B.: *cúp-idus, contín-uus*
-ĭlis, -bilis	Möglichkeit z.B.: *fác-ilis, admīrā́-bilis*

2.3 Ableitungen bei Verben

• Von Verben oder Nomen -sc-(e-re)	Bedeutung: Anfang eines Geschehens (verba incohā́tīva) z. B.: *senḗ-sc-ere, con-valḗ-sc-ere*
• Von Verben -(i)tā́-(re), -sā́-(re) (gebildet vom PPP)	Bedeutung: Wiederholung oder Verstärkung einer Handlung z. B.: *rap-tā́-re, ag-itā́-re, ver-sā́-re*

3. Zusammensetzungen

3.1 Bei Verben

• Zusammensetzung mit Präpositionen **(Kompositum)**

Präposition	Bedeutung:
ab-, ā-, abs-	ab-..., weg-..., fort-... z. B.: *ā-vértere, ab-ī́re, abs-tráhere*
ad- (ac-, af-, al-, as-)	(her)an-..., hin(zu)- ..., herbei-... z. B.: *ad-venī́re, ac-cḗdere, af-férre; al-lā́tus, ás-sequī*
ante-	vor-..., voran-... z. B.: *ante-pṓnere*
circum-	um-..., herum-..., um – herum z. B.: *circúm-dare, circum-ī́re*
cum- => com- (co[n]-, col-, cor-)	zusammen-... (oft nur Verstärkung des Verbs) z. B.: *com-movḗre, com-pṓnere, con-cúrrere, co-ī́re, col-lígere, cor-rúmpere*
dē-	herab-..., ab-..., weg-...; genau ... z. B.: *dē-ícere, dē-cḗdere, dē-mōnstrā́re*
ex-, ē- (ef-)	heraus-..., hinaus-..., weg-... z. B.: *ex-cḗdere, ē-dū́cere, ef-fúgere*
in- (im-, il-, ir-)	(hin)ein-..., (hin)auf-... z. B.: *in-dū́cere, im-pṓnere, il-lā́bī, ir-rúmpere*
inter-	(da)zwischen-..., unter-... z. B.: *inter-cḗdere, inter-dī́cere*
ob- (oc-, of-, op-)	entgegen-..., gegen(über)-... z. B.: *ob-ī́re, oc-cúrrere, of-férre, op-pṓnere*
per- (por-, pol-)	(hin)durch-, (oft nur Verst. d. Verbs) z. B.: *per-dū́cere, per-spícere, per-movḗre, por-rígere, pol-lúere*
prae-	voran-..., vorher-..., vor-... z. B.: *prae-cḗdere, prae-dī́cere*
praeter-	vorbei-..., vorüber-... z. B.: *praeter-míttere*
prō- (prōd-)	vor-..., hervor-... z. B.: *prō-dū́cere, prōd-ī́re*

sub- (suc-, sup-, sus-)	darunter-..., unter-...; hinauf-..., zu Hilfe ...; (heimlich) weg-..., ent-... z. B.: *sub-ígere, suc-cúrrere, sup-plēre, sus-tinēre, sub-dūcere*
trā(ns)-	hinüber-..., über-... z. B.: *trāns-portāre, trā-dūcere*

- Zusammensetzung mit anderen Präfixen (Vorsilben)

am(b)-	herum-..., um(her)-... z. B.: *amb-īre, am-pléctī*
dis- (dif-, dir-, dī-)	auseinander-..., entfernt ... z. B.: *dis-sérere, dif-fúndere, dir-ímere, dī-stāre*
re- (red-)	zurück-..., wi(e)der-... z. B.: *re-pétere, red-īre, re-sístere*
sē-	weg-..., ab-... z. B.: *sē-cēdere*

3.2 Bei Nomina

- Zusammensetzung mit einem Nomen
  z. B.: *agrí-cola, árti-fex, māgn-ánimus*
- Zusammensetzung mit negierender Vorsilbe => gegenteilige Bedeutung
  z. B.: *in-cértus, ím-probus; ne-cessārius, ne-fās (vgl. ne-scīre)*
- Zusammensetzung mit steigernder Vorsilbe (≈ Superlativ/Elativ)
  z. B.: *per-māgnus, prae-clārus*
- Zusammensetzung mit anderen Präfixen
  z. B.: *dē-mēns, dis-córdia, ád-vena, ē-grégius*

§ 4 Wortarten und Nominalformen

Die Wortarten lassen sich wie im Deutschen einteilen in Wörter, die veränderlich sind (flektiert werden), und Wörter, die nicht verändert werden können.

Zur ersten Gruppe gehören die **Nomina** (*Substantive, Adjektive, Pronomina und Numeralia [Zahlwörter]*), die dekliniert werden (*Deklinationen*), und die **Verben**, die konjugiert werden (*Konjugationen*).

Zur zweiten Gruppe zählen **Adverbien, Präpositionen und Konjunktionen/ Subjunktionen** (ferner – seltener vorkommend – **Interjektionen**).

Nominalformen lassen sich nach drei Kriterien bestimmen:

Kasus – Numerus – Genus

§ 5 Kasus

Es gibt im Lateinischen traditionellerweise folgende sechs Kasus:

Kasus:	Antwort auf die Frage:
1. Fall: Nominativ	Wer oder was?
2. Fall: Genitiv	Wessen?
3. Fall: Dativ	Wem? (gelegentlich: Für wen? Wozu?)
4. Fall: Akkusativ	Wen oder was?
5. Fall: Vokativ	Anredeform
6. Fall: Ablativ	Womit, wodurch? Wovon? (Wann/Wo?)

Die Kasus sind im Lateinischen durch die Endung bestimmt, doch nicht immer eindeutig (vgl. die Deklinationen §§ 9-27), sodass dann der Satzzusammenhang den Ausschlag geben muss.
Die Anwendung der ersten vier Kasus ist ähnlich der im Deutschen, der Vokativ (5. Fall) entspricht einer Anrede, der Ablativ (6. Fall) einem Adverbiale (einer Umstandsbestimmung). Eine differenzierte Behandlung der einzelnen Kasus erfolgt in den §§ 59-63.

§ 6 Númerus

Wie im Deutschen gibt es auch im Lateinischen zwei Numeri:

Singular	Einzahl
Plural	Mehrzahl

Manche Substantive werden nur im Singular verwendet:

z. B.:	*aes* das Erz	*aes aliēnum* die Schulden
	humus die Erde, der Boden	*sciéntia* das Wissen, die Kenntnisse

Andere Wörter kommen nur im Plural vor (Plurale tantum; Pl. Pluralia tantum):

z. B.:	*lī́berī, -ōrum* die Kinder	*castra, -ōrum* das (Militär-)Lager
	īnsídiae, -ārum der Hinterhalt	*dīvítiae, -ārum* der Reichtum
	relíquiae, ārum die Überreste	*núptiae, -ārum* die Hochzeit
	ténebrae, -ārum die Finsternis	

Gelegentlich hat der Plural eine andere Bedeutung als der Singular:

z. B.:	*líttera* der Buchstabe	*lítterae* der Brief, die Wissenschaften
	cṓpia die Menge, der Vorrat	*cṓpiae* die Truppen
	impedīméntum das Hindernis	*impedīménta* der Tross
	aedis der Tempel	*aedēs* das Haus
	fī́nis das Ende, die Grenze	*fī́nēs* das Gebiet (die Grenzen)

§ 7 Genus

Im Lateinischen unterscheidet man wie im Deutschen drei Genera:

Maskulinum	männliches Geschlecht
Femininum	weibliches Geschlecht
Neutrum (keines von beiden)	sächliches Geschlecht

Das Geschlecht der Adjektive, Pronomina und Numeralia richtet sich nach dem Nomen, auf das sie sich beziehen.

1. Grammatisches Geschlecht

Das Genus der allermeisten Substantive ist durch die **Deklinationsendung** festgelegt (grammatisches Geschlecht), vgl. die §§ 9 – 13. Hierher gehören auch die Sammelnamen wie z. B.: *cṓpiae* die Truppen, *légiō* die Legion.

2. Natürliches Geschlecht

Das grammatische Geschlecht wird durch das natürliche Geschlecht, das sich nach dem **Bedeutungsinhalt** des Wortes richtet, „außer Kraft gesetzt“, was aber zu keiner Veränderung der Deklinationsformen führt. Nach dem natürlichen Geschlecht sind:

Maskulina	alle Bezeichnungen für **Männer, Völker, Flüsse** (Götter!) und **Winde** (Götter!) z.B.: *poḗta clārus, Persae antī́quī, Ísara rápidus, áquilō* (Nordwind) *frī́gidus*
Feminina	**Frauen, Bäume** (Göttinnen!), sowie **Länder/Städte/Inseln auf –us** z.B.: *soror beā́ta, fā́gus* (Buche) *alta, Aegýptus antī́qua, Coríhthus pulchra, Dēlus sacra*
Maskulina oder **Feminina**	einige Substantive, die einen **Mann** oder eine **Frau** bezeichnen z. B.: *coniū́nx fī́dus/fī́da, sacérdōs pius/pia*

§ 8 Substantive: Deklinationsklassen

Bei den Substantiven unterscheidet man im Lateinischen **fünf Deklinationen**, benannt nach dem Stammauslaut (Kennlaut):

1. ā-Deklination:	terr – **ā́**-rum
2. o-Deklination:	domin – **ṓ**-rum
3. gemischte Deklination:	Konsonantenstämme: cṓnsu**l** – um
	Mischklasse: cī́**v** – i-um
	reine i-Stämme: túrr**i** – um
4. u-Deklination:	cā́s – **u**-um
5. ē-Deklination:	di – **ḗ**-rum

Generell gilt:

- Zur Darstellung der Deklinationen ist es zweckmäßig, die einzelnen Formen nach **Wortstock** (unveränderter Teil) und **Ausgang** (veränderlicher Teil) zu trennen.

  Beachte: Die eigentlichen **Endungen** sind zum Teil in allen Deklinationen gleich oder ähnlich, vgl. z. B.:

Deklination	Dativ Singular	Genitiv Plur.	Akkusativ Plur.
ā-Dekl.	puéllae < puélla-**ī**	puellā́-**rum**	puéllā-**s**
o-Dekl.	dóminō < dómino-**ī**	dominṓ-**rum**	dóminō-**s**
3. Dekl.	ōrātṓr-**ī**	ōrātṓr-**um**	ōrātṓrē-**s**
u-Dekl.	cā́su-**ī**	cā́su-**um**	cāsū-**s**
ē-Dekl.	diḗ-**ī**	diḗ-**rum**	diē-**s**

- Der **Vokativ** ist bis auf ganz wenige Ausnahmen immer **gleich dem Nominativ**. Lediglich bei den Substantiven der o-Deklination auf ***-us*** hat er im Singular den eigenen Ausgang ***-e*** (vgl. § 10; dort noch einige Besonderheiten). Er wird deshalb in den Deklinationstabellen nicht mehr aufgeführt.

- Bei **Neutra** ist der **Nominativ und Akkusativ** (sowie der Vokativ) im Singular und im Plural jeweils **gleich**. Im **Plural** lautet dabei die Endung in allen Deklinationen **-ă**.
- Im **Plural** sind in allen Deklinationen die Endungen im **Dativ** und **Ablativ** immer **gleich**.

§ 9 Formen der Substantive: ā-Deklination

Beispiel: puélla das Mädchen

Kasus	Singular		Plural	
Nominativ/V.	puéll-a	das Mädchen	puéll-ae	die Mädchen
Genitiv	puéll-ae	des Mädchens	puell-ā́rum	der Mädchen
Dativ	puéll-ae	dem Mädchen	puéll-īs	den Mädchen
Akkusativ	puéll-am	das Mädchen	puéll-ās	die Mädchen
Ablativ	cum puéll-ā	mit dem Mädchen	cum puéll-īs	mit den Mädchen

- Die Substantive der ā-Deklination sind nach dem grammatischen Geschlecht **Femininum** (beachte aber das natürliche Geschlecht z. B. bei: *poḗta, pīrā́ta*!).
- Mehrdeutige Ausgänge (abgesehen von Dat./Abl. Pl.):

  -a (ohne Rücksicht auf Länge) Nom., Abl., (Vok.) Sg.

  -ae Gen., Dat. Sg.; Nom. (Vok.) Pl.

§ 10 o-Deklination

1. Substantive auf -us

Beispiel: dóminus der Herr

Kasus	Singular		Plural	
Nominativ	dómin-**us**	der Herr	dómin-ī	die Herren
Genitiv	dómin-ī	des Herrn	domin-ṓrum	der Herren
Dativ	dómin-ō	dem Herrn	dómin-īs	den Herren
Akkusativ	dómin-um	den Herrn	dómin-ōs	die Herren
Vokativ	**dómin-e**	(o) Herr	dómin-ī	(o) Herren
Ablativ	cum dómin-ō	mit dem Herrn	cum dómin-īs	mit den Herren

- Die Substantive auf -us sind die **einzige** Deklination, die im Singular eine eigene vom Nominativ abweichende **Vokativform** (*-e*) bildet.

- Die Substantive auf *-us* sind **Maskulinum** (beachte aber das natürliche Geschlecht z. B. bei: *Aegýptus, Corínthus, Dēlus*!).

  Ausnahmen: Femininum: *humus* die Erde, der Boden
  Neutrum: *vulgus* das Volk, die Masse

- Substantive auf *-ius* (insbesondere Eigennamen) ziehen bisweilen im **Genitiv Sg.** *-iī* zu einem **ī** zusammen: z. B.: *ingénī, impérī, Gaī, Tullī.*
  Bei den Eigennamen auf *-ius* und bei *fílius* endet auch der **Vokativ** auf **-ī**: z. B.: *Tullī, Gaī, mī fīlī.*
  Ebenso bildet *deus* häufiger folgende zusammengezogene Formen: Nom. Pl: *dī,* Dat./Abl. Pl.: *dīs.*

- Mehrdeutige Ausgänge (abgesehen von Dat./Abl. Pl.):
  -ī Gen. Sg., Nom. (Vok.) Pl.
  -ō Dat., Abl. Sg.

2. Substantive auf -er

Beispiel: puer, -eri der Knabe; ager, -gri der Acker

N.	Kasus	Wörter **mit *e*** im Wortstock		Wörter **ohne *e*** im Wortstock	
Singular	Nom/V.	púer	der Knabe	áger	der Acker
	Gen.	púer-ī	des Knaben	ágr-ī	des Ackers
	Dat.	púer-ō	dem Knaben	ágr-ō	dem Acker
	Akk.	púer-um	den Knaben	ágr-um	den Acker
	Abl.	cum púer-ō	mit dem Knaben	in ágr-ō	auf dem Acker
Plural	Nom/V.	púer-ī	die Knaben	ágr-ī	die Äcker
	Gen.	puer-ṓrum	der Knaben	agr-ṓrum	der Äcker
	Dat.	púer-īs	den Knaben	ágr-īs	den Äckern
	Akk.	púer-ōs	die Knaben	ágr-ōs	die Äcker
	Abl.	cum púer-īs	mit den Knaben	in ágr-īs	auf den Äckern

- Bei den Substantiven auf *-er* ist der Ausgang *-us* abgefallen; es lassen sich zwei Gruppen unterscheiden: Am Genitiv erkennt man, ob das „*e*" des Nominativs zum Wortstock gehört, also in allen Kasus vorhanden ist (wie bei *puer, púerī*) oder nur im Nominativ (Vokativ) eingeschoben ist (wie bei *ager, agrī*).
- Die Substantive auf *-er* sind nach dem grammatischen Geschlecht **Maskulinum.**
- Mehrdeutige Ausgänge (abgesehen von Dat./Abl. Pl.):
  -ī Gen. Sg., Nom. (Vok.) Pl.
  -ō Dat., Abl. Sg.

3. Substantive auf -um

Beispiel: verbum das Wort

Kasus	Singular		Plural	
Nominativ/V.	**vérb-um**	das Wort	**vérb-ă**	die Wörter
Genitiv	vérb-ī	des Wortes	verb-ṓrum	der Wörter
Dativ	vérb-ō	dem Wort	vérb-īs	den Wörtern
Akkusativ	**vérb-um**	das Wort	**vérb-ă**	die Wörter
Ablativ	vérb-ō	durch das Wort	vérb-īs	durch die Wörter

- Die Substantive auf *-um* sind nach dem grammatischen Geschlecht **Neutrum**. Beachte die Regeln für das Neutrum: **Nom./Akk.(/Vok.)** sind jeweils **gleich**; Ausgänge in diesen Kasus im **Plural** sind immer **-ă**.
- Mehrdeutige Ausgänge (abgesehen von Dat./Abl. Pl. und Nom./Akk. [Vok.]):
  -ō Dat., Abl. Sg.

- Vergleiche die Ausgänge der **ā-Deklination** mit den Ausgängen der **Substantive auf -um** der o-Deklination:

Numerus	Kasus	a-Deklination	Subst. auf -um
Singular	Nominativ/V.	-ă	-um
	Genitiv	-ae	-ī
	Dativ	-ae	-ō
	Akkusativ	-am	-um
	Ablativ	-ā	-ō
Plural	Nominativ/V.	-ae	-ă
	Genitiv	-ā́rum	-ṓrum
	Dativ	-īs	-īs
	Akkusativ	-ās	-ă
	Ablativ	-īs	-īs

Unterscheide:
Der Ausgang **-a** ist bei der **ā**-Deklination im **Nominativ** (Vok.) Singular **kurz**, im **Ablativ** Singular **lang;** bei der **o**-Deklination (**Neutrum**) ist er im Nominativ (Vok.) und Akkusativ Plural **immer kurz**.

§ 11 Gemischte (3.) Deklination

Die dritte Deklination ist in zwei Gruppen unterteilt: in die **konsonantischen Stämme** und die (reinen) **i-Stämme**. Daneben spricht man von einer dritten Gruppe als der sog. **Mischklasse**, deren Substantive im Singular wie die Konsonantenstämme, im Plural wie die i-Stämme dekliniert werden.
Da es jeweils verschiedene Untergruppen gibt, ist es nötig, bei jedem Wort den **Genitiv** dazuzulernen. Denn nur so bekommt man den eigentlichen Stamm, von dem die übrigen Formen gebildet werden: z. B.: *genus* => *géner-is*. Wenn man diesen Stamm (und das Geschlecht) kennt, kann man jedes beliebige Substantiv der Konsonantenstämme einwandfrei deklinieren. Die Einteilung in verschiedene Untergruppen spielt nur eine Rolle für das systematische Erlernen, für die Betonung und das Genus.

Bei den Wörtern der konsonantischen Deklination endet der Stamm auf einen einzigen Konsonanten, meist auf *-n, -r, -t* oder *c/g*.

Die Konsonantenstämme der 3. Deklination weisen folgende Endungen/Ausgänge auf:

Kasus	Singular	Plural
Nominativ/V.	-s oder keine Endung	-ēs
Genitiv	-is	-um
Dativ	-ī	-ibus
Akkusativ	-em	-ēs
Ablativ	-e	-ibus

Das bedeutet, dass bei den Konsonantenstämmen der 3. Deklination außer Dativ und Ablativ Plural auch jeweils **Nominativ** und **Akkusativ Plural gleich** sind.

1. Konsonantenstämme

1.1 r- und l-Stämme

Beispiel: ōrā́tor, ōrātṓr-is der Redner

Kasus	Singular		Plural	
Nom./V.	ōrā́tor	der Redner	ōrātṓr-ēs	die Redner
Gen.	ōrātṓr-is	des Redners	ōrātṓr-um	der Redner
Dat.	ōrātṓr-ī	dem Redner	ōrātṓr-ibus	den Rednern
Akk.	ōrātṓr-em	den Redner	ōrātṓr-ēs	die Redner
Abl.	cum ōrātṓr-e	mit dem Redner	cum ōrātṓr-ibus	mit den Rednern

- Die Substantive auf ***-or, -ṓris***, die oft eine in einem bestimmten Bereich tätige Person bezeichnen, und die **l-Stämme** (z. B. *sōl, sōl-is* die Sonne) sind nach dem grammatischen Geschlecht **Maskulina**.
  Feminina sind: *uxor, -ṓris; soror, -ṓris.*

- Die r-Stämme auf *-or, -ŏris* haben ein anderes Geschlecht, wenn das *ŏ* kurz (unbetont) ist:
  Femininum ist: *arbor, árbŏris* (natürliches Geschlecht vgl. § 7.2)
  Neutra sind: *aequor, áequŏris; marmor, mármŏris*

- Die Substantive auf ***-ōs, -ōris*** (z. B. *honōs, honṓr-is* die Ehre) sind sog. sekundäre r-Stämme, denn sie waren ursprünglich s-Stämme (vgl. Nom.), die durch Rhotazismus (vgl. § 2 Nr. 6.4) zu r-Stämmen wurden. Sie sind wie die r-Stämme auf *-or, -ōris* **Maskulina**.

Beispiel: pater, patr-is der Vater

Kasus	Singular		Plural	
Nom./V.	pater	der Vater	pátr-ēs	die Väter
Genitiv	patr-is	des Vaters	pátr-um	der Väter
Dativ	patr-ī	dem Vater	pátr-ibus	den Vätern
Akkusativ	patr-em	den Vater	pátr-ēs	die Väter
Ablativ	cum patr-e	mit dem Vater	cum pátr-ibus	mit den Vätern

- Auch hier erkennt man am Genitiv, ob das „*e*" des Nominativs zum Wortstock gehört oder nicht (vgl. §10.2).
- Die Substantive auf *-er, -(e)ris* sind **Maskulina**.
  Feminina sind: *māter, mātr-is; múlier, mulíer-is.*

Beispiel: corpus, córpŏr-is der Körper

Kasus	Singular		Plural	
Nom./V.	**córpus**	der Körper	**córpŏr-a**	die Körper
Genitiv	córpŏr-is	des Körpers	córpŏr-um	der Körper
Dativ	córpŏr-ī	dem Körper	corpǒ́r-ibus	den Körpern
Akkusativ	**córpus**	den Körper	**córpŏr-a**	die Körper
Ablativ	córpŏr-e	mit dem Körper	corpǒ́r-ibus	mit den Körpern

- Im Unterschied zu den Stämmen auf *-ōs, -ōris* haben die Substantive auf *-us, -ŏris* (ebenso *rōbur, rṓbŏr-is* die Stärke) und auf *-us, -ĕris* (z. B. *ópus, ópĕr-is* das Werk) ein kurzes *ŏ* bzw. *ĕ* im Stamm und sind **Neutra**.

1.2 d/t-Stämme

Beispiel: mīles, mī́lĭt-is der Soldat

Kasus	Singular		Plural	
Nom./V.	mī́les	der Soldat	mī́lĭt-ēs	die Soldaten
Gen.	mī́lĭt-is	des Soldaten	mī́lĭt-um	der Soldaten
Dat.	mī́lĭt-ī	dem Soldaten	mīlĭ́t-ibus	der Soldaten
Akk.	mī́lĭt-em	den Soldaten	mī́lĭt-ēs	die Soldaten
Abl.	cum mī́lĭt-e	mit dem Soldaten	cum mīlĭ́t-ibus	mit den Soldaten

- Die Substantive auf *-es, -ĭtis* mit kurzem *ĭ* im Stamm sind **Maskulina**, ebenso *pēs, pedis.*

Beispiel: cīvitās, cīvitā́t-is der Staat

Kasus	Singular		Plural	
Nom./V.	cī́vitās	der Staat	cīvitā́t-ēs	die Staaten
Gen.	cīvitā́t-is	des Staates	cīvitā́t-um	der Staaten
Dat.	cīvitā́t-ī	dem Staat	cīvitā́t-ibus	den Staaten
Akk.	cīvitā́t-em	den Staat	cīvitā́t-ēs	die Staaten
Abl.	cīvitā́t-e	durch den Staat	cīvitā́t-ibus	durch die Staaten

- Die d/t-Stämme auf -ās, -ā́tis / -ūs, -ū́tis (-ū́dis) / -ēs, -ḗtis (-ḗdis) sind **Feminina**. Im Nominativ ist der t- (d-) Laut vor *s* ausgefallen.
- Diese Substantive drücken oft einen Zustand oder eine Eigenschaft aus.

1.3 n-Stämme

Beispiel: nātiō, nātiṓn-is das Volk

Kasus	Singular		Plural	
Nom./V.	nā́tiō	das Volk	nātiṓn-ēs	die Völker
Gen.	nātiṓn-is	des Volkes	nātiṓn-um	der Völker
Dat.	nātiṓn-ī	dem Volk	nātiṓn-ibus	den Völkern
Akk.	nātiṓn-em	das Volk	nātiṓn-ēs	die Völker
Abl.	nātiṓn-e	durch das Volk	nātiṓn-ibus	durch die Völker

- Die Substantive auf *-ō, -ṓnis* mit langem *ō* im Stamm und die Substantive auf *-ō, -ĭnis* (z. B. *orī́gō, orī́gĭn-is* der Anfang) mit kurzem *ĭ* im Stamm sind **Feminina**. Im Nominativ Singular ist der Endkonsonant abgefallen. **Maskulina** sind: *sermō, sermṓnis*; *ōrdō, ṓrdĭnis; homō, hóminis*.

Beispiel: carmen, cármĭn-is das Lied

Kasus	Singular		Plural	
Nom./V.	**cármen**	das Lied	**cármĭn-a**	die Lieder
Gen.	cármĭn-is	des Liedes	cármĭn-um	der Lieder
Dat.	cármĭn-ī	dem Lied	carmĭ́n-ibus	den Liedern
Akk.	**cármen**	das Lied	**cármĭn-a**	die Lieder
Abl.	cármĭn-e	durch das Lied	carmĭ́n-ibus	durch die Lieder

- Die Substantive auf *-men, -mĭnis* sind **Neutra**; das ĭ im Genitiv ist kurz (unbetont) und entstand durch Abschwächung in Mittelsilben (vgl. § 2.1.1). Beachte wiederum die Regeln beim Neutrum!

1.4 c/g- (und analog p/b-)Stämme

Beispiel: dux, duc-is der Anführer

Kasus	Singular		Plural	
Nom./V.	dux	der Anführer	dúc-ēs	die Anführer
Gen.	duc-is	des Anführers	dúc-um	der Anführer
Dat.	duc-ī	dem Anführer	dúc-ibus	den Anführern
Akk.	duc-em	den Anführer	dúc-ēs	die Anführer
Abl.	cum duc-e	mit dem Anführer	cum dúc-ibus	mit den Anführern

- Die Substantive auf *-s*, deren Stamm auf *c/g* oder *p/b* (z. B. *plēbs, plēb-is* das niedere Volk), aber auf nur einen Konsonanten endet, sind **Feminina**. Ein *x*, das im Nominativ erscheint, ist entstanden aus *c + s* oder *g + s*. **Maskulina** sind: *rēx, reg-is; dux, duc-is; grex, greg-is; princeps, -cipis.*

1.5 Neutra einzelner Konsonantenstämme

Beispiel: iter, itíner-is der Weg, Marsch

Kasus	Singular		Plural	
Nom./V.	**íter**	der Weg	**itíner-a**	die Wege
Gen.	itíner-is	des Weges	itíner-um	der Wege
Dat.	itíner-ī	dem Weg	itinér-ibus	den Wegen
Akk.	**íter**	den Weg	**itíner-a**	die Wege
Abl.	in itíner-e	auf dem Weg	in itinér-ibus	auf den Wegen

- Die Substantive *vēr, vēris; iter, itíneris; ōs, ōris* und *caput, cápitis* sind **Neutra**.

2. Reine i-Stämme

Neben den Konsonantenstämmen (1.1-5) gibt es in der 3. Deklination auch kurzvokalische Stämme, die auf *-i* enden. Diese **reinen i-Stämme** weisen folgende von den Konsonantenstämmen abweichende Ausgänge auf:

Akkusativ Singular:		**-im**
Ablativ Singular:		**-ī**
Genitiv Plural:		**-ium**
(Akkusativ Plural	auch	**-īs**)
Neutrum: Nominativ/Akkusativ Plural		**-ia**

Beispiel: turris, turr-is der Turm

Kasus	Singular		Plural	
Nom./V.	turr-is	der Turm	túrr-ēs	die Türme
Gen.	turr-is	des Turmes	túrr-**ium**	der Türme
Dat.	turr-ī	dem Turm	túrri-bus	den Türmen
Akk.	turr-**im**	den Turm	túrr-ēs **(-īs)**	die Türme
Abl.	in turr-**ī**	auf dem Turm	in túrri-bus	auf den Türmen

- Besonders die Substantive *turris, febris, puppis* und *sitis* gehören zu den reinen i-Stämmen; sie sind **Feminina**.
Maskulinum nach dem natürlichen Geschlecht ist: *Tíberis.*

- *Vīs* bildet im Singular nur den Nominativ, den Akkusativ und den Ablativ: *vīs – vim – vī*. Im Plural heißt *vīrēs, -ium*: die Kräfte, Streitkräfte.

- Mehrdeutige Ausgänge (abgesehen von Dat./Abl. Pl. bzw. Nom./Akk. Pl.):
  -ī Dat., Abl. Sg.
  -is Nom., Gen.Sg., *auch* Akk. Pl. (*-īs*)

Beispiel: mare, mar-is das Meer

Kasus	Singular		Plural	
Nom./V.	**mar-e**	das Meer	**már-ia**	die Meere
Gen.	mar-is	des Meeres	már-**ium**	der Meere
Dat.	mar-ī	dem Meer	már-ibus	den Meeren
Akk.	**mar-e**	das Meer	**már-ia**	die Meere
Abl.	in mar-**ī**	auf dem Meer	in már-ibus	auf den Meeren

- Die Substantive auf *-e, -al* und *-ar*, wie *mare, ánimal* und *pār* (das Paar) zählen ebenfalls zu den reinen i-Stämmen; sie sind **Neutra**.

- Mehrdeutige Ausgänge (abgesehen von Dat./Abl. Pl. bzw. Nom./Akk. Sg./Pl.):
  -ī Dat., Abl. Sg.

3. Mischklasse

Bei einer großen Gruppe von Substantiven der dritten Deklination spricht man von der sog. **Mischklasse**. Sie bilden die Ausgänge im Singular wie die Konsonantenstämme, im Plural wie die i-Stämme, das heißt:

Akkusativ Singular: **-em**
Ablativ Singular: **-e**
Genitiv Plural: **-ium** (Akk. Pl.: auch **-īs**)

3.1 Gleichsilbige Substantive auf -ēs und -is

Beispiel: nāvis, nāv-is das Schiff

Kasus	Singular		Plural	
Nom./V.	nāv-is	das Schiff	nā́v-ēs	die Schiffe
Gen.	nāv-is	des Schiffes	nā́v-**ium**	der Schiffe
Dat.	nāv-ī	dem Schiff	nā́v-ibus	den Schiffen
Akk.	nāv-em	das Schiff	nā́v-ēs (**-īs**)	die Schiffe
Abl.	nāv-e	mit einem Schiff	nā́v-ibus	mit Schiffen

- Die **gleichsilbigen Substantive** auf *-ēs, -is* und *-is, -is*, d. h. deren Silbenzahl im Nom. und Gen. gleich ist (z. B. *nāv-is, clād-ēs*), sind **Feminina**. **Maskulina** nach dem natürlichen Geschlecht sind: *hostis, testis, cīvis*.

- Die Substantive auf ***-nis*** sind **Maskulina:** *fīnis; crīnis; ignis; canis; iúvenis. canis* und *iúvenis* bilden den Genitiv Plural auf -um: *canum, iúvenum.*
- Die **ungleichsilbigen Substantive** auf *-is*, d. h. deren Silbenzahl im Genitiv größer ist (z. B. *la-pis, lá-pi-dis*), sind **Maskulina** und gehören zu den **Konsonantenstämmen**. Insofern endet bei ihnen der Genitiv Plural auf **-um**: *(lapis) lápidum; (sanguis) sánguinum; (pulvis) púlverum.*
- Mehrdeutige Ausgänge bei den Substantiven auf *-is*, *-is*:
  (abgesehen von Dat./Abl. Pl. bzw. Nom./Akk. Pl.)
  -is Nom., Gen. Sg., *auch* Akk. Pl. (*-īs*)

3.2 Substantive auf -s mit Stamm auf zwei oder mehr Konsonanten

Beispiel: ars, art-is die Kunst

Kasus	Singular		Plural	
Nom./V.	ars	die Kunst	árt-ēs	die Künste
Gen.	art-is	der Kunst	árt-**ium**	der Künste
Dat.	art-ī	der Kunst	árt-ibus	den Künsten
Akk.	art-em	die Kunst	árt-ēs **(-īs)**	die Künste
Abl.	art-e	durch die Kunst	árt-ibus	durch die Künste

- Die Substantive auf *-s*, deren Stamm auf zwei oder mehr Konsonanten endet, sind meist **Feminina**.
  Maskulina sind: *dēns, fōns, mōns, pōns, adulḗscēns*
  Masulinum oder Femininum ist je nach Bedeutung *parēns*: Vater/Mutter.
  Im Plural ist *paréntēs* (die Eltern) Maskulinum; der Genitiv lautet: *paréntum* oder *paréntium.*

4. Faustregeln für das Geschlecht

In der 3. Deklination sind ohne Berücksichtigung der Ausnahmen:

Maskulina: Subst. auf *-or (-ōs), -ōris* (ōrắtor,-ṓris); *-er, -[e]ris* (pater, -tris); Subst. auf *-es, -ĭtis* (mī́les, -ĭtis); *-l, -is* (sōl, sōlis); *-nis, -is* (fīnis, -is); ungleichsilbige Subst. auf *-is, -[id]is* (lapis, lápidis);

Feminina: Subst. auf *-ō, -ōnis* (nātiō, -ṓnis); *-ō, -ĭnis* (imā́gō, -ĭnis); gleichsilbige Subst. auf *-ēs, -is* (clādēs, -is); *-is, -is* (nā́vis, -is); Subst. auf *-s* mit vorausgehendem Konsonanten (auch auf *-x*) (ars, -tis; lēx, lēgis); Subst. auf *-ās, -ātis* (cī́vitās, -ā́tis); *-ēs, -ētis (-ēdis)* (quiēs, -ḗtis; mercēs, -ḗdis); *-ūs, -ūtis (-ūdis)* (virtūs, -ū́tis; palūs, -ū́dis);

Neutra: Subst. auf *-us, -ŏris* (corpus, -oris); *-us, -ĕris* (opus, -eris); *-men, -minis* (carmen, -minis) Subst. auf *-e, -al, -ar* (Gen.: *-is*) (mare, -is; ánimal, -ā́lis; pār, păris)

§ 12 u-Deklination

Beispiel: cāsus, cās-ūs der Fall, Zufall

Kasus	Singular		Plural	
Nom./V.	cā́s-us	der Zufall	cā́s-ūs	die Zufälle
Gen.	cā́s-ūs	des Zufalls	cā́s-uum	der Zufälle
Dat.	cā́s-uī	dem Zufall	cā́s-ibus	den Zufällen
Akk.	cā́s-um	den Zufall	cā́s-ūs	die Zufälle
Abl.	cā́s-ū	durch den Zufall	cā́s-ibus	durch die Zufälle

- Die Substantive auf *-us, -ūs* sind in der Regel **Maskulina**.
  Feminina sind:
  manus, -ūs die Hand — *domus, -ūs* das Haus
  tribus, -ūs der Stadtbezirk — *pórticus, -ūs* die Säulenhalle
  Īdūs, -uum die Iden (nur Pl.) [der 13. oder 15. eines Monats, vgl. § 86]

- *domus, -ūs* bildet häufiger vorkommende Nebenformen nach der o-Deklination im: Abl. Sg.: dom-**ō**
  Gen. Pl.: dom-**ṓ**rum
  Akk. Pl.: dom-**ōs**

  Merke ferner:
  domī: zu Hause; *domō*: von Zuhause; *domum*: nach Hause

- *iussū* [nur Abl. Sg.] (*Cáesaris*) auf Befehl (Caesars)

- Mehrdeutige Ausgänge (ohne Rücksicht auf Länge und abgesehen von Dat./Abl. Pl.):
  -us Nom., Gen. (Vok.) Sg., Nom., Akk. (Vok.) Pl.

Beispiel: cornū, corn-ūs das „Horn"; der Flügel (eines Heeres)

Kasus	Singular		Plural	
Nom./V.	**córn-ū**	das Horn	**córn-ua**	die Hörner
Gen.	córn-ūs	des Horns	córn-uum	der Hörner
Dat.	córn-ū	dem Horn	córn-ibus	den Hörnern
Akk.	**córn-ū**	das Horn	**córn-ua**	die Hörner
Abl.	córn-ū	durch das Horn	córn-ibus	durch die Hörner

- Die Substantive auf *-ū,-ūs* sind **Neutra**. Beachte dabei: Alle Kasus enden im Singular auf *-ū* außer der Genitiv.

§ 13 ē-Deklination

Beispiel: diēs, di-ḗī der Tag

Kasus	Singular		Plural	
Nom./V.	dí-ēs	der Tag	dí-ēs	die Tage
Gen.	di-ḗī	des Tages	di-ḗrum	der Tage
Dat.	di-ḗī	dem Tage	di-ḗbus	den Tagen
Akk.	dí-em	den Tag	dí-ēs	die Tage
Abl.	dí-ē	an dem Tag	di-ḗbus	an den Tagen

- Die Substantive der ē-Deklination sind nach dem grammatischen Geschlecht **Feminina**.
  Maskulinum ist:
  diēs, -ḗī der Tag *merī́diēs, -ḗī* der Mittag, Süden.
  (In der Bedeutung „Termin, Frist" ist auch *diēs, -ḗī* Femininum.)
- Der Stammauslaut -ē- wird im Gen. und Dat. Sg. nach einem Konsonanten gekürzt:
  z. B.: *fidēs* => *fidĕī*; beachte die Betonung!
- Mehrdeutige Ausgänge (abgesehen von Dat./Abl. Pl.):
  -eī Gen., Dat. Sg.
  -ēs Nom. Sg.; Nom., Akk. (Vok.) Pl.

§ 14 Adjektive und Partizipien

Adjektivformen lassen sich wie die Substantivformen nach drei Kriterien (Kasus – Numerus – Genus, vgl. § 4) bestimmen. Die Formen der Adjektive sind identisch mit denen der entsprechenden Deklinationsklassen der Substantive. Dabei gibt es nur **Adjektive** der **ā- und o-Deklination** sowie der **3. Deklination** (i-Stämme und wenige Konsonantenstämme) und sie werden entsprechend den Substantiven dieser Deklinationen dekliniert.

Generell gilt:

- Ein Adjektiv richtet sich in seinen Formen immer nach dem Substantiv, auf das es sich bezieht (Beziehungswort). Das bedeutet aber nicht automatisch, dass es dieselbe Endung hat, denn es kann einer anderen Deklination angehören oder das natürliche Geschlecht des Substantivs anzeigen.

- Adjektive können auch genauso wie im Deutschen **substantiviert**, d. h. **als Substantive** verwendet werden, vor allem im Neutrum (Sg. und Pl. besonders im Nom. und Akk.) und im Maskulinum Plural:

z. B.	*bonum*	das Gute, die gute Sache, das Gut
	bona (Pl.!)	das Gute, die guten Dinge, die Güter
	bonī	die Guten, die guten Männer

- Im Plural sind in allen Deklinationen die Ausgänge/Endungen im Dativ und Ablativ für alle drei Geschlechter jeweils gleich (d. h. *-īs* bzw. *-ibus*).
- Partizipien werden wie Adjektive dekliniert (PPP / PFA: Adj. der ā- und o- Deklination, PPA: Adj der 3. Deklination [Ausgang im Abl. Sg. -e]).

§ 15 Adjektive der ā - und o-Deklination

Beispiel: beắt-us, -a, -um glücklich

Kasus	Singular			Plural		
	Mask.	**Fem.**	**Neutr.**	**Mask.**	**Fem.**	**Neutr.**
Nom./V.	beắt-us	beắt-a	beắt-**um**	beắt-ī	beắt-ae	beắt-**a**
Gen.	beắt-ī	beắt-ae	beắt-ī	beāt-ṓrum	beāt-ắrum	beāt-ṓrum
Dat.	beắt-ō	beắt-ae	beắt-ō	beắt-īs	beắt-īs	beắt-īs
Akk.	beắt-um	beắt-am	beắt-**um**	beắt-ōs	beắt-ās	beắt-**a**
Vok.	**beắt-e**	beắt-a	beắt-**um**	beắt-ī	beắt-ae	beắt-**a**
Abl.	beắt-ō	beắt-ā	beắt-ō	beắt-īs	beắt-īs	beắt-īs

Beispiel: sacer, -cra, -crum heilig, geweiht

Kasus	Singular			Plural		
	Mask.	**Fem.**	**Neutr.**	**Mask.**	**Fem.**	**Neutr.**
Nom./V.	sácer	sácr-a	sácr-**um**	sácr-ī	sácr-ae	sácr-**a**
Gen.	sácr-ī	sácr-ae	sácr-ī	sacr-ṓrum	sacr-ắrum	sacr-ṓrum
Dat.	sácr-ō	sácr-ae	sácr-ō	sácr-īs	sácr-īs	sácr-īs
Akk.	sácr-**um**	sácr-am	sácr-**um**	sácr-ōs	sácr-ās	sácr-**a**
Vok.	sácer	sácr-a	sácr-**um**	sácr-ī	sácr-ae	sácr-**a**
Abl.	sácr-ō	sácr-ā	sácr-ō	sácr-īs	sácr-īs	sácr-īs

- Die meisten Adjektive der ā- und o-Deklination enden im Nom. Sg. auf *-us, -a, -um*, d. h. sie haben für jedes Geschlecht eine eigene Endung und werden wie das entsprechende Substantiv dekliniert:

-us:	für Maskulinum	Deklination wie z. B.: *dómin-us*
-a	für Femininum	Deklination wie z. B.: *puéll-a*
-um	für Neutrum	Deklination wie z. B.: *verb-um*

- Bei den Adjektiven auf *-er* gibt es zwei Gruppen (ersichtlich am Genitiv oder Femininum/Neutrum):
  1. Das *-e-* vor dem *-r* gehört nicht zum Stamm, ist nur im Nom. Sg. Mask. eingeschoben; Deklination wie z. B.: *ager, agrī.*
  2. Das *-e-* vor dem *-r* ist in allen Formen vorhanden (z. B. *míser, mísera, míserum*); Deklination wie z. B.: *puer, púerī.*

  Bei den beiden Richtungsangaben kann das *-e-* immer stehen:

dexter, déxt(e)ra, déxt(e)rum	rechts
sinister, siníst(e)ra, siníst(e)rum	links

- Die **Partizipien Perfekt Passiv (PPP)** auf *-tus, -ta, -tum* oder *-sus, -sa, -sum* und **Futur Aktiv (PFA)** auf *-tū́rus, -tū́ra, -tū́rum* oder *-sū́rus, -sū́ra, -sū́rum* werden wie die Adjektive der ā- und o-Deklination dekliniert: z.B.: *laudā́tus, -a, -um* bzw. *laudātū́rus, -a, -um.*

- Auch alle **Superlative** von Adjektiven (auch die der 3. Deklination) oder von Präpositionen werden auf *-us, -a, -um* gebildet, z. B.:

ingēns	*ingentíssimus, -a, -um*	*miser*	*misérrimus, -a, -um*
fácilis	*facíllimus, -a, -um*	*extrā*	*extrḗmus, -a, -um*

Bezüglich der mehrdeutigen Kasus-Ausgänge gelten die Regeln wie bei den entsprechenden Substantiven (vgl. § 9 und 10).

§ 16 Adjektive der 3. Deklination

Fast alle Adjektive der 3. Deklination gehören zu den **i-Stämmen**, d. h. sie haben als Ausgänge im:

Abl. Sg.	**-ī**
Gen. Pl.	**-ium**
Neutr. Nom./Akk. (Vok.) Pl.	**-ia**

Obwohl man nach dem Nom. Sg. drei-, zwei- und einendige Adjektive unterscheidet, haben **alle** diese Adjektive im **Genitiv, Dativ und Ablativ Singular und Plural** jeweils nur **eine** Endung für alle drei Geschlechter. Im Akkusativ Singular und Nominativ/Akkusativ Plural erfolgt wegen der Regeln für das Neutrum eine Aufspaltung in zwei Endungen.

Folgende Endungen sind generell gleich:

Akk. Sg. Mask./Fem.	**-em**
Dat./Abl. Sg./Pl. aller Genera	**ī** bzw. **-ibus**
Nom./Akk. Pl. Mask./Fem.	**-ēs**

1. Dreiendige Adjektive

Beispiel: ăcer, ăcr-is, ăcr-e scharf, heftig

Kasus	Singular			Plural		
	Mask.	**Fem.**	**Neutr.**	**Mask.**	**Fem.**	**Neutr.**
Nom./V.	ăcer	ăcr-is	ăcr-e	ắcr-ēs	ắcr-ēs	**ắcr-ia**
Gen.	ăcr-is			**ắcr-ium**		
Dat.	ăcr-ī			ắcr-ibus		
Akk.	ăcr-em	ăcr-em	ăcr-e	ắcr-ēs	ắcr-ēs	**ắcr-ia**
Abl.	**ăcrī**			ắcr-ibus		

- Die dreiendigen Adjektive haben für jedes Geschlecht im Nom. Sg. eine eigene Endung und werden wie die entsprechenden Substantive dekliniert (aber: **Abl. Sg. -i**):
  -er: für Maskulinum Deklination wie z. B.: *pater, patr-is*
  (bei „*e*" im Stamm wie z. B.: *aer, áer-is*)
  -is für Femininum Deklination wie z. B.: *nāvis*
  -e für Neutrum Deklination wie z. B.: *mare*

- Bezüglich der mehrdeutige Kasus-Ausgänge gelten die Angaben bei den entsprechenden Substantiven (§11.1.1 und 3.1).

2. Zweiendige Adjektive

Beispiel: fácilis, fácil-e leicht

Kasus	Singular		Plural	
	Mask. / Fem.	**Neutr.**	**Mask. / Fem.**	**Neutr.**
Nom./V.	fácil-is	fácil-e	fácil-ēs	**facíl-ia**
Gen.	fácil-is		**facíl-ium**	
Dat.	fácil-ī		facíl-ibus	
Akk.	fácil-em	fácil-e	fácil-ēs (-īs)	**facíl-ia**
Abl.	**fácil-ī**		facíl-ibus	

- Die zweiendigen Adjektive haben im Nominativ Singular eine Endung für Maskulinum und Femininum sowie eine Endung für das Neutrum und werden wie die entsprechenden Substantive dekliniert:
  -is für Mask. und Fem. Deklination wie z. B.: *nāvis* (aber: **Abl. Sg. -ī**)
  -e für Neutrum Deklination wie z. B.: *mare*

- Mehrdeutige Ausgänge: neben den allgemeinen Regeln:
  -is Nom. Sg. Mask./Fem., Gen. Sg. Mask./Fem./Neutr.

3. Einendige Adjektive

Beispiel: íngēns, ingént-is gewaltig

Kasus	Singular		Plural	
	Mask. / Fem.	Neutr.	Mask. / Fem.	Neutr.
Nom./V.	íngēn-s		ingént-ēs	**ingént-ia**
Gen.	ingént-is		ingént-**ium**	
Dat.	ingént-ī		ingént-ibus	
Akk.	ingént-em	íngen-s	ingént-ēs (-īs)	**ingént-ia**
Abl.	**ingént-ī**		ingént-ibus	

- Die einendigen Adjektive haben im Nominativ Singular nur eine Endung für alle drei Geschlechter (meist *-s* bzw. *-x* [K-Laut + *s*]); im Akk. Sg. und Nom./Akk. Pl. ergeben sich für das Neutrum wiederum jeweils abweichende Endungen. Für die Deklination gilt:
  für Mask./Fem. bzw. Neutr. Sg.: Deklination wie z. B.: *adulḗscēns* (aber: **Abl. Sg. -ī**)
  für Neutr. Pl.: Deklination wie z. B.: *mare*

Beispiel: laudāns, laudá**nt**-is lobend (Partizip Präs. vom Verbum *laudā́re*)

Kasus	Singular		Plural	
	Mask. / Fem.	Neutr.	Mask. / Fem.	Neutr.
Nom./V.	láudā-ns		laudá-nt-ēs	**laudá-nt-ia**
Gen.	laudá-nt-is		**laudá-nt-ium**	
Dat.	laudá-nt-ī		laudá-nt-ibus	
Akk.	laudá-nt-em	láudā-ns	laudá-nt-ēs	**laudá-nt-ia**
Abl.	**laudá-nt-e̲**		laudá-nt-ibus	

- Wie die einendigen Adjektive der 3. Deklination werden die **Partizipien Präsens Aktiv (PPA) auf *-ns, -ntis*** dekliniert, z. B.: *laudāns, -ántis.*
  Aber: Ablativ Singular endet wie bei den Konsonantenstämmen auf ***-e***.

- Wenn Partizipien als Adjektive gebraucht werden, bilden sie den Abl. Sg. wie die Adjektive auf ***-ī***;
  z. B.: *cōnstánt**ī** stúdiō* mit beständigem Eifer
  *īrā ārdént**ī*** mit glühendem Zorn.

4. Konsonantenstämme

Beispiel: vetus, véter-is alt

Kasus	Singular		Plural	
	Mask. / Fem.	Neutr.	Mask. / Fem.	Neutr.
Nom./V.	vetus		véter-ēs	**véter-a**
Gen.	véter-is		**véter-um**	
Dat.	véter-ī		vetér-ibus	
Akk.	véter-em	vetus	véter-ēs	**véter-a**
Abl.	**véter-e**		vetér-ibus	

- Einige wenige Adjektive der 3. Deklination, sämtliche einendig, werden wie die Konsonantenstämme dekliniert: Abl. Sg. **-e**; Gen. Pl. **-um**; Neutr. Nom./Akk. Pl. **-a** (nur bei *vétera*).

- Dazu gehören z. B.:

dīves, dī́vit-is	reich	*vetus, véter-is*	alt
pauper, páuper-is	arm	*prīnceps, prī́ncip-is*	der Erste

Beispiel: lóng-ior, lóng-ius länger

Kasus	Singular		Plural	
	Mask. / Fem.	Neutr.	Mask. / Fem.	Neutr.
Nom./V.	lóngior	lóngius	longiṓr-ēs	**longiṓr-a**
Gen.	longiṓr-is		**longiṓr-um**	
Dat.	longiṓr- ī		longiṓr-ibus	
Akk.	longiṓr-em	lóngius	longiṓr-ēs	**longiṓr-a**
Abl.	**longiṓr-e**		longiṓr-ibus	

- Wie Konsonantenstämme (r-Stämme: z. B.: *ōrātor, -ṓris*; Neutr.: *corpus, -ŏris*) werden auch sämtliche Komparative der Adjektive dekliniert; sie bilden jeweils zweiendige Adjektive auf *-ior, -ius*, Gen. *-ṓris*.

§ 17 Adjektive: Steigerung

Adjektive bezeichnen in der Regel Eigenschaften. Beim Vergleichen solcher Eigenschaften ergeben sich wie im Deutschen drei Stufen:

Positiv (Grund-, Ausgangsstufe)	z. B.: *longus*	lang
Komparativ (Höher-, Vergleichsstufe)	z. B.: *lóng-ior*	läng-er
Superlativ (Höchststufe)	z. B.: *long-íssimus*	der läng-ste

Die meisten Adjektive werden regelmäßig, d. h. durch Anhängen von Suffixen gesteigert; zu den Besonderheiten vgl. Nr. 4!

1. Komparativ

Der Komparativ aller Adjektive wird gebildet, indem an den Wortstock (vgl. § 3) folgende Suffixe angehängt werden:

-ior	für Maskulinum und Femininum	z. B.: *lóng-ior*
-ius	für das Neutrum	z. B.: *lóng-ius*

Es entstehen dabei immer zweiendige Adjektive der 3. Deklination (Konsonantenstämme), siehe § 16.4.

2. Superlativ

Bei der Bildung des Superlativs sind drei Gruppen zu unterscheiden:

b) die **meisten** Adjektive:	***-íssimus, -a, -um*** an den Wortstock	z. B.: *prūdēns* => *prūdent-íssimus*
b) Adjektive auf **-er** (ohne Rücksicht auf die Deklinationsklasse):	***-rimus, -a, -um*** an den Positiv des Nom. Sg. Mask.	z. B.: *ācer* => *ācér-**rimus***
c) **Sondergruppe:** einige Adjektive auf *-lis*: *fácilis/difficilis, símilis/ dis-símilis, húmilis*	***-limus, -a, -um*** an den Wortstock	z: B.: *símilis* => *simíl-**limus***

Dabei entstehen jeweils dreiendige Adjektive auf *-us, -a, -um* (siehe § 15).

3. Beispiele für regelmäßige Steigerung:

a)	beā́tus	beā́t-ior, -ius	beāt-íssimus	glücklich, glücklicher, der glücklichste
	fortis	fórt-ior, -ius	fort-íssimus	tapfer, tapferer, der tapferste
	audāx	audā́c-ior, -ius	audāc-íssimus	kühn, kühner, der kühnste
	prūdēns	prūdént-ior, -ius	prūdent-íssimus	klug, klüger, der klügste
	dīves	dīvít-ior, -ius	dīvit-íssimus	reich, reicher, der reichste
b)	asper	aspér-ior, -ius	aspér-rimus	rau, rauer, der raueste
	pulcher	púlchr-ior, -ius	pulchér-rimus	schön, schöner, der schönste
	celer	celér-ior, -ius	celér-rimus	schnell, schneller, der schnellste
	ācer	ā́cr-ior, -ius	ācér-rimus	heftig, heftiger, der heftigste
c)	fácilis	facíl-ior, -ius	facíl-limus	leicht, leichter, der leichteste

4. Unregelmäßige Steigerung:

a) Manche Adjektive steigern mit ganz verschiedenen Stämmen (vgl. gut – besser – am besten):

bonus	mélior, -ius	óptimus	gut, besser, der beste
malus	pēior, -ius	péssimus	schlecht, schlechter, der schlechteste
māgnus	māior, -ius	mā́ximus	groß, größer, der größte
parvus	minor, -us	mínimus	klein, kleiner, der kleinste
multī	plūrēs, -**i**um (!)	plū́rimī	viele, mehr, die meisten
multum	plūs	plū́rimum	viel, mehr, am meisten

b) Zu folgenden Komparativen und Superlativen kann man sich Präpositionen als Positiv denken:

(intrā)	intérior, -ius	íntimus	(innerhalb), der innere, innerste
(extrā)	extérior, -ius	extrḗmus	(außerhalb), der äußere, äußerste
(īnfrā)	īnférior, -ius	ī́nfimus (īmus)	(unterhalb), der untere, unterste
(suprā)	supérior, -ius	suprḗmus	(oberhalb), der obere / frühere, höchste, letzte
		summus	der höchste, oberste
(ultrā)	ultérior, -ius	últimus	(jenseits), jenseitig, der letzte
(prō)	prior, -ius	prīmus	(vor), der vordere / frühere, erste
(post)	postérior, -ius	postrḗmus	(hinter, nach), der spätere, letzte
(prope)	própior, -ius	próximus	(nahe), näher, der nächste

5. Verwendung und Bedeutung der Steigerungsformen

5.1 Komparativ

Der Komparativ gibt einen Vergleich zwischen zwei Begriffen/Aussagen an; das Vergleichsglied wird in der Regel mit *quam* angeschlossen; z. B.:
Templum ***māius*** *est* ***quam*** *domus.* Der Tempel ist **größer als** das Haus.

Kommt der Komparativ ohne Vergleichsglied vor, wird er umschrieben mit **(all)zu, ziemlich, etwas**; z. B.:
epistula brévior ein **allzu, ziemlich, etwas** kurzer Brief

5.2 Superlativ

Der Superlativ bezeichnet den höchsten Grad der Steigerung; z. B.:
dīvitissimus homō der reichste Mensch

Er kann aber auch (besonders wenn nur von einem Begriff die Rede ist) einen sehr hohen Grad bezeichnen (**Elativ**) und wird dann mit Adverbien (wie: sehr, überaus, äußerst) umschrieben oder bildhaft wiedergegeben; z. B.:
dīvitissimus sehr, äußerst, überaus reich; steinreich

5.3 Verstärkungen

Es können zu den Steigerungsformen noch Verstärkungen hinzutreten:

Zum **Komparativ:** *multō* um Vieles, viel, z. B.:

multō grávius onus	eine viel schwerere Last

Zum **Superlativ:** *longē* bei weitem, weitaus
quam möglichst, so ... wie möglich, z. B.:

longē sapientissimus homō	der bei weitem, weitaus weiseste Mensch
quam brevíssima epístula	ein möglichst kurzer Brief, ein so kurzer Brief wie möglich

§ 18 Das Adverb

Das Adverb gehört zwar zu den indeklinablen Wortarten, wird aber an dieser Stelle behandelt, da der überwiegende Teil der Adverbien von Adjektiven gebildet wird.
Das Adverb gibt als Adverbiale wie im Deutschen einen näheren Umstand (des Ortes, der Zeit, des Grundes, der Art und Weise) zur Verbalhandlung an.

1. Bildung von Adverbien aus Adjektiven

1.1 Suffixe

Bei der regelmäßigen Bildung von Adverbien werden an den Wortstock der Adjektive folgende Suffixe angehängt:

bei Adjektiven der ā- und o-Deklination	**-ē**	z. B.: *long-ē*
bei Adjektiven der 3. Deklination	**-iter**	z. B.: *fórt-iter*
	(**-er**, wenn Wortstock auf -nt endet	z. B.: *sapiént-er*)

Besonderheiten gibt es bei:	*bonus*	*bĕnĕ*
	malus	*malĕ*
	fácilis	*fácile*

1.2 Steigerung

Adverbien werden auch gesteigert, d. h. sie werden von den Steigerungsformen des Adjektivs gebildet. Dabei ist die Form des Adverbs im:

Komparativ	gleich **Akk. Sg. Neutr.** des Komparativs; z. B.: *lóng-ius*
Superlativ	gleich dem Adverb der Superlativform des Adjektivs, d. h. es endet auf **-ē**; z. B.: *long-íssim-ē*

1.3 Beispiele:

asper	ásper-ē	aspér-ius	aspérrim-ē	rau, rauer, am rauesten
pulcher	pulchr-ē	púlchr-ius	pulchérrim-ē	schön, schöner, am schönsten
beā́tus	beā́t-ē	beā́t-ius	beātíssim-ē	glücklich, glücklicher, am glücklichsten
celer	celér-iter	celér-ius	celérrim-ē	schnell, schneller, am schnellsten
ācer	ā́cr-iter	ā́cr-ius	ācérrim-ē	heftig, heftiger, am heftigsten
fortis	fórt-iter	fórt-ius	fortíssim-ē	tapfer, tapferer, am tapfersten
audāx	audā́c-(i)ter	audā́c-ius	audācíssim-ē	kühn, kühner, am kühnsten
prūdēns	prūdént-er	prūdént-ius	prūdentíssim-ē	klug, klüger, am klügsten
fácilis	fácile (!)	facíl-ius	facíllim-ē	leicht, leichter, am leichtesten

Unregelmäßige Bildungen ergeben sich weitgehend aus den unregelmäßigen Steigerungen der Adjektive (vgl. oben § 17.4):

bonus	bĕnĕ	mél-ius	óptim-ē	gut, besser, am besten
malus	malĕ	pē-ius	péssim-ē	schlecht, schlechter, am schlechtesten
māgnus	māgnópere	magis (!)	mā́xim-ē	groß, größer, am größten
parvus	paulum	minus	mínim-ē	klein, kleiner, am kleinsten
multus	multum	plūs	plū́rimum (!)	viel, mehr, am meisten

Einige andere häufiger vorkommende Steigerungsreihen sind:

diū	diútius	diutíssim-ē	lange, länger, am längsten
prope	própius	próxim-ē	nahe, näher, am nächsten
saepe	sáepius	saepíssim-ē	oft, öfter, äußerst oft
(pote)	pótius	potíssimum	(--), lieber, eher, hauptsächlich
valdē	magis	maxim-ē	sehr, mehr, am meisten

2. Abweichende Adverbbildungen

Andere Adverbien werden auf -ō gebildet (mehrere Adjektive der ā- und o-Deklination) oder es sind erstarrte Kasusformen (meist Akk. Sg. Neutrum) oder andere Wortbildungen bzw. Zusammensetzungen (oft mit Präpositionen).

Beispiele für Adverbien:

auf -*ō*		Akk. Sg. Neutrum		andere Wortbildungen	
citō	schnell	cḗterum	übrigens	clam	heimlich
crebrō	häufig, oft	fácile	leicht	crās	morgen
falsō	fälschlich	multum	viel, sehr	diū	lange
perpétuō	beständig, fortwährend	nímium	zu sehr	frūstrā	vergeblich
		paulum	(ein) wenig	herī	gestern
postrḗmō	schließlich, zuletzt	parum	zu wenig	nunc	nun, jetzt
		plērúmque	meistens	mox	bald
prīmō	zuerst	plū́rimum	am meisten	rūrsus	wieder
rārō	selten	potíssimum	am liebsten, am ehesten	satis	genug
sērō	(zu) spät			statim	sofort
súbitō	plötzlich	tantum	nur	vix	kaum
durch Zusammensetzungen					
ad-eō	so sehr	ánt-eā	vorher	cot(t)í-diē	täglich
ad-hūc	bis jetzt	intér-eā	inzwischen	hó-diē	heute
de-índe	hierauf, dann	póst-eā	später	postrī́-diē	tags darauf
ínter-im	inzwischen	praetér-eā	außerdem	māgn-ópere	sehr
intér-dum	manchmal	propter-eā	deswegen	quot-ánnīs	jährlich

§ 19 Pronomina

Pronomina sind entweder echte „Fürwörter", d. h. sie stehen für ein Nomen (z. B.: die Menschen => *sie*), oder sie bestimmen den Bedeutungsumfang eines Nomens näher (z. B.: *diese* Menschen). Entsprechend können sie substantivisch (allein stehend) oder adjektivisch (bei einem Nomen stehend) gebraucht werden. Auch sie sind nach drei Merkmalen (Kasus – Numerus – Genus) bestimmt.
Es lassen sich folgende Arten von Pronomina unterscheiden:

- Personalpronomina (persönliche Fürwörter) — z. B.: ich, du, wir
- Possessivpronomina (besitzanzeigende Fürwörter) — z. B.: mein, dein, unser
- Demonstrativpronomina (hinweisende Fürwörter) — z. B.: dieser, jener, derselbe
- Relativpronomina (bezügliche Fürwörter) — z. B.: (derjenige,) der, welcher
- Interrogativpronomina (fragende Fürwörter) — z. B.: wer? was? welcher?
- Indefinitpronomina (unbestimmte Fürwörter) — z. B.: irgendeiner, etwas
- Sonderfälle

§ 20 Personalpronomina

Die Personalpronomina (persönlichen Fürwörter) stehen für die jeweilige Person in Singular und Plural:

1. Person (die sprechende, handelnde Person)	ich; wir
2. Person (die angesprochene Person)	du; ihr
3. Person (die besprochene Person, behandelte Sache)	er, sie, es; sie

Singular						
Kasus	1. Person		2. Person		3. Person (refl.)	
Nom.	ego	ich	tū	du	---	---
Gen.	meī	meiner	tuī	deiner	suī	seiner
Dat.	mihi	mir	tibi	dir	sibi	sich
Akk.	mē	mich	tē	dich	sē	sich
Abl.	(ā) mē	(von mir)	(ā) tē	(von dir)	(ā) sē	(von sich)
Plural						
Kasus	1. Person		2. Person		3. Person (refl.)	
Nom.	nōs	wir	vōs	ihr	-	-
Gen.	nostrī	unser	vestrī	euer	suī	ihrer
Dat.	nōbīs	uns	vōbīs	euch	sibi	sich
Akk.	nōs	uns	vōs	euch	sē	sich
Abl.	(ā) nōbīs	(von uns)	(ā) vōbīs	(von euch)	(ā) sē	(von sich)

- Die Formen des Personalpronomens gelten jeweils für alle drei Geschlechter. Die Präposition *cum* wird im Ablativ angehängt: *mēcum – tēcum – sēcum – nōbíscum – vōbíscum.*

- Im Nominativ werden die Personalpronomina im Lateinischen nur verwendet, wenn sie betont sind (vor allem bei Gegensätzen).

  z. B.: ***Ego** in domō labōrō,* **Ich** arbeite im Haus,
  ***tū** hortum cūrās.* **du** pflegst den Garten.

- Während die Formen der 1. und 2. Person unterschiedslos verwendet werden, unterscheidet das Lateinische in der 3. Person zwischen reflexivem und nicht reflexivem Gebrauch. „**Reflexiv**" bedeutet **rückbezüglich auf das Subjekt** des Satzes.

  z. B.: *Fílius **sibi** nocet.* Der Sohn schadet **sich**.

Aber nichtreflexiver Bezug:

*Fīlius **eī** (= amīcō) nocet.* Der Sohn schadet **ihm** (diesem = dem Freund).
Für die **nichtreflexiven** Formen des Personalpronomens der 3. Person treten die entsprechenden Formen des Demonstrativpronomens ***is, ea, id*** ein (vgl. § 22.3).

- Zum **indirekten** Reflexivpronomen beim AcI und in konjunktivischen Nebensätzen siehe Nachträge S. 201!

§ 21 Possessivpronomina

Possessivpronomina geben den Besitzer oder die Zugehörigkeit an.

N.	1. Person		2. Person		3. Person: reflexiv		3. Person: nichtreflexiv	
Sg.	meus, mea, meum	mein	tuus, tua, tuum	dein	suus, sua, suum	sein	eius	(dessen, deren) sein, ihr
Pl.	noster, nostra, nostrum	unser	vester, vestra, vestrum	euer	suus, sua, suum	ihr	eṓrum, eā́rum, eṓrum	(deren) ihr

- Die Possessivpronomina werden wie Adjektive der ā- und o-Deklination dekliniert und verwendet (vgl. § 15). Beachte in diesem Zusammenhang die Substantivierungsmöglichkeiten, z. B.:

  meum mein Besitz, Eigentum, meine Aufgabe
  meī (-ṓrum) die Meinen, meine Angehörigen, meine Leute
  mea (Neutr. Pl.) das Meine, mein Hab und Gut, mein Eigentum
  entsprechend die übrigen Possessivpronomina, z. B.:
  vestrī (-ṓrum) die Eueren, euere Angehörigen, euere Leute

- Possessivpronomina entfallen im Lateinischen, wenn sie selbstverständlich sind; im Deutschen werden sie häufig eingesetzt.
  z. B.: *Paréntēs amā́mus.* Wir lieben **unsere** Eltern.

- Wie bei den Personalpronomina wird in der 3. Person auch bei den Possessivpronomina zwischen **reflexivem** und **nichtreflexivem** Gebrauch unterschieden. Vergleiche:

  *Dóminus equōs **suōs** cūrat.* Der Herr versorgt **seine** Pferde.

  *Dóminus equōs **eius** (= amīcī) cūrat.* Der Herr versorgt **seine** / dessen (= des Freundes) Pferde.

§ 22 Demonstrativpronomina

Die Demonstrativpronomina weisen auf Personen, Sachen oder Aussagen hin oder heben sie hervor. Sie stehen meist vor dem zugehörigen Substantiv. Im Großen und Ganzen werden sie nach der ā- und o-Deklination dekliniert. Beachte aber die typisch pronominale Endung im:

Genitiv Singular	**-īus**
Dativ Singular	**-ī**
(Nom./Akk. Sg. Neutrum	**-d)**

1. hic, haec, hoc dieser, diese, dieses

Kasus	Singular			Plural		
	Mask.	Fem.	Neutr.	Mask.	Fem.	Neutr.
Nom.	hĭc	haec	hŏc	hī	hae	**haec**
Gen.		húius		hōrum	hārum	hōrum
Dat.		**huic**			hīs	
Akk.	hunc	hanc	hŏc	hōs	hās	**haec**
Abl.	hōc	hāc	hōc		hīs	

2. ille, illa, illud jener, jene, jenes

Kasus	Singular			Plural		
	Mask.	Fem.	Neutr.	Mask.	Fem.	Neutr.
Nom.	ille	illa	**illud**	illī	illae	illa
Gen.		illī́us		illṓrum	illā́rum	illṓrum
Dat.		illī			illīs	
Akk.	illum	illam	**illud**	illōs	illās	illa
Abl.	illō	illā	illō		illīs	

- *hic, haec, hoc* weist auf etwas zeitlich und räumlich Naheliegendes, oft auf den Sprecher („dieser mein / unser“) hin.
  z. B.: *hic liber* dieses Buch (hier), dieses mein / unser Buch
  hic diēs dieser (heutige) Tag
  Bei Hinweis auf eine direkte Rede oder eine zusammenfassende Aussage wird dieses Pronomen meist übersetzt mit „folgender, folgende(s)“,
  z. B.: *Haec dīxit: „ ...“* Er sagte Folgendes: „...“.
  Hās terrās vīdit: ... Er sah folgende Länder: ...

- *ille, illa, illud* weist auf etwas zeitlich und räumlich Fernliegendes oder Bekanntes bzw. Berühmtes hin.
  z. B.: *ille liber* jenes Buch (dort)
  illud tempus jene (ferne) Zeit
  ille philósophus jener (bekannte) Philosoph
  illud Cicerōnis jener Ausspruch, jenes berühmte Wort Ciceros

- ***iste, ista, istud*** **dieser, diese, dieses (da, dein)**
  Dieses Pronomen wird genau wie *ille* dekliniert. Es hat nicht selten einen abwertenden, verächtlichen Nebensinn.
  z. B.: *iste adulēscéntulus* dieses Bürschchen (da)

3. is, ea, id dieser, derjenige, ...; **īdem, eadem, idem** derselbe, der gleiche, ...

Kas.	**Singular**			**Plural**		
	Mask.	**Fem.**	**Neutr.**	**Mask.**	**Fem.**	**Neutr.**
Nom.	is	ea	id	iī (eī)	eae	ea
Gen.		éius		eṓrum	eā́rum	eṓrum
Dat.		eī			íīs (eīs)	
Akk.	eum	eam	id	eōs	eās	ea
Abl.	eō	eā	eō		íīs (eīs)	
Nom.	īdem	éadem	idem	eī́dem (iī́-)	eáedem	éadem
Gen.		eiúsdem		eōrú**n**dem	eārú**n**dem	eōrú**n**dem
Dat.		eī			eī́sdem (iī́s-, ī́sdem)	
Akk.	eú**n**dem	eá**n**dem	idem	eṓsdem	eā́sdem	éadem
Abl.	eṓdem	eā́dem	eṓdem		eī́sdem (iī́s-, ī́sdem)	

- *is, ea, id* deutet in der Regel auf schon Genanntes hin.
  z. B.: *(... prōvíncia ...;) eam Antṓnius sortī́tus est.*
  Diese (sie) erhielt Antonius durch das Los.
  Nicht selten weist dieses Pronomen auch auf einen Relativsatz hin.
  z. B.: *... ea prōvíncia, quam Antṓnius sortī́tus est.*
  ... diese, die(jenige) Provinz, die Antonius erlost hat.

- *is, ea, id* ersetzt auch das **nichtreflexive Personalpronomen** und das **nichtreflexive Possessiv**pronomen der 3. Person (vgl. §§ 20 und 21).

- *īdem, éadem, idem* bezeichnet die Identität (Gleichheit, Gleichartigkeit).
  z. B.: *éadem fortū́na* dasselbe, das gleiche Schicksal
  idem fácere dasselbe tun

- ***ipse, ipsa, ipsum*** **selbst, persönlich**
  Dieses Pronomen wird genauso wie *ille* dekliniert (Ausnahme: Im Neutrum Sg. hat es die Adjektiv-Endung **-um**). Es dient zur Hervorhebung oder Identifizierung einer Person oder Sache.
  z. B.: *Dux ipse dīxit.* Der Anführer selbst, persönlich hat gesprochen.
  tuīs verbīs ipsīs schon, gerade durch (diese) deine Worte
  virtūs ipsa die Tugend an sich

- Beachte besonders folgende mehrdeutige Formen:
  haec, illă, istă, eă, éădem, ipsă Nom. Sg. **Fem.**; Nom./Akk. Pl. **Neutr.**
  illī, istī, eī, eī́dem, ipsī Dat. Sg.; Nom. Pl. Mask.

§ 23 Relativpronomina

1. Das „übliche" Relativpronomen

quī, quae, quod der, die, das; welcher, welche, welches

Kasus	Singular			Plural		
	Mask.	**Fem.**	**Neutr.**	**Mask.**	**Fem.**	**Neutr.**
Nom.	quī	quae	quod	quī	quae	**quae**
Gen.		cúius		quōrum	quārum	quōrum
Dat.		cui			quibus (quīs)	
Akk.	quem	quam	quod	quōs	quās	**quae**
Abl.	quō	quā	quō		quibus (quīs)	

- Das Relativpronomen leitet meist einen Relativ**satz** ein. Dabei stimmt es in **Numerus** und **Genus** mit dem **Beziehungswort** überein, im **Kasus** richtet es sich nach der Konstruktion des **Relativsatz**es (vgl. auch § 71.1).

Z. B.: *(Is) Amīcus,* ***quem*** (Sg. Mask./ Akk.-Obj.) *exspectāveram, vēnit.*

Der(jenige) Freund, den ich erwartet hatte, ist gekommen.

Geht der Relativsatz dem Hauptsatz voraus, so gibt es zwei Möglichkeiten der Übersetzung:

a) Das Relativpronomen wird mit „wer, was, welche " (wie ein Fragewort) wiedergegeben; der Hauptsatz braucht dann unter Umständen ein Demonstrativpronomen als Zusatz.

b) Man ergänzt sich voraus eine entsprechende Form von *is, ea, id.*

Z. B.: *(Is,) Quem exspectāveram, vēnit.*

a) Wen ich erwartet hatte, der ist gekommen.
b) Derjenige, den ich erwartet hatte, ist gekommen.

(Ea,) Quae nocent, docent.
a) Was schadet, (das) lehrt.
b) Das, was schadet, lehrt.

- Zum **relativen Satzanschluss** vgl. § 71.8!

- Beachte besonders folgende mehrdeutige Form:
  quae Nom. Sg. und Pl. **Fem.**; Nom./Akk. Pl. **Neutr.**

2. Verallgemeinernde Relativpronomina

quisquis, quidquid (nur substantivisch)	jeder, der; alles, was; wer auch immer; was auch immer
quīcúmque, quaecúmque, quodcúmque (meist adjektivisch)	wer auch immer, was auch immer

- Diese Pronomina verallgemeinern einen Begriff oder eine Aussage. Die Deklination von ***quīcúmque, ...*** ist **dieselbe** wie von *quī, quae, quod* + Suffix *-cúmque*. Das substantivische *quisquis* (Nom.), *quidquid* (Nom./ Akk.) kommt nur in diesen Formen vor (bzw. in der Wendung *quōquō modō* auf welche Weise auch immer); z. B.:

Quidquid áccidit, tibi adsum.	Was auch immer passiert, ich helfe dir.
Quīcúmque amīcī véniunt, hospítiō recipiúntur.	Alle Freunde, die (Welche Freunde auch immer) kommen, (sie) werden gastfreundlich aufgenommen.

- Mit dem **Suffix *-cúmque*** können auch andere Pronomina verallgemeinert werden; z. B.:

quōcúmque	wohin **auch immer**
quāliscúmque	wie beschaffen **auch immer**

§ 24 Interrogativpronomina

1. Substantivische Form

quis? quid? wer? was?

Kasus	Singular	
	Mask. (Fem.)	Neutrum
Nom.	quis	quid
Gen.	cúius	
Dat.	cui	
Akk.	quem	quid
Abl.	ā quō	

Zu diesem Fragepronomen gibt es keinen Plural.

2. adjektivische Form

qui? quae? quod? welcher? welche? welches? (auch im Plural!)

- Das adjektivische Fragepronomen wird **genauso dekliniert wie das Relativpronomen** (siehe § 23); z. B.:

Quod templum in forō vīdístis?	Welchen Tempel habt ihr auf dem Forum gesehen?
Quibus dóminīs pārēbitis?	Welchen Herren werdet ihr gehorchen?

§ 25 Indefinitpronomina

Durch Indefinitpronomina wird eine genauere Aussage über Personen oder Sachen umgangen. Sie kommen in der Regel **substantivisch** und **adjektivisch** vor, stellen meist Zusammensetzungen mit den Fragepronomina *quis, quid* bzw. *quī, quae, quod* dar und werden entsprechend dekliniert (vgl. die §§ 23 u. 24). Dabei gibt es bei substantivischer Verwendung meist nur den Singular; das Neutrum lautet *quid* (bei adjektivischem Gebrauch *quod*).

1. Bedeutungsfeld „jemand" und das Gegenteil

Übersicht:

a) (irgend)jemand, (-)etwas; (irgend)einer, (-)eine, (-)ein:

áli-quis, áli-quid (substantivisch)	bei **bejahendem** Sinn
áli-quī, áli-qua, áli-quod (adjektivisch)	bei **bejahendem** Sinn
quis-quam, quid-quam (substantivisch)	bei **verneinend**em Sinn
ūllus, ūlla, ūllum (adjektivisch)	bei **verneinend**em Sinn

b) ein gewisser, bestimmter, etwas; **Pl.** manche, einige:

quī-dam, quid-dam	substantivisch
quī-dam, quae-dam, quod-dam	adjektivisch

c) niemand / keiner, nichts; kein(e):

nēmō, nihil	substantivisch
nūllus, nūlla, nūllum	adjektivisch

Beispiel: **áli-quis / áli-quī**

N.	Kas.	substantivisch			adjektivisch		
		Mask.	**(Fem.)**	**Neutr.**	**Mask.**	**Fem.**	**Neutr.**
Sg.	Nom.	áliquis		áliquid	áliquī	**áliqua**	áliquod
	Gen.	alicúius		alicúius reī	alicúius		
	Dat.	álicui		álicui reī	álicui		
	Akk.	áliquem		áliquid	áliquem	áliquam	áliquod
	Abl.	áliquō		áliquā rē	áliquō	áliquā	áliquō
Pl.	Nom.				áliquī	áliquae	**áliqua**
	Gen.				aliquṓrum	aliquā́rum	aliquṓrum
	Dat.				alíquibus		
	Akk.				áliquōs	áliquās	**áliqua**
	Abl.				alíquibus		

Beispiel: **quī-dam, nēmō / nihil**

N.	Kas.	adjektivisch			substantivisch	
		Mask.	Fem.	Neutr.	Mask./Fem.	Neutr.
Sg.	Nom.	quīdam	quaedam	quoddam	nēmō	nihil
	Gen.	cuiúsdam			**nūllíus**	nūllíus reī
	Dat.	cúidam			néminī	nūllī reī
	Akk.	que**n**dam	qua**n**dam	quoddam	néminem	nihil
	Abl.	quōdam	quādam	quōdam	**ā nūllō**	nūllā rē
Pl.	Nom.	quīdam	quaedam	quaedam		
	Gen.	quōrú**n**dam	quārú**n**dam	quōrú**n**dam		
	Dat.	quibúsdam				
	Akk.	quōsdam	quāsdam	quaedam		
	Abl.	quibúsdam				

Anmerkungen:

- zu a):

  Bei *áliquī, ...* fällt nach bestimmten Konjunktionen das Präfix *ali-* weg.
  Merkvers: Nach *sī, nisī, nē* und *num, quō, quantō, cum* fällt das „*ali*" um!

  Quisquam, ... wird dekliniert wie das Fragepronomen (vgl. § 24) *quis* + Suffix *quam* (im Neutrum neben *quidquam* oft ***quicquam***). Das adjektivische Pronomen *ūllus, -a, -um* wird wie ein Adjektiv auf *-us, -a, -um* dekliniert; zu beachten ist aber im Genitiv und Dativ Singular die pronominale Endung: **ūllíus, ūllī**. Dativ *ūllī* und Ablativ *ūllō* kommen auch substantivisch vor.

  Beispiele:

Semper áliquid haeret.	Immer bleibt (irgend)etwas hängen.
Áliquī dolor amīcum vexābat.	Irgendein Schmerz quälte den Freund.
Sī quid accíderit, statim redī!	Wenn (irgend)etwas passiert, kehre sofort zurück!
Num quī dolor tē vexat?	Quält dich etwa irgendein Schmerz?
Vix quisquam tē celeritāte vincit.	Kaum jemand übertrifft dich an Schnelligkeit.
Neque quidquam (quicquam) laudās.	Und nichts lobst du.
Sine ūllā spē sumus.	Wir sind ohne irgendeine Hoffnung.

- zu b):

  quīdam, ... bezeichnet jemand oder etwas, wovon der Name nicht genannt werden soll. Gelegentlich wirkt *quīdam* auch verstärkend oder abschwächend: „geradezu ein ...", „eine Art ...".

  Im Plural bedeutet *quīdam* oft „manche, einige".

Beispiele:

Amī́cus suspīciṓnem quandam habet.	Der Freund hat einen (gewissen, bestimmten) Verdacht.
Quiddam dīvī́num homínibus inest.	Etwas Göttliches wohnt den Menschen inne.
Quibúsdam cōnfī́dere nōn dēbēs.	Manchen, einigen (Leuten) darfst du nicht vertrauen.
Incrēdíbilēs quōsdam labṓrēs súbeunt.	Sie nehmen geradezu unglaubliche Anstrengungen auf sich.
Exsul dēsīdériō quōdam captus est.	Der Verbannte wurde von einer Art Sehnsucht ergriffen.

- zu c):
  nēmō ist entstanden aus **ne-hemo = ne-homo* (kein Mensch); der Genitiv und Ablativ, oft auch der Dativ werden durch die Formen von *nūllus* ersetzt. Beachte bei *nūllus* wiederum die pronominalen Endungen: ***nūllī́us, nūllī*** (Dat. auch *nḗmini*).

  Die Negation *nōn* verändert je nach Stellung die Bedeutung dieser Pronomina:

Nachstellung: Bedeutungsumkehrung		Voraussstellung: Abschwächung	
nēmō nōn	jeder	nōn nēmō	mancher
nūllus nōn	jeder	nōnnūllī	manche, einige
nihil nōn	alles	nōn nihil	manches

Beispiele:

Tibī́ne nūlla lēx est?	Gibt es (gilt) für dich kein Gesetz?
Amī́cus nihil nōn temptā́vit.	Der Freund hat alles versucht.
Nōn nḗminī salūs cīvitā́tis cordī est.	Manchem liegt das Wohl der Bürgerschaft am Herzen.

2. Bedeutungsfeld „jeder“

Übersicht:

a)	**ūnus-quís-que, ūnum-quíd-que**	jeder Einzelne [subst.]
	quis-que, quid-que	jeder [subst.]
	ūnus-quís-que, ūna-quáe-que, ūnum-quód-que	jeder einzelne [adj.]
	quis-que, quae-que, quod-que	jeder [adj.]
b)	**quī-vīs, quid-vīs**	jeder Beliebige, alles Beliebige; alle (Beliebigen) [subst.]
	quī-vīs, quae-vīs, quod-vīs	jeder beliebige; alle (beliebigen) [adj.]
	quī́-libet, quíd-libet	jeder Beliebige, alles Beliebige; alle (Beliebigen) [subst.]
	quī́-libet, quáe-libet, quód-libet	jeder beliebige; alle (beliebigen) [adj.]

Die Deklination dieser Pronomina ist bei den **substantivischen Formen** dieselbe wie die des **Fragepronomens** (vgl. § 24) + jeweiliges Suffix (*-que, -vīs, -libet*) [Ausnahmen: *quīvīs, quīlibet*], bei den **adjektivischen Formen** gleich dem **Relativpronomen** (vgl. § 23) [Ausnahme: *quisque*].
Bei *ūnus-quísque* werden beide Bestandteile dekliniert: z. B.: ***ūnīus-cuiúsque, ūnīcúique***, usw.

Beispiel: **quis-que** (adjektivisch)

Kas.	Singular			Plural		
	Mask.	**Fem.**	**Neutr.**	**Mask.**	**Fem.**	**Neutr.**
Nom.	quisque	quaeque	quodque	quīque	quaeque	quaeque
Gen.		cuiúsque		quōrúmque	quārúmque	quōrúmque
Dat.		cúique			quibúsque	
Akk.	quemque	quamque	quodque	quōsque	quāsque	quaeque
Abl.	quōque	quāque	quōque		quibúsque	

- zu a):
  Bei *ūnusquísque* fällt *ūnus* weg in Verbindung mit Interrogativ-, Reflexiv- oder Relativpronomina, Superlativen (hier meist Übersetzung mit Plural!) oder Ordnungszahlen. Unterscheide den Ablativ *quōque* von der Konjunktion *quŏque* (auch).

  Beispiele:

Sē quisque amat.	Jeder liebt sich (selbst).
Suae quisque fortūnae faber est.	Jeder ist seines Glückes Schmied.
Óptimus quisque rem pūblicam regat!	Gerade die Besten mögen/sollen den Staat lenken!
Quīntō quōque annō lūdī Olýmpicī sunt.	Alle vier Jahre (in jedem fünften Jahr) finden die Olympischen Spiele statt.

- zu b):
  quīvīs bzw. *quīlibet* lassen sich bedeutungsmäßig vom zweiten Wortbestandteil her leicht erklären: Auszugehen ist von *quemvīs* „wen du willst" bzw. *cúilibet* „wem beliebt"; *-vīs* und *-libet* wurden dann auch an die anderen Kasus angehängt.

Nē cōnfīsus sīs cuivīs!	Vertraue nicht jedem Beliebigen („wem du willst")!

§ 26 Sonderfälle

1. Pronomina bei nur zwei Alternativen

Übersicht (jeweils **subst.** und **adj.**):

uter? utra? utrum?	welcher, welche, welches (von zweien)?
utér-que, utrá-que, utrúm-que	jeder (von beiden), beide
né-uter, né-utra, né-utrum	keiner (von beiden)
alter, áltera, álterum	der eine, der andere (von beiden)

- Alle diese Pronomina werden dekliniert wie Adjektive der ā- und o-Deklination auf -er (z. B. *sacer* oder *miser*; vgl. § 15). Beachte aber die pronominalen Endungen im:

  Genitiv Singular: **utrī́us, utrīúsque, neutrī́us, alterī́us**
  Dativ Singular: **utrī, utrī́que, néutrī, álterī**

- Diese Pronomen können nur verwendet werden, wenn zwei Dinge oder Personen als ein Paar (oder zwei Parteien) gesehen werden (das wird durch das Element *-ter* zum Ausdruck gebracht, vgl. *nos-ter, ves-ter, dex-ter*)

Beispiele:

Uter cōnsul cécidit?	Welcher Konsul (von beiden Konsuln) ist gefallen?
Utérque cōnsul ōrātiṓnem hábuit.	Jeder (von beiden) Konsul(n) hielt eine Rede, **beide** Konsuln hiel**ten** eine Rede.
Néuter cōnsul cū́riam íniit.	Keiner der beiden Konsuln betrat die Kurie.
Alter cōnsul in cōntiṓnem prṓdiit.	Der eine Konsul trat in der Versammlung auf.
Alter cōnsul ceciderat, alter incólumis rédiit.	Der eine Konsul war gefallen, der andere kehrte unversehrt zurück.

2. Pronominaladjektive

Die sog. Pronominaladjektive bezeichnen keine Eigenschaften, sondern vertreten (oder bestimmen) wie ein Pronomen eine Person oder Sache. Sie haben nur im Genitiv und Dativ für alle drei Geschlechter pronominale Ausgänge auf **-ī́us** und **-ī**; ansonsten geht die Deklination ganz regelmäßig.

ūnus, -a, -um	ein(er), einzig	ūnī́us – ūnī
sōlus, -a, -um	allein, einzig	sōlī́us – sōlī
tōtus, -a, -um	ganz	tōtī́us – tōtī
álius, -a, -<u>ud</u>	ein anderer	**alterī́us (!)** – aliī

- Beachte besonders folgende mehrdeutige Formen:
  sōlī, tōtī, aliī **Dat. Sg.** Mask./ Fem./Neutr.; **Nom. Pl.** Mask

3. Korrelativpronomina

Korrelativpronomina sind Paare, bei denen Adjektivformen in demonstrativem Sinn (beginnend mit *t-*) zu Formen in relativer Bedeutung (beginnend mit *qu-*) in Beziehung treten.

tālis, -e	↔	**quālis, -e**	so beschaffen ↔ wie (beschaffen) ein solcher ↔ wie
tantus, -a, -um	↔	**quantus, -a, -um**	so groß ↔ wie (groß)
tantum (Adv.)	↔	**quantum** (Adv.)	so viel ↔ wie (viel)
tot (indekl.)	↔	**quot** (indekl.)	so viele ↔ wie viele

Tālem vītam ágere nōlō quālem tū.	Ich will nicht eine solches Leben führen wie du.
Nōbīs tantae cōpiae sunt quantae hóstibus.	Wir haben so große Truppen wie (große) die Feinde (haben).
Quot cápita, tot senténtiae.	Wie viele Köpfe (es sind), so viele Meinungen (gibt es).

§ 27 Numeralia (Zahlwörter)

Bei den Zahlen lassen sich im Lateinischen vier Gruppen unterscheiden, wovon die ersten beiden die wichtigsten sind:

1. Die **Grundzahlen** (Kardinalzahlen):
   Sie geben Antwort auf die Frage: „Wie viele?" Sie sind die Grundlage für die Bildung der Zahlen der folgenden Gruppen.
2. Die **Ordnungszahlen** (Ordinalzahlen):
   Diese Zahlen stellen eine Ordnung her, d. h. sie bezeichnen eine bestimmte Stelle (Frage: der/die/das wievielte?) in einer Reihenfolge.

3. Die **Verteilungszahlen** (Distributivzahlen):
Sie geben Antwort auf die Frage: „Wie viele jeweils?“ und werden im Deutschen mit dem Zusatz „**je**“ wiedergegeben: z. B.: je drei (Stunden).

4. Die **Zahladverbien** (Multiplikationszahlen):
Sie geben Antwort auf die Frage: „Wievielmal/Wie oft?“ oder „Zum wievielten Mal?“

arabische Ziffern	Grundzahlen	römische Ziffern	Ordnungszahlen
1	ūnus, -a, -um	I	prīmus, -a, -um
2	duo, duae, duo	II	secúndus (alter)
3	trēs, tria	III	tértius
4	quáttuor	IV	quārtus
5	quīnque	V	quīntus
6	sex	VI	sextus
7	septem	VII	séptimus
8	octō	VIII	octā́vus
9	novem	IX	nōnus
10	**decem**	**X**	**décimus**
11	ū́n-**decim**	XI	ūn-décimus
12	duó-decim	XII	duo-décimus
13	trḗ-decim	XIII	tértius décimus
14	quattuór-decim	XIV	quārtus décimus
15	quī́n-decim	XV	quīntus décimus
16	sḗ-decim	XVI	sextus décimus
17	septén-decim	XVII	séptimus décimus
18	duo-dē-vīgíntī	XVIII	duo-dē-vīcḗsimus
19	ūn-dē-vīgíntī	XIX	ūn-dē-vīcḗsimus
20	**vīgíntī**	**XX**	**vīcḗsimus**
	Suffix für die **Zehner** ↓ **-gíntā**		Suffix für die **Zehnten** ↓ **-gḗsimus**
30	trī-gíntā	XXX	trī-cḗsimus
40	quadrā-gíntā	XL	quadrā-gḗsimus
50	quīnquā-gíntā	L	quīnquā-gḗsimus
60	sexā-gíntā	LX	sexā-gḗsimus
70	septuā-gíntā	LXX	septuā-gḗsimus
80	octō-gíntā	LXXX	octō-gḗsimus
90	nōnā-gíntā	XC	nōnā-gḗsimus
100	**centum**	**C**	**centēsimus**

	Suffixe für die **Hunderter** ↓ **-céntī, -géntī (-ae, -a)**		Suffixe für die Hundertsten ↓ **-centḗsimus, -gentḗsimus**
200	du-céntī, -ae, -a	CC	du-centḗsimus
300	tre-céntī, -ae, -a	CCC	tre-centḗsimus
400	quadrin-géntī, -ae, -a	CD	quadrin-gentḗsimus
500	quīn-géntī, -ae, -a	D	quīn-gentḗsimus
600	ses-céntī, -ae, -a	DC	ses-centḗsimus
700	septin-géntī, -ae, -a	DCC	septin-gentḗsimus
800	octin-géntī, -ae, -a	DCCC	octin-gentḗsimus
900	nōn-géntī, -ae, -a	CM	nōn-gentḗsimus
1000	**mīlle**	**M**	**mīllḗsimus**
2000	duo mī́lia	MM ($\overline{\text{II}}$)	**bis** mīllḗsimus
20000	vīgíntī mī́lia	($\overline{\text{XX}}$	**vī́ciēs** mīllḗsimus)

Distributivzahlen		**Zahladverbien**			
síngulī, -ae, -a	je ein	semel	einmal	prīmum	zum ersten Mal
bīnī	je zwei	bis	zweimal	íterum (secúndum)	zum zweiten M.
ternī	je drei	ter	dreimal	tértium	zum dritten Mal
quatérnī	je vier	quater	viermal	↓ wie Neutrum der Ordnungszahlen	
quī-nī	je fünf	quī́nqu-iēs	fünfmal		
↓		↓			
dē-nī	je zehn	déc-iēs	zehnmal		
Suffixe **-nī** ↓		Suffixe **-iē(n)s** ↓			

Anmerkungen:

- zu 1.:
  Von den Grundzahlen werden **ūnus, duo, trēs** sowie alle **Hunderter** (ab 200) dekliniert und stimmen mit dem Beziehungswort überein; ferner wird das Substantiv **mī́lia** dekliniert.

K./G.	**Mask.**	**Fem.**	**Neutr.**	**Mask.**	**Fem.**	**Neutr.**
Nom.	ūnus	ūna	ūnum	duo	duae	duo
Gen.		ūnī́us		duṓrum	duā́rum	duṓrum
Dat.		ūnī		duṓbus	duā́bus	duṓbus
Akk.	ūnum	ūnam	ūnum	duo (duōs)	duās	duo
Abl.	ūnō	ūnā	ūnō	duṓbus	duā́bus	duṓbus

K./G.	Mask.	Fem.	Neutr.		Neutr.	
Nom.	trēs	trēs	tria		mī́lia	
Gen.		trium			mī́lium	
Dat.		tribus			mī́libus	
Akk.	trēs	trēs	tria		mī́lia	
Abl.		tribus			mī́libus	

Die **Hunderter** (ab 200) werden wie Adjektive der ā- und o-Deklination im Plural dekliniert.

Bei mehrstelligen Zahlen geht gewöhnlich jeweils die größere voraus; im umgekehrten Fall werden die Einzelzahlen mit *et* angeschlossen.
Zu beachten ist, dass bei den Endziffern 8 und 9 von der nächsthöheren Zehnerzahl abgezogen wird (*duodē-*: zwei weg von; *undē-* eins weg von); bei 98 und 99 ist *nōnāgíntā octō / novem* üblich.
Bespiele:

tre-céntī quadrā-gintā quīnque	345
(oder: *quīnque et quadrāgíntā et trecéntī*)	
octin-géntī ūndē-septuā-gíntā	869
quīn-géntī duodē-sexā-gíntā	558
septin-géntī nōnā-gíntā novem	799

mīlle ist im Unterschied zum Plural *mī́lia* indeklinabel; dieser wird immer mit dem Genitiv eines Substantivs verbunden, z. B.:

mīlle passūs (seltener *pássuum*)	1000 Doppelschritte, eine Meile
*quīnque mī́lia páss**uum***	fünf Meilen (ca. 7,5 km)
cum mīlle equítibus	mit 1000 Reitern
*cum tribus mī́libus équit**um***	mit 3000 Reitern (mit drei Tausenden an Reitern)

- zu 2.:
  Alle Ordnungszahlen werden wie Adjektive der ā- und o-Deklination dekliniert. Abweichend vom Deutschen stehen sie bei Jahreszahlen und Tageszeitangaben, z. B.:

annō a. Chr. n. septingentḗsimō quīnquāgḗsimō tértiō	im Jahre 753 v. Chr.
annō p. Chr. n. bis mīllḗsimō quārtō	im Jahre 2004 n. Chr.
hōrā sextā	in der sechsten Stunde, (um) 12 Uhr

- zu 3. / 4.: Beispiele:

Imperātor dúcibus trīcēnōs mīlitēs tribuit.	Der Befehlshaber teilte den Anführern je dreißig Soldaten zu.
Imperātor ter / tértium vīcit.	Der Feldherr hat dreimal / zum dritten Mal gesiegt.

§ 28 Verb(um)

Das Verb ist die wichtigste Wortart, da es als Prädikat in einem Satz (in der Regel) unabdingbar ist. Es bezeichnet eine Tätigkeit bzw. einen Vorgang (z. B.: *scrī́bere* schreiben; *crḗscere* wachsen) oder einen Zustand (z. B.: *manḗre* bleiben; *[ad]esse* [da]sein).

Das Verb ist ausschlaggebend dafür, welche Objekte in einem Satz stehen können (z. B.: *inimī́cī* (Gen.) *miserḗrī* sich des Feindes erbarmen; *amī́cō* (Dat.) *adésse, amī́cum* (Akk.) *adiuvā́re* dem Freund helfen, den Freund unterstützen). Verben, die ein **Akkusativ-Objekt** bei sich haben (können), bezeichnet man als **transitiv** [„übergehend, zielend auf"] (z. B.: *epístulam scrī́bere* einen Brief schreiben); sie bilden ein **persönliches Passiv** (*epístula scrī́bitur*). Verben, die kein Akkusativ-Objekt bei sich haben (können), nennt man **intransitiv** (z. B.: *dóminō pā́rḗre* dem Herrn gehorchen); sie können nur ein **unpersönliches Passiv** bilden (*dóminō pārḗtur* es wird dem Herrn gehorcht, dem Herrn gehorcht man; vgl. § 60.4).

Finite (voll bestimmte) **Verbalformen** (Verben als Prädikate) lassen sich nach **fünf Kriterien** bestimmen:

Person – **Numerus (Zahl)** – **Modus** (Aussageweise) –
Tempus (Zeit) – **Genus verbi** (Handlungsart).

Infinit sind Verbalformen, die hinsichtlich der Person und des Modus (z. T. auch des Numerus) nicht bestimmt sind; sie stehen insofern auch dem Nomen nahe und heißen **Nominalformen** des Verbums:
Infinitiv – **Partizip** – **nd-Formen (Gerund / Gerundiv)** – **Supin** (auf *-um, -u*).
Diese werden bei der Satzlehre behandelt (siehe §§ 66-70).

§ 29 Merkmale finiter Verbalformen

1. **Person**
2. **Numerus**
3. **Modus**
4. **Tempus**
5. **Genus verbi**

- (1.) Es gibt **drei Personen** im Singular und Plural (vgl. die Personalpronomina, § 20).
- (2.) Wie beim Nomen (vgl. §§ 4; 6) gibt es zwei Numeri:
  Singular (Einzahl)
  Plural (Mehrzahl).

- (3.) Beim Verbum kann man drei Aussageweisen unterscheiden:

Indikativ	Aussageweise der Wirklichkeit
Konjunktiv	Aussageweise der Möglichkeit
Imperativ	Aussageweise des Befehls.

Die Modi kennzeichnen den Verbalvorgang als wirklich (z. B.: *labṓrat* er arbeitet), als möglich (d. h. als nicht wirklich bzw. als erwünscht: z. B.: *labōrā́ret* er würde arbeiten; *labṓret* möge er arbeiten) oder als befohlen (z. B.: *labōrā́te!* arbeitet!).

- (4.) Im Lateinischen gibt es sechs Tempora, verteilt auf drei Zeitstufen:

Gegenwart	**Präsens** (Gegenwart)	*vídeō* ich sehe
Vergangenheit	**Imperfekt** (1. Verg.)	*vidḗbam* ich sah
	Perfekt (2. Verg.)	*vīdī* ich habe gesehen, sah
	Plusquamperfekt (3. V.)	*vī́deram* ich hatte gesehen
Zukunft	**Futur I** (Zukunft)	*vidḗbō* ich werde sehen
	Futur II (exakt) (vollendete Zukunft)	*vī́derō* (ich werde gesehen haben), ich sehe, habe gesehen

Zum Tempusgebrach im Lateinischen und Deutschen vgl. §§ 51-55.

- (5.) Das Genus verbi bezeichnet die Vollzugsart des Verbalvorgangs; wie im Deutschen unterscheidet man zwei Genera verbi:

Aktiv	Tatform	*vídeō* ich sehe
Passiv	Leideform	*vídeor* ich werde gesehen

(Zu den Arten der Passivbildung vgl. § 28!)

§ 30 Formenbildung des Verbums

1. Konjugationen

Im Lateinischen unterscheidet man vier Konjugationsklassen, die gewöhnlich nach dem Stammauslaut (Kennlaut) benannt werden:

(1.) ā-Konjugation:	laudā́ - re
(2.) ē-Konjugation:	monḗ - re
(4.) ī-Konjugation:	audī́ - re
(3.) gemischte Konjugation:	Konsonantenstämme: **pét** [-ĕ-] re
	i-Stämme (cápĕ-re) **cápĭ** - ō

Das ĭ der ĭ-Stämme der 3. Konjugation ist immer **kurz**; es wird vor r und am Wortende zu einem kurzen ĕ abgeschwächt. Zur konsonantischen Konjugation zählen auch die Stämme auf *-u* (z. B.: *minú-ĕ-re*).

2. Stammerweiterungsvokale

In der **3. Konjugation** werden die Formen des Präsensstamms durch einen Vokal erweitert, wenn der folgende Wortbestandteil (Endung, Tempus-, Moduszeichen) nicht mit einem Vokal beginnt:

e	vor *r*, sowie vor *nd, ns (-ntis)*	*lég-**e**-re, leg-**é**-nd-us, leg-ē-ns*
u	vor *nt* (3. Pers. Pl. Ind.)	*leg-**u**-nt* (vgl. *áudi-**u**-nt*)
i	in allen übrigen Fällen	*leg-**i**-t, leg-**í**-minī*

Dieselben Erweiterungsvokale gibt es auch beim Tempuszeichen -b- für das Futurs: *b-e-, b-u-, b-i-* (*laudā́-beris, laudā́-bunt, laudā́-bis*).

3. Tempusstämme

3.1 Präsensstamm

Der Präsensstamm stimmt bei den meisten Verben mit dem Verbalstamm überein (gelegentlich zeigen sich gewisse Veränderungen).

Vom Präsensstamm werden im Lateinischen die Tempora Präsens, Imperfekt und Futur I gebildet.

3.2 Perfektstamm

Es gibt im Lateinischen insgesamt sechs Perfektbildungen:

v-Perfekt	**Reduplikationsperfekt**
u-Perfekt	**Dehnungsperfekt**
s-Perfekt	**ohne Veränderung des Stammvokals**

Bei der **regelmäßigen Bildung** entsteht der Perfektstamm, indem an den Präsensstamm ein ***v*** angehängt wird, z. B.:

laudā + v	→	***laudāv-***
delē + v	→	***delēv-***
audī + v	→	***audīv-***
pet[-ĕ] + v	→	***petīv-***

Beim **u-Perfekt** ergibt sich der Perfektstamm durch Anhängen eines ***u*** an den Wortstock, z. B.:

dom[a]	→	***domu-***
mon[e]	→	***monu-***
aper[i]	→	***aperu-***
col[-ĕ]	→	***colu-***

Diese Perfektbildung haben die meisten Verben der ē-Konjugation.

Beim **s-Perfekt** entsteht der Perfektstamm, indem an den Wortstock ein ***s*** angehängt wird, das in Verbindung mit dem auslautenden Konsonanten Veränderungen hervorrufen kann, z. B.:

man[ē]	→	***māns-***
duc[-e]	→	***dūx-***
sent[i]	→	***sēns-***
mitt[-e]	→	***mīs-***
ced[-e]	→	***cess-***

Beim **Reduplikationsperfekt** tritt der Anfangskonsonant zusammen mit einem *ĕ* oder dem Vokal der Stammsilbe vor den Wortstock, z. B.:

pend[-e]	→	***pe-pend-***
curr[-e]	→	***cu-curr-***
ta[n]g[-e]	→	***te-tig-***

Bei Komposita fällt die Reduplikation meist weg, z. B.:

con-curr[-e] → ***concurr-***

Der Perfektstamm beim **Dehnungsperfekt** entsteht, indem eine Dehnung des Vokals des Wortstocks erfolgt, z. B.:

mŏv[e]	→	***mōv-***
vĕn[i]	→	***vēn-***
lĕg[-e]	→	***lēg-***

Bei einigen Verben der 3. Konjugation erfolgt die Perfektbildung **ohne Veränderungen des Stammvokals**, d. h. Perfektstamm und Präsensstamm sind identisch, z. B.:

vert[-e]	→	***vert-***
dēfend[-e]	→	***dēfend-***
minu[-e]	→	***minu-***

Beachte, dass hier manche Formen im Perfektstamm teilweise identisch sind mit solchen des Präsensstamms (z. B.: *vérti(t), vértimus, vérteris*)!

Vom Perfektstamm werden im Lateinischen die Zeiten Perfekt, Plusquamperfekt und Futur II Aktiv gebildet.

3.3 Supinstamm

Neben den beiden Supin-Formen (auf *-um* bzw. *-ū*, vgl. § 70) wird besonders das **Partizip Perfekt Passiv (PPP)** davon gebildet, indem bei regelmäßiger Bildung an den Präsensstamm das Suffix ***-tus, -ta, -tum*** angehängt wird, z. B.:

lauda[-re]	→	***laudā́-tus, -ta, -tum***
dele[-re]	→	***dēlḗ-tus, -ta, -tum***
audi[-re]	→	***audī́-tus, -ta, -tum***
al[-ĕ-re]	→	***al(i)-tus, -ta, -tum***

Dabei ergeben sich gegenüber dem Präsensstamm oft lautliche Veränderungen (bes. in der ē- und 3. Konjugation, vgl. die Stammformen der unregelmäßigen Verben § 35-37), z. B.:

vetā[re]	→	***vétĭ-tus, -ta, -tum***
monē[re]	→	***mónĭ-tus, -ta, -tum***
stern[-ĕ-re]	→	***stră-tus, -ta, -tum***
reg[-e-re]	→	***rēc-tus, -ta, -tum***

Insbesondere wenn der Verbalstamm auf ***-d/-t*** endet, wird das Suffix zu ***-s-*** (*-d/t + t- > -ss-*, nach langem Vokal zu *-s-* gekürzt, vgl. § 2.6.5), z. B.:

mitt[-e-re]	→	***mis-sus, -sa, -sum***
claud[-e-re]	→	***clau-sus, -sa, -sum***

Mit dem **PPP** in Verbindung mit den Formen von *esse* werden die Zeiten Perfekt, Plusquamperfekt und Futur II Passiv gebildet.

Vom **PPP** leitet sich auch das **Partizip Futur** her, indem statt des Ausgangs *-us, -a, -um* der Ausgang ***-ū́rus, -ū́ra, -ū́rum*** angehängt wird, z. B.:

lauda[-re]	→	***laudā-tū́rus, -tū́ra, -tū́rum***
mitt[-e-re]	→	***mis-sū́rus, -sū́ra, -sū́rum***

4. Tempus-/Modus-Zeichen

Zur Kennzeichnung der vom Präsensstamm abgeleiteten Tempora und Modi werden Tempus- bzw. Moduszeichen zwischen Stamm und Endung eingefügt:

Tempus	**Konjugation**	**Indikativ**	**Konjunktiv**
Präsens	ē-, ī-, 3. Konjugation <u>außer</u>: ā-Konjugation	--------	**-a-** **-e-**
Imperfekt	ā-, ē- Konjugation ī-, 3. Konjugation	**-ba-** **-ēba-**	**-re-** **-re-**
Futur I	ā-, ē- Konjugation ī-, 3. Konjugation	**-b-** (-bi-, -bu-, -be-) **-e-**; 1. Pers. Sg.:**-a-** (= Konj. Präs.)	-------- --------

- Für den Konjunktiv Imperfekt lässt sich pauschal eine einfache Faustregel aufstellen:
  Konjunktiv Imperfekt = Infinitiv (Präs.) + Personalendung:
  z. B.: *laudā-rḗ – mus; vel-lḗ – tis; fer-ré – ntur.*
  Das heißt: Wenn man in einer Verbalform den vollständigen aktiven Infinitiv (Präs.) erkennt, muss es in der Regel Konjunktiv Imperfekt sein.

5. Personalendungen

5.1 Präsensstamm

Zur Bildung einer vollständigen (finiten) Verbalform werden an den Präsensstamm (bzw. an den Erweiterungsvokal in der 3. u. 4. Konjugation) oder an das Tempus-/Moduszeichen folgende Personalendungen angefügt:

N.	Pers.	Aktiv	Passiv	Imperativ I	Imperativ II	Imp. Deponens
Sg.	1.	-ō; -m	-or, -r			
	2.	-s	-ris	-- (= Stamm)	-tō	-re
	3.	-t	-tur		-tō	
Pl.	1.	-mus	-mur			
	2.	-tis	-minī	-te	-tṓ-te	-minī
	3.	-nt	-ntur		-ntō	

5.2 Perfektstamm

Im Perfekt werden folgende Endungen bzw. Ausgänge an den Perfektstamm angefügt:

N.	Pers.	Perfekt Indikativ	Perfekt Konjunktiv	Plusquampf. Indikativ	Plusquampf. Konjunktiv	Futur II
Sg.	1.	-ī	-erim	-eram	-íssem	-erō
	2.	-ístī	**-eris**	-erās	-íssēs	**-eris**
	3.	-it	**-erit**	-erat	-ísset	**-erit**
Pl.	1.	-imus	**-érimus**	-erā́mus	-issḗmus	**-érimus**
	2.	-ístis	**-éritis**	-erā́tis	-issḗtis	**-éritis**
	3.	-ērunt	**-erint**	-erant	-íssent	**-erint**

Die Ausgänge im Konjunktiv Perfekt und Futur II sind außer in der 1. Pers. Sg. identisch. Die Ausgänge im Indikativ Plusquamperfekt und im Futur II (außer der 3. Pers. Pl. *-erint*) sind **gleich** dem Imperfekt und Futur I von *esse* (außer *erunt*), im Konjunktiv Plusquamperfekt *(-íssem, ...)* sind sie **ähnlich** dem Konjunktiv Imperfekt von *esse (essem, ...)*.

6. Endungen der infiniten Verbalformen

6.1 Infinitiv

Der Infinitiv wird gebildet durch einen der drei Stämme + Endung, also im:

Inf. Präsens Aktiv	Präsensstamm	**-re** (durch Rhotazismus aus *-se*)
Inf. Präsens Passiv	Präsensstamm	**-rī**, 3. Konjugation: **-ī**
Inf. Perfekt Aktiv	Perfektstamm	**-ísse**
Inf. Perfekt Passiv	Supinstamm (siehe oben 3.3)	**-tum, -tam, -tum esse** / Pl. **(-sum, -sam, -sum esse** / Pl.**)**
Inf. Futur Aktiv	Supinstamm	**-tū́rum, ... (-sū́rum, ...) esse** / Pl.
(Inf. Futur Passiv	Supinstamm	-tum īrī)

z. B.: *laudā́-re, laudā́-rī, laudā-vísse, laudā́-tum ... esse, laudā-tū́rum ... esse (laudā́tum īrī)*

6.2 Partizip und Gerund/Gerundiv

Das **Partizip Präsens Aktiv** (PPA) wird gebildet durch: Präsenstamm + Kennzeichen ***-nt-*** + Endung; z. B.: *lauda-nt-s → *laudāns, laudántis* (Dekl. § 16.3!) Beachte den Einschub von Erweiterungsvokalen in der 3. und ī-Konjugation (z. B.: *leg-ē-ns, -éntis; áudi-ē-ns, -éntis*)!

Zu Partizip Perfekt Passiv (PPP) und Partizip Futur Aktiv (PFA) vgl. oben 3.3!

Das **Gerund/Gerundiv** wird gebildet durch: Präsensstamm + Kennzeichen ***-nd-*** + Endung; z. B.: *laudándī/laudándus, -a, -um* (*leg-é-ndus, audi-é-ndus*).

7. Deponentien

Ein Deponens ist ein lateinisches Verbum mit passiven Formen, aber aktiver Bedeutung (es hat seine aktiven Formen bzw. seine passive Bedeutung „abgelegt": *dēpṓnere* = ablegen). Insofern sind alle Formen der Deponentien identisch mit den Passivformen der jeweiligen Konjugationen. Zu beachten ist allerdings:

Ein Deponens bildet:

- eigene Formen für den **Imperativ**. Die Endungen lauten:

für den Singular: **-re**,	für den Plural: **-minī**:
z. B.: *hortā́-re!* ermahne!	*hortā́-minī!* ermahnt!
lóqu-e-re! sprich!	*loqu-í-minī!* sprecht!

  Merke: Beim Deponens sieht der Imperativ Singular aus wie aktiver Infinitiv (vgl. *pátere* [**Imp.** von *patī*] – *patḗre* [**Inf.**: offen stehen]).

- Die Formen der Partizipien und des Gerunds/Gerundivs sind dieselben wie beim aktiven Verbum (**Gerundiv meist in passiver Bedeutung!**):

z. B.:	*hortāns, -ántis*	mahnend; einer, der mahnt
	hortātū́rus, -a, -um	einer, der mahnen wird
beachte:	*hortā́tus, -a, -um*	einer, der gemahnt **hat**
(aber:	*mónitus, -a, -um*	einer, der ge-, ermahnt **worden ist**)
	hortándō (Abl.)	durch Mahnen, Mahnung
	hortándus est	er muss ge-, ermahnt **werden**.

Nur ganz wenige Verben, sog. „**Semideponentien**" („halbe Deponentien") bilden entweder den Perfektstamm oder den Präsensstamm Passiv in aktiver Bedeutung:
z. B.: *audḗre – áudeō – **ausus sum*** (ich habe gewagt)
*revértī – revértor – **revértī*** (ich bin zurückgekehrt).

8. Nebenformen

8.1 Verkürzte Formen des Perfektstamms

Manchmal werden bei Perfektformen ***-vi-*** (vor *s*), ***-ve-*** (vor *r*) oder ***-v-*** (vor *e* und *i*) **ausgestoßen**, z. B.:

laudā́sse	<= laudāvisse	*laudā́rant*	<= laudāverant
nōsse	<= nōvisse	*nṓrit*	<= nōverit
amā́stī	<= amāvistī	*audī́it*	<= audīvit
dēlḗrunt	<= dēlēvērunt	*audiḗrunt*	<= audīvērunt

8.2 altertümliche oder dichterische Nebenformen

-ḗre statt -ḗrunt (im Perfekt)	*monuḗre*	< monuḗrunt	*fuḗre*	< fuḗrunt
-re statt -ris (im Passiv/Deponens)	*laudā́bere*	< laudā́beris	*ūtā́re*	< ūtā́ris
-úndus statt -éndus (Gerund/Gerundiv)	*faciúndus*	< faciéndus	*potiúndī*	< potiéndī
-(r)ier statt -rī (Inf. Passiv)	*amā́rier*	< amā́rī	*ágier*	< agī

§ 31 Regelmäßige Konjugation

Zu den regelmäßigen Konjugationen zählen die Formen der ā-, ē-, ī- und 3. Konjugation (vgl. oben § 30.1). Bei den folgenden Konjugationstabellen werden die Formen der ā -Konjugation vollständig mit deutscher Übersetzung präsentiert. Dabei wird der Konjunktiv Perfekt als Anhaltspunkt „wörtlich" übersetzt, auch wenn er im Lateinischen in der Weise wohl nicht vorkommt. Die deutschen Übersetzungen sollen beispielhaft für die übrigen Tabellen gelten. Die lateinischen Formen der restlichen Konjugationen werden parallel nebeneinander dargestellt.

Vorausgehende Bemerkungen zu den Konjugationen:

- **ā-Konjugation:** In der 1. Person Indikativ Präsens Aktiv werden Stammauslaut (*-a-*) und Endung (*-o*) zu einem langen ***-ō*** kontrahiert, im gesamten Konjunktiv Präsens werden der Stammauslaut *(-a)* und das Moduszeichen, das abweichend von allen anderen Konjugationen ***e*** ist, zu einem ***e*** zusammengezogen (*laudō, laudem*).

- **ē-Konjugation:** Anders als in der ā-Konj. ist hier wie in den übrigen Konjugationen ein ***-a-*** das Moduszeichen des Konjunktivs Präsens.

- **ī-Konjugation:** Das Imperfekt zeigt das erweiterte Tempuszeichen ***-ēba-***, im Futur lautet das Tempuszeichen ***-e-***, außer in der 1. Person Singular, die mit der 1. Person Konjunktiv Präsens übereinstimmt (vgl. § 30.4).
  Ein Stammerweiterungsvokal wird eingeschoben:
  in der 3. Pers. Pl. Ind. Präs.: ***-u-*** (*áudiunt*)
  im Part. Präs. und im Gerund(iv): ***-e-*** (*áudiēns, audiéndus*)

- **3. Konjugation (Konsonantenstämme):** Zu den Stammerweiterungsvokalen vgl oben § 30.2! Zu achten ist besonders auf die Form des **Infinitiv Präsens Passiv**, weil hier das typische *-rī* fehlt und die Endung ***-ī*** teilweise dem Dativ eines Substantivs oder der 1. Person Indikativ Perfekt eines Verbums ähnelt oder damit übereinstimmt. (vgl. *dū́cere: dūcī – dux: ducī; vértere: vertī* [2])

- **3. Konjugation (ĭ-Stämme):** Die Formen sind denen der ī-Konjugation ähnlich, nur dass der Stammauslaut kurz ist (***-ĭ***). Achte auf die korrekte Betonung (*audī́-mus – rápĭ-mus*)! Abweichend davon wird hier am Wortende (Imperativ) und **vor *r*** (Infinitiv Akt., Konjunktiv Imperf. Akt./Pass., 2. Pers. Präs. Passiv) das *ĭ* zu einem ***-ĕ-*** (*rapĕ – rápĕre – rápĕrem – rápĕrer – rápĕris*).
  Achte auch hier besonders auf die Form des Infinitiv Präsens Passiv (***rapī***)!

§ 32 ā-Konjugation

Präsensstamm						
M/T.	N.	P.	Aktiv		Passiv	
Ind. Präsens	Sg.	1.	laudō	ich lobe	láudor	ich werde gelobt
		2.	laudā-s	du lobst	laudā́-ris	du wirst gelobt
		3.	lauda-t	er (sie, es) lobt	laudā́-tur	er (...) wird gelobt
	Pl.	1.	laudā́-mus	wir loben	laudā́-mur	wir werden gelobt
		2.	laudā́-tis	ihr lobt	laudā́-minī	ihr werdet gelobt
		3.	láuda-nt	sie loben	laudá-ntur	sie werden gelobt
Konj. Präsens	Sg.	1.	laud**e**-m	ich möge loben	láud**e**-r	ich möge gelobt werden
		2.	laud**ē**-s	du mögest loben	laud**ḗ**-ris	du mögest gelobt werden
		3.	laud**e**-t	er (...) möge loben	laud**ḗ**-tur	er (...) möge gelobt werden
	Pl.	1.	laud**ḗ**-mus	wir mögen loben	laud**ḗ**-mur	wir mögen gelobt werden
		2.	laud**ḗ**-tis	ihr möget loben	laud**ḗ**-minī	ihr möget gelobt werden
		3.	láud**e**-nt	sie mögen loben	laud**é**-ntur	sie mögen gelobt werden
Ind. Imperfekt	Sg.	1.	laudā́-**ba**-m	ich lobte	laudā́-**ba**-r	ich wurde gelobt
		2.	laudā́-**bā**-s	du lobtest	laudā-**bā́**-ris	du wurdest gelobt
		3.	laudā́-**ba**-t	er (sie, es) lobte	laudā-**bā́**-tur	er (...) wurde gelobt
	Pl.	1.	laudā-**bā́**-mus	wir lobten	laudā-**bā́**-mur	wir wurden gelobt
		2.	laudā-**bā́**-tis	ihr lobtet	laudā-**bā́**-minī	ihr wurdet gelobt
		3.	laudā́-**ba**-nt	sie lobten	laudā-**bá**-ntur	sie wurden gelobt
Konj. Imperfekt	Sg.	1.	laudā́-**re**-m	ich würde loben	laudā́-**re**-r	ich würde gelobt (werden)
		2.	laudā́-**rē**-s	du würdest loben	laudā-**rḗ**-ris	du würdest gelobt (w.)
		3.	laudā́-**re**-t	er (...) würde loben	laudā-**rḗ**-tur	er (...) würde gelobt (w.)
	Pl.	1.	laudā-**rḗ**-mus	wir würden loben	laudā-**rḗ**-mur	wir würden gelobt (w.)
		2.	laudā-**rḗ**-tis	ihr würdet loben	laudā-**rḗ**-minī	ihr würdet gelobt (w.)
		3.	laudā́-**re**-nt	sie würden loben	laudā-**ré**-ntur	sie würden gelobt (w.)
Futur	Sg.	1.	laudā́-**b-ō**	ich werde loben	laudā́-**b**-or	ich werde gelobt werden
		2.	laudā́-**bi**-s	du wirst loben	laudā́-**be**-ris	du wirst gelobt werden
		3.	laudā́-**bi**-t	er (...) wird loben	laudā́-**bi**-tur	er (...) wird gelobt werden
	Pl.	1.	laudā́**-bi**-mus	wir werden loben	laudā́-**bi**-mur	wir werden gelobt werden
		2.	laudā́-**bi**-tis	ihr werdet loben	laudā-**bí**-minī	ihr werdet gelobt werden
		3.	laudā́-**bu**-nt	sie werden loben	laudā-**bú**-ntur	sie werden gelobt werden

Imp.I	Sg.	2.	láudā	lobe!	-----	
	Pl.	2.	laudā́-te	lobt!	-----	
Imp. II	Sg.	2.	laudā́-tō	du sollst loben	ungebräuchlich	
		3.	laudā́-tō	er (...) soll loben		
	Pl.	2.	laudā-tṓte	ihr sollt loben		
		3.	laudá-ntō	sie sollen loben		
Infinitiv			laudā́-re	(zu) loben	laudā́-rī	gelobt (zu) werden
Partizip			láudā-ns, -ántis	lobend	-----	
Gerundiv			laudá-**nd**-us, -a, -um	(lobenswert; einer, der gelobt werden muss)		

Perfektstamm							
M/T.	N.	P.	Aktiv		Passiv		
Ind. Perfekt	Sg.	1.	laudā́**v**-ī	ich habe gelobt	laudā́**tus**, -a, -um	sum	ich bin gelobt worden
		2.	laudā́**v**-ístī	du hast gelobt		es	du bist gel. worden
		3.	laudā́**v**-it	er (...) hat gelobt		est	er (...) ist gel. worden
	Pl.	1.	laudā́**v**-imus	wir haben gelobt	laudā́**tī**, -ae, -a	sumus	wir sind gel. worden
		2.	laudā**v**-ístis	ihr habt gelobt		estis	ihr seid gel. worden
		3.	laudā**v**-ḗrunt	sie haben gelobt		sunt	sie sind gel. worden
Konj. Perfekt	Sg.	1.	laudā́**v**-erim	[ich habe gelobt	laudā́**tus**, -a, -um	sim	[ich sei gelobt worden
		2.	laudā́**v**-eris	du habest gelobt		sīs	du seiest gel. worden
		3.	laudā́**v**-erit	er (...) habe gelobt		sit	er (...) sei gel. worden
	Pl.	1.	laudā**v**-érimus	wir haben gelobt	laudā́**tī**, -ae, -a	sīmus	wir seien gel. worden
		2.	laudā**v**-éritis	ihr habet gelobt		sītis	ihr seiet gel. worden
		3.	laudā́**v**-erint	sie haben gelobt]		sint	sie seien gel. worden]
Ind. Plusqupf.	Sg.	1.	laudā́**v**-erām	ich hatte gelobt	laudā́**tus**, -a, -um	erām	ich war gelobt worden
		2.	laudā́**v**-erās	du hattest gelobt		erās	du warst gel. worden
		3.	laudā́**v**-erat	er (...) hatte gelobt		erat	er (...) war gel. worden
	Pl.	1.	laudā**v**-erā́mus	wir hatten gelobt	laudā́**tī**, -ae, -a	erā́mus	wir waren gel. worden
		2.	laudā**v**-erā́tis	ihr hattet gelobt		erā́tis	ihr wart gel. worden
		3.	laudā́**v**-erant	sie hatten gelobt		érant	sie waren gel. worden
Konj. Plusqupf.	Sg.	1.	laudā**v**-íssem	ich hätte gelobt	laudā́**tus**, -a, -um	essem	ich wäre gelobt worden
		2.	laudā**v**-íssēs	du hättest gelobt		essēs	du wärst gel. worden
		3.	laudā**v**-ísset	er (...) hätte gelobt		esset	er (...) wäre gel. worden
	Pl.	1.	laudā**v**-issḗmus	wir hätten gelobt	laudā́**tī**, -ae, -a	essḗmus	wir wären gel. worden
		2.	laudā**v**-issḗtis	ihr hättet gelobt		essḗtis	ihr wärt gel. worden
		3.	laudā**v**-íssent	sie hätten gelobt		éssent	sie wären gel. worden

Futur II	Sg.	1.	laudā́**v**-erō	(meist Übersetzung mit Präsens oder Perfekt)	laudā́**tus**, -a, -um	erō	(meist Übersetzung mit Präsens oder Perfekt)
		2.	laudā́**v**-eris			eris	
		3.	laudā́**v**-erit			erit	
	Pl.	1.	laudā**v**-érimus		laudā́**tī**, -ae, -a	érimus	
		2.	laudā**v**-éritis			éritis	
		3.	laudā́**v**-erint			érunt	
Part. Perf.			-----		laudā́**tus**, -a, -um		gelobt
Part. Futur			laudā**tū́rus**, -a, -um	einer, der loben wird	-----		
Infin. Perf.			laudā**v**-ísse	gelobt (zu) haben	laudā́**tum, ...** esse		gelobt worden (zu) sein
Infin. Futur			laudā**tū́rum**, ... esse	(loben werden)	(laudā́**tum** īrī)		(im Dt. ungebräuchlich)

Deponentien					
M./T.	**Präsensstamm**		**Perfektstamm**		
Ind. Präs./ Perf.	hórtor	ich ermahne	hortā́tus, -a, -um	sum	ich habe ermahnt
	hortā́-ris usw.	du ermahnst	hortā́tī, -ae, -a usw.	sumus	wir haben erm.
Konj. Präs./ Perf.	hórt**e**-r	ich möge erm.	hortā́tus, -a, -um	sim	[ich habe erm.
	hort**ḗ**-ris usw.	du mögest erm.	hortā́tī, -ae, -a usw.	sīmus	wir haben erm.]
Ind. Impf./ Plqpf.	hortā́-**ba**-r	ich ermahnte	hortā́tus, -a, -um	eram	ich hatte erm.
	hortā-**bā́**-ris usw.	du ermahntest	hortā́tī, -ae, -a usw.	erā́mus	wir hatten erm.
Konj. Impf./ Plqpf.	hortā́-**re**-r	ich würde erm.	hortā́tus, -a, -um	essem	ich hätte erm.
	hortā-**rḗ**-ris usw.	du würdest erm.	hortā́tī, -ae, -a usw.	essḗmus	wir hätten erm.
Fut. I/ Futur II	hortā́-**b**-or	ich werde erm.	hortā́tus, -a, -um	erō	(meist Präsens oder Perfekt)
	hortā́-**be**-ris usw.	du wirst erm.	hortā́tī, -ae, -a usw.	érimus	
Imp.	**hortā́-re**	ermahne!	-----		
	hortā́-minī	ermahnt!			
Inf. Präs.	hortā́-**rī**	(zu) ermahnen	-----		
Inf. Perf.	-----		hortā́**tum, ...** esse		erm. (zu) haben
Inf. Futur	-----		hortā**tū́rum, ...** esse		(erm. werden)
Part. Präs.	hórtā-ns, -á**nt**is	ermahnend	-----		
Part. Perf.	-----		hortā́**tus**, -a, -um		e., der erm. hat
Part. Fut.	-----		hortā**tū́rus**, -a, -um		e., der ermahnen wird
Gerundiv	hortá-**nd**-us, -a, -um (einer, der ermahnt werden muss)				

- Zu den Formen und Besonderheiten der Deponentien vgl. oben die Formen des (normalen) Verbs und § 30.7!

§ 33 ē-, ī-, und 3. Konjugation

Präsensstamm Aktiv						
M/T.	N.	P.	**ē-Konj.**	**ī-Konj.**	**3. Konj. (kons.)**	**3. Konj. (ĭ-St.)**
Ind. Präsens	Sg.	1.	móne-ō	áudi-ō	cól-ō	rápĭ-ō
		2.	mónē-s	áudī-s	cól-ĭ-s	rápĭ-s
		3.	móne-t	audi-t	cól-ĭ-t	rápĭ-t
	Pl.	1.	monḗ-mus	audī́-mus	cól-ĭ-mus	rápĭ-mus
		2.	monḗ-tis	audī́-tis	cól-ĭ-tis	rápĭ-tis
		3.	móne-nt	áudi-u-nt	cól-ŭ-nt	rápĭ-ŭ-nt
Konj. Präsens	Sg.	1.	móne-**a**-m	áudi-**a**-m	col-**a**-m	rápi-**a**-m
		2.	mónē-**ā**-s	áudi-**ā**-s	col-**ā**-s	rápi-**ā**-s
		3.	móne-**a**-t	áudi-**a**-t	col-**a**-t	rápi-**a**-t
	Pl.	1.	mone-**ā́**-mus	audi-**ā́**-mus	col-**ā́**-mus	rapi-**ā́**-mus
		2.	mone-**ā́**-tis	audi-**ā́**-tis	col-**ā́**-tis	rapi-**ā́**-tis
		3.	móne-**a**-nt	áudi-**a**-nt	cól-**a**-nt	rápi-**a**-nt
Ind. Imperfekt	Sg.	1.	monḗ-**ba**-m	audi-**ḗba**-m	col-**ḗba**-m	rapi-**ḗba**-m
		2.	monḗ-**bā**-s	audi-**ḗbā**-s	col-**ḗbā**-s	rapi-**ḗbā**-s
		3.	monḗ-**ba**-t	audi-**ḗba**-t	col-**ḗba**-t	rapi-**ḗba**-t
	Pl.	1.	monē-**bā́**-mus	audi-**ēbā́**-mus	col-**ēbā́**-mus	rapi-**ēbā́**-mus
		2.	monē-**bā́**-tis	audi-**ēbā́**-tis	col-**ēbā́**-tis	rapi-**ēbā́**-tis
		3.	monḗ-**ba**-nt	audi-**ḗba**-nt	col-**ḗba**-nt	rapi-**ḗba**-nt
Konj. Imperfekt	Sg.	1.	monḗ-**re**-m	audī́-**re**-m	cól-ĕ-**re**-m	rápĕ-**re**-m
		2.	monḗ-**rē**-s	audī́-**rē**-s	cól-ĕ-**rē**-s	rápĕ-**rē**-s
		3.	monḗ-**re**-t	audī́-**re**-t	cól-ĕ-**re**-t	rápĕ-**re**-t
	Pl.	1.	monē-**rḗ**-mus	audī-**rḗ**-mus	col-ĕ-**rḗ**-mus	rapĕ-**rḗ**-mus
		2.	monē-**rḗ**-tis	audī-**rḗ**-tis	col-ĕ-**rḗ**-tis	rapĕ-**rḗ**-tis
		3.	monḗ-**re**-nt	audī́-**re**-nt	cól-ĕ-**re**-nt	rápĕ-**re**-nt
Futur	Sg.	1.	monḗ-**b**-ō	áudi-**a**-m	col-**a**-m	rápi-**a**-m
		2.	monḗ-**bi**-s	áudi-**ē**-s	col-**ē**-s	rápi-**ē**-s
		3.	monḗ-**bi**-t	áudi-**e**-t	col-**e**-t	rápi-**e**-t
	Pl.	1.	monḗ-**bi**-mus	audi-**ḗ**-mus	col-**ḗ**-mus	rapi-**ḗ**-mus
		2.	monḗ-**bi**-tis	audi-**ḗ**-tis	col-**ḗ**-tis	rapi-**ḗ**-tis
		3.	monḗ-**bu**-nt	áudi-**e**-nt	cól-**e**-nt	rápi-**e**-nt
Imp.I	Sg.	2.	mónē	áudī	cól-ĕ	ráp-**ĕ**
	Pl.	2.	monḗ-te	audī́-te	cól-ĭ-te	rápĭ-te
Imp. II	Sg.	2.	monḗ-tō	audī́-tō	cól-ĭ-tō	rápĭ-tō
		3.	monḗ-tō	audī́-tō	cól-ĭ-tō	rápĭ-tō
	Pl.	2.	monē-tṓte	audī-tṓte	col-ĭ-tṓte	rapĭ-tṓte
		3.	moné-ntō	audi-ú-ntō	col-ú-ntō	rapĭ-ú-ntō
Infinitiv			monḗ-re	audī́-re	cól-ĕ-re	rápĕ-re
Partizip			mónē-ns, -é**nt**is	áudi-ē-ns, -é**nt**is	cól-ē-ns, -é**nt**is	rápi-ē-ns, -é**nt**is
Gerundiv			moné-**nd**-us, ...	audi-é**nd**-us, ...	col-é**nd**-us, ...	rapi-é**nd**-us, ...

Perfektstamm Aktiv						
M/T.	N.	P.	ē-Konj.	ī-Konj.	3. Konj. (kons.)	3. Konj. (ĭ-St.)
Ind. Perfekt	Sg.	1.	món**u**-ī	audī́**v**-ī	cól**u**-ī	ráp**u**-ī
		2.	mon**u**-ístī	audī**v**-ístī	col**u**-ístī	rap**u**-ístī
		3.	món**u**-it	audī́**v**-it	cól**u**-it	ráp**u**-it
	Pl.	1.	mon**ú**-imus	audī́**v**-imus	col**ú**-imus	rap**ú**-imus
		2.	mon**u**-ístis	audī**v**-ístis	col**u**-ístis	rap**u**-ístis
		3.	mon**u**-ḗrunt	audī**v**-ḗrunt	col**u**-ḗrunt	rap**u**-ḗrunt
Konj. Perfekt	Sg.	1.	mon**ú**-erim	audī́**v**-erim	col**ú**-erim	rap**ú**-erim
		2.	mon**ú**-eris	audī́**v**-eris	col**ú**-eris	rap**ú**-eris
		3.	mon**ú**-erit	audī́**v**-erit	col**ú**-erit	rap**ú**-erit
	Pl.	1.	mon**u**-érimus	audī**v**-érimus	col**u**-érimus	rap**u**-érimus
		2.	mon**u**-éritis	audī**v**-éritis	col**u**-éritis	rap**u**-éritis
		3.	mon**ú**-erint	audī́**v**-erint	col**ú**-erint	rap**ú**-erint
Ind. Plusqupf.	Sg.	1.	mon**ú**-eram	audī́**v**-eram	col**ú**-eram	rap**ú**-eram
		2.	mon**ú**-erās	audī́**v**-erās	col**ú**-erās	rap**ú**-erās
		3.	mon**ú**-erat	audī́**v**-erat	col**ú**-erat	rap**ú**-erat
	Pl.	1.	mon**u**-erā́mus	audī**v**-erā́mus	col**u**-erā́mus	rap**u**-erā́mus
		2.	mon**u**-erā́tis	audī**v**-erā́tis	col**u**-erā́tis	rap**u**-erā́tis
		3.	mon**ú**-erant	audī́**v**-erant	col**ú**-erant	rap**ú**-erant
Konj. Plusqupf.	Sg.	1.	mon**u**-íssem	audī**v**-íssem	col**u**-íssem	rap**u**-íssem
		2.	mon**u**-íssēs	audī**v**-íssēs	col**u**-íssēs	rap**u**-íssēs
		3.	mon**u**-ísset	audī**v**-ísset	col**u**-ísset	rap**u**-ísset
	Pl.	1.	mon**u**-issḗmus	audī**v**-issḗmus	col**u**-issḗmus	rap**u**-issḗmus
		2.	mon**u**-issḗtis	audī**v**-issḗtis	col**u**-issḗtis	rap**u**-issḗtis
		3.	mon**u**-íssent	audī**v**-íssent	col**u**-íssent	rap**u**-íssent
Futur II	Sg.	1.	mon**ú**-erō	audī́**v**-erō	col**ú**-erō	rap**ú**-erō
		2.	mon**ú**-eris	audī́**v**-eris	col**ú**-eris	rap**ú**-eris
		3.	mon**ú**-erit	audī́**v**-erit	col**ú**-erit	rap**ú**-erit
	Pl.	1.	mon**u**-érimus	audī**v**-érimus	col**u**-érimus	rap**u**-érimus
		2.	mon**u**-éritis	audī**v**-éritis	col**u**-éritis	rap**u**-éritis
		3.	mon**ú**-erint	audī́**v**-erint	col**ú**-erint	rap**ú**-erint
Part. Fut.			moni**tū́rus**, -a, -um	audī**tū́rus**, -a, -um	cul**tū́rus**, -a, -um	rap**tū́rus**, -a, -um
Infin. Perf.			mon**u**-ísse	audī**v**-ísse	col**u**-ísse	rap**u**-ísse
Infin. Futur			moni**tū́rum,** -am, -um ... esse	audī**tū́rum,** -am, -um ... esse	cul**tū́rum,** -am, -um ... esse	rap**tū́rum,** -am, -um ... esse

Präsensstamm Passiv						
M/T.	N.	P.	**ē-Konj.**	**ī-Konj.**	**3. Konj. (kons.)**	**3. Konj. (ĭ-St.)**
Ind. Präsens	Sg.	1.	móne-or	áudi-or	cól-or	rápĭ-or
		2.	monḗ-ris	audī́-ris	cól-ĕ-ris	ráp<u>ĕ</u>-ris
		3.	monḗ-tur	audī́-tur	cól-ĭ-tur	rápĭ-tur
	Pl.	1.	monḗ-mur	audī́-mur	cól-ĭ-mur	rápĭ-mur
		2.	monḗ-minī	audī́-minī	col-ĭ́-minī	rapĭ́-minī
		3.	moné-ntur	audi-ú-ntur	col-ú-ntur	rapĭ-ú-ntur
Konj. Präsens	Sg.	1.	móne-**a**-r	áudi-**a**-r	cól-**a**-r	rápi-**a**-r
		2.	mone-**ā́**-ris	audi-**ā́**-ris	col-**ā́**-ris	rapi-**ā́**-ris
		3.	mone-**ā́**-tur	audi-**ā́**-tur	col-**ā́**-tur	rapi-**ā́**-tur
	Pl.	1.	mone-**ā́**-mur	audi-**ā́**-mur	col-**ā́**-mur	rapi-**ā́**-mur
		2.	mone-**ā́**-minī	audi-**ā́**-minī	col-**ā́**-minī	rapi-**ā́**-minī
		3.	mone-**á**-ntur	audi-**á**-ntur	col-**á**-ntur	rapi-**á**-ntur
Ind. Imperfekt	Sg.	1.	monḗ-**ba**-r	audi-**ḗba**-r	col-**ḗba**-r	rapi-**ḗba**-r
		2.	monē-**bā́**-ris	audi-**ēbā́**-ris	col-**ēbā́**-ris	rapi-**ēbā́**-ris
		3.	monē-**bā́**-tur	audi-**ēbā́**-tur	col-**ēbā́**-tur	rapi-**ēbā́**-tur
	Pl.	1.	monē-**bā́**-mur	audi-**ēbā́**-mur	col-**ēbā́**-mur	rapi-**ēbā́**-mur
		2.	monē-**bā́**-minī	audi-**ēbā́**-minī	col-**ēbā́**-minī	rapi-**ēbā́**-minī
		3.	monē-**bá**-ntur	audi-**ēbá**-ntur	col-**ēbá**-ntur	rapi-**ēbá**-ntur
Konj. Imperfekt	Sg.	1.	monḗ-**re**-r	audī́-**re**-r	cól-ĕ-**re**-r	rápĕ-**re**-r
		2.	monē-**rḗ**-ris	audī-**rḗ**-ris	col-ĕ-**rḗ**-ris	rapĕ-**rḗ**-ris
		3.	monē-**rḗ**-tur	audī-**rḗ**-tur	col-ĕ-**rḗ**-tur	rapĕ-**rḗ**-tur
	Pl.	1.	monē-**rḗ**-mur	audī-**rḗ**-mur	col-ĕ-**rḗ**-mur	rapĕ-**rḗ**-mur
		2.	monē-**rḗ**-minī	audī-**rḗ**-minī	col-ĕ-**rḗ**-minī	rapĕ-**rḗ**-minī
		3.	monē-**ré**-ntur	audī-**ré**-ntur	col-ĕ-**ré**-ntur	rapĕ-**ré**-ntur
Futur	Sg.	1.	monḗ-**b**-or	áudi-**a**-r	col-**a**-r	rápi-**a**-r
		2.	monḗ-**be**-ris	audi-**ḗ**-ris	col-**ḗ**-ris	rapi-**ḗ**-ris
		3.	monḗ-**bi**-tur	audi-**ḗ**-tur	col-**ḗ**-tur	rapi-**ḗ**-tur
	Pl.	1.	monḗ-**bi**-mur	audi-**ḗ**-mur	col-**ḗ**-mur	rapi-**ḗ**-mur
		2.	monē-**bí**-minī	audi-**ḗ**-minī	col-**ḗ**-minī	rapi-**ḗ**-minī
		3.	monē-**bú**-ntur	audi-**ḗ**-ntur	col-**é**-ntur	rapi-**é**-ntur
Infinitiv			monē-rī	audī́-rī	cól-ī	rap**ī**

Perfektstamm: Passiv							
M/T.	N.	P.	**ē-Konj.**	**ī-Konj.**	**3. Konj. (kons.)**	**3. Konj. (ĭ-St.)**	+
Ind. Perfekt	Sg.	1.	móni**tus**, -a, -um + …	audī́**tus**, -a, -um + …	cul**tus**, -a, -um + …	rap**tus**, -a, -um + …	sum
		2.					es
		3.					est
	Pl.	1.	móni**tī**, -ae, -a + …	audī́**tī**, -ae, -a + …	cul**tī**, -ae, -a + …	rap**tī**, -ae, -a + …	sumus
		2.					estis
		3.					sunt
Konj. Perfekt	Sg.	1.	móni**tus**, -a, -um + …	audī́**tus**, -a, -um + …	cul**tus**, -a, -um + …	rap**tus**, -a, -um + …	sim
		2.					sīs
		3.					sit
	Pl.	1.	móni**tī**, -ae, -a + …	audī́**tī**, -ae, -a + …	cul**tī**, -ae, -a + …	rap**tī**, -ae, -a + …	sīmus
		2.					sītis
		3.					sint
Ind. Plusqupf.	Sg.	1.	móni**tus**, -a, -um + …	audī́**tus**, -a, -um + …	cul**tus**, -a, -um + …	rap**tus**, -a, -um + …	eram
		2.					erās
		3.					erat
	Pl.	1.	móni**tī**, -ae, -a + …	audī́**tī**, -ae, -a + …	cul**tī**, -ae, -a + …	rap**tī**, -ae, -a + …	erā́mus
		2.					erā́tis
		3.					érant
Konj. Plusqupf.	Sg.	1.	móni**tus**, -a, -um + …	audī́**tus**, -a, -um + …	cul**tus**, -a, -um + …	rap**tus**, -a, -um + …	essem
		2.					essēs
		3.					esset
	Pl.	1.	móni**tī**, -ae, -a + …	audī́**tī**, -ae, -a + …	cul**tī**, -ae, -a + …	rap**tī**, -ae, -a + …	essḗmus
		2.					essḗtis
		3.					éssent
Futur II	Sg.	1.	móni**tus**, -a, -um + …	audī́**tus**, -a, -um …	cul**tus**, -a, -um + …	rap**tus**, -a, -um + …	erō
		2.					eris
		3.					erit
	Pl.	1.	móni**tī**, -ae, -a + …	audī́**tī**, -ae, -a + …	cul**tī**, -ae, -a + …	rap**tī**, -ae, -a + …	érimus
		2.					éritis
		3.					érunt
Part. Perf.			móni**tus**, -a, -um	audī́**tus**, -a, -um	cul**tus**, -a, -um	rap**tus**, -a, -um	-----
Infin. Perf.			móni**tum, -am, -um** ... + ...	audī́**tum**, **-am, -um** ... + ...	cul**tum**, **-am, -um** ... + ...	rap**tum**, **-am, -um** ... + ...	esse
(Infin. Fut.			móni**tum** + …	audī́**tum** + …	cul**tum** + …	rap**tum** + …	īrī)

Deponentien: Präsensstamm				
M./T.	**ē-Konj.**	**ī-Konj.**	**3. Konj. (kons.)**	**3. Konj. (ĭ-St.)**
Ind. Präs./ Perf.	vére-or verḗ-ris usw.	lárgi-or largī́-ris usw	séqu-or séqu-e-ris usw.	páti-or pátĕ-ris usw.
Konj. Präs./ Perf.	vére-**a**-r vere-**ā́**-ris usw.	lárgi-**a**-r largi-**ā́**-ris usw.	séqu-**a**-r sequ-**ā́**-ris usw.	páti-**a**-r pati-**ā́**-ris usw.
Ind. Impf./ Plqpf.	verē-**ba**-r verē-**bā́**-ris usw.	largi-**ḗba**-r largi-**ēbā́**-ris usw.	sequ-**ḗba**-r sequ-**ēbā́**-ris usw.	pati-**ḗba**-r pati-**ēbā́**-ris usw.
Konj. Impf./ Plqpf.	verḗ-**re**-r verē-**rḗ**-ris usw.	largī́-**re**-r largī-**rḗ**-ris usw.	séqu-e-**re**-r sequ-e-rḗ-ris usw.	páte-**re**-r pate-**rḗ**-ris usw.
Fut. I/ Futur II	verḗ-**b**-or verḗ-**be**-ris usw.	lárgi-**a**-r largi-**ḗ**-ris usw.	séqu-**a**-r sequ-**ḗ**-ris usw.	páti-**a**-r pati-**ḗ**-ris usw.
Imp.	**verḗ-re** **verḗ-minī**	**largī́-re** **largī́-minī**	**séqu-e-re** **sequ-í-minī**	**páte-re** **patí-minī**
Inf. Präs. Part. Präs. Gerundiv	verḗ-**rī** vérē-ns, -é**nt**is veré-**nd**-us, ...	largī́-**rī** lárgi-ē-ns, -éntis largi-é**nd**-us, ...	séqu-**ī** séqu-ē-ns, -é**nt**is sequ-é**nd**-us, ...	pat**ī** páti-ē-ns, -é**nt**is pati-é**nd**-us, ...

Deponentien: Perfektstamm				
M./T.	**ē-Konj.**	**ī-Konj.**	**3. Konj. (kons.)**	**3. Konj. (ĭ-St.)**
Ind. Präs./ Perf.	véri**tus** sum -a, -um usw. véri**tī** sumus -ae, -a usw.	largī́**tus** sum -a, -um usw. largī́**tī** sumus -ae, -a usw.	secū́**tus** sum -a, -um usw. secū́**tī** sumus -ae, -a usw.	pas**sus** sum -a, -um usw. pas**sī** sumus -ae, -a usw.
Konj. Präs./ Perf.	véri**tus** sim -a, -um usw. véri**tī** sīmus -ae, -a usw.	largī́**tus** sim -a, -um usw. largī́**tī** sīmus -ae, -a usw.	secū́**tus** sim -a, -um usw. secū́**tī** sīmus -ae, -a usw.	pas**sus** sim -a, -um usw. pas**sī** sīmus -ae, -a usw.
Ind. Impf./ Plqpf.	véri**tus** eram -a, -um usw. véri**tī** erā́mus -ae, -a usw.	largī́**tus** eram -a, -um usw. largī́**tī** erā́mus -ae, -a usw.	secū́**tus** eram -a, -um usw. secū́**tī** erā́mus -ae, -a usw.	pas**sus** eram -a, -um usw. pas**sī** erā́mus -ae, -a usw.
Konj. Impf./ Plqpf.	véri**tus** essem -a, -um usw. véri**tī** essḗmus -ae, -a usw.	largī́**tus** essem -a, -um usw. largī́**tī** essḗmus -ae, -a usw.	secū́**tus** essem -a, -um usw. secū́**tī** essḗmus -ae, -a usw.	pas**sus** essem -a, -um usw. pas**sī** essḗmus -ae, -a usw.
Fut. I/ Futur II	véri**tus** erō -a, -um usw. véri**tī** érimus -ae, -a usw.	largī́**tus** erō -a, -um usw. largī́**tī** érimus -ae, -a usw.	secū́**tus** erō -a, -um usw. secū́**tī** érimus -ae, -a usw.	pas**sus** erō -a, -um usw. pas**sī** érimus -ae, -a usw.
Part. Perf. Part. Fut. Infin. Perf. Infin. Fut.	véri**tus**, -a, -um veri**tū́rus**, -a, -um véri**tum, ...** esse véri**tū́rum, ...** esse	largī́**tus**, -a, -um largī**tū́rus**, -a, -um largī́**tum, ...** esse largī**tū́rum, ...** esse	secū́**tus**, -a, -um secū**tū́rus**, -a, -um secū́**tum, ...** esse secū**tū́rum, ...** esse	pas**sus**, -a, -um pas**sū́rus**, -a, -um pas**sum, ...** esse pas**sū́rum, ...** esse

- Zu den Formen und Besonderheiten der Deponentien vgl. oben die Formen des (normalen) Verbs und § 30.7!

Stammformen der unregelmäßigen Verben

Das Verzeichnis enthält die Stammformen der wichtigsten unregelmäßigen Verben. Sie sind in der Regel alphabetisch oder (bes. in der 3. Konjugation) nach Lautgruppen angeordnet.

§ 34 ā-Konjugation

v-Perfekt *(Muster für regelmäßige Bildung)*

	laudāre	laudō	laudā́vī	laudā́tum	loben

Perfekt auf -u

1.	**domā́re**	domō	dómuī	dómitum	bändigen, zähmen, bezwingen
2.	**secā́re**	secō	sécuī	sectum	schneiden
3.	**sonā́re**	sonō	sónuī	-----	ertönen, (er)klingen
4.	**vetā́re** (+ Akk.)	vetō	vétuī	vétitum	verbieten

Reduplikationsperfekt

5.	**dăre**	dō	dedī	datum	geben
	circúmdăre	circúmdō	circúmdedī	circúmdatum	umgeben, umzingeln
6.	**stāre**	stō	stetī	stātū́rus	stehen
	cōnstā́re	cōnstō	cṓnstitī	cōnstātū́rus	be-, feststehen, kosten
	īnstā́re	īnstō	ī́nstitī	-----	drohend bevorstehen, zusetzen, bedrängen
	praestā́re	praestō	práestitī	praestātū́rus	(+ Akk.) leisten, erweisen (+ Dat.) übertreffen
	restā́re	restō	réstitī	-----	übrig bleiben

Perfekt mit Dehnung des Stammvokals

7.	**(ad)iŭvāre**	(ád)iŭvō	(ad)iū́vī	(ad)iū́tum	helfen, unterstützen

§ 35 ē-Konjugation

v-Perfekt

1.	**dēlḗre**	dḗleō	dēlḗvī	dēlētum	zerstören
2.	**flēre**	fleō	flēvī	flētum	(be)weinen
3.	**com-plḗre**	cómpleō	complēvī	complētum	anfüllen
	explḗre	éxpleō	explḗvī	explētum	ausfüllen, erfüllen
	implḗre	ímpleō	implḗvī	implētum	anfüllen

u-Perfekt

4.	**arcḗre**	árceō	árcuī	-----	abwehren
	exercḗre	exérceō	exércuī	<exercitátus>	üben
5.	**carḗre** (+ Abl.)	cáreō	cáruī	-----	nicht haben, entbehren
6.	**cēnsḗre**	cḗnseō	cḗnsuī	cēnsum	schätzen, meinen
7.	**docḗre**	dóceō	dócuī	doctum	lehren
8.	**dolḗre**	dóleō	dóluī	-----	Schmerz empfinden bedauern
9.	**egḗre** (+ Abl.)	égeō	éguī	-----	benötigen, brauchen
10.	**habḗre**	hábeō	hábuī	hábitum	haben, halten
	praebḗre	práebeō	práebuī	práebitum	geben, gewähren
	adhibḗre	adhíbeō	adhíbuī	adhíbitum	anwenden, beiziehen
	prohibḗre	prohíbeō	prohíbuī	prohíbitum	hindern
	dēbḗre	dēbeō	dḗbuī	dḗbitum	schulden, müssen
11.	**iacḗre**	iáceō	iácuī	-----	liegen
12.	**imminḗre**	immíneō	immínuī	-----	hineinragen, drohen
13.	**licḗre**	lícet	lícuit	-----	es ist erlaubt, man darf, kann
14.	**merḗre**	méreō	méruī	méritum	verdienen
15.	**miscḗre**	mísceō	míscuī	mi**x**tum	mischen
16.	**monḗre**	móneō	mónuī	mónitum	mahnen
	admonḗre	admóneō	admónuī	admónitum	ermahnen, erinnern
17.	**nocḗre**	nóceō	nócuī	-----	schaden
18.	**oportḗre**	opórtet	opórtuit	-----	es gehört sich, man muss
19.	**pārḗre**	pā́reō	pā́ruī	-----	gehorchen
	appārḗre	appā́reō	appā́ruī	-----	sich zeigen, erscheinen
20.	**patḗre**	páteō	pátuī	-----	offen stehen, sich erstrecken
21.	**placḗre**	pláceō	plácuī	plácitum	gefallen
22.	**studḗre** (+ Dat.)	stúdeō	stúduī	-----	sich bemühen
23.	**tacḗre**	táceō	tácuī	-----	(ver)schweigen
24.	**tenḗre**	téneō	ténuī	-----	halten
	continḗre	contíneō	contínuī	-----	zusammen-, festhalten in Schranken halten
	obtinḗre	obtíneō	obtínuī	obténtum	festhalten, innehaben
	retinḗre	retíneō	retínuī	reténtum	zurückhalten, festhalten
	sustinḗre	sustíneō	sustínuī	-----	aushalten
25.	**terrḗre**	térreō	térruī	térritum	erschrecken (trans.)
	perterrḗre	pertérreō	pertérruī	pertérritum	heftig erschrecken (trans.)
	dēterrḗre	dētérreō	dētérruī	dētérritum	abschrecken
26.	**timḗre**	tímeō	tímuī	-----	fürchten
27.	**valḗre**	váleō	váluī	-----	gesund sein, vermögen

s-Perfekt

28. **ārdḗre**	ā́rdeō	ārsī	-----	brennen
29. **augḗre**	áugeō	auxī	auctum	vermehren, fördern
30. **haerḗre**	háereō	haesī	haesū́rus	stecken (bleiben), hängen
31. **iubḗre** (+ Akk.)	iúbeō	iussī	iussum	befehlen, anordnen
32. **manḗre**	máneō	mānsī	mānsū́rus	bleiben, erwarten
permanḗre	permáneō	permā́nsī	-----	fortdauern, ausharren
remanḗre	remáneō	remā́nsī	-----	zurückbleiben
33. **persuādḗre** (+ Dat.)	persuā́deō	persuāsī	persuā́sum	überreden, überzeugen
34. **rīdḗre**	rī́deō	rīsī	rīsum	lachen
irrīdḗre	irrī́deō	irrī́sī	irrī́sum	verlachen, auslachen
35. **torquḗre**	tórqueō	torsī	tortum	drehen, foltern, quälen

Reduplikationsperfekt

36. **pendḗre**	péndeō	pepéndī	-----	hängen, abhängen von
37. **spondḗre**	spóndeō	sp**o**póndī	spōn**s**um	versprechen, geloben
respondḗre	respóndeō	respóndī	respṓn**s**um	antworten, entsprechen

Dehnungsperfekt

38. **cavḗre** (+ Akk.)	cáveō	cāvī	cautum	sich hüten vor
39. **favḗre** (+ Dat.)	fáveō	fā́vī	fautum	gewogen sein, begünstigen
40. **movḗre**	móveō	mōvī	mōtum	bewegen
removḗre	remóveō	remṓvī	remṓtum	entfernen
commovḗre	commóveō	commṓvī	commṓtum	erregen, veranlassen
permovḗre	permóveō	permṓvī	permṓtum	heftig erregen
41. **sedḗre**	sédeō	sēdī	sessum	sitzen
possidḗre	possídeō	possḗdī	posséssum	besitzen
42. **vidḗre**	vídeō	vīdī	vīsum	sehen
invidḗre (+ Dat.)	invídeō	invī́dī	invī́sum	beneiden

Deponentia

43. **pollicḗrī**	pollíceor	pollícitus sum	versprechen
44. **rērī**	reor	ratus sum	rechnen, meinen
45. **tuḗrī**	túeor	[tūtus sicher]	im Auge haben, schützen
intuḗrī	intúeor	---	betrachten
46. **verḗrī**	véreor	véritus sum	fürchten, (sich) scheuen; verehren
47. **fatḗrī**	fáteor	fassus sum	gestehen, bekennen
cōnfitḗrī	cōnfíteor	cōnféssus sum	gestehen, bekennen
48. **vidḗrī**	vídeor	vīsus sum	scheinen

Semideponentia

49. **solḗre**	sóleō	sólitus sum	gewohnt sein, pflegen
50. **audḗre**	áudeō	ausus sum	wagen
51. **gaudḗre**	gáudeō	gāvī́sus sum	sich freuen

§ 36 ī-Konjugation

v-Perfekt *(Muster für regelmäßige Bildung)*

	audī́re	áudiō	audī́vī	audī́tum	hören
	sepelī́re	sepéliō	sepelī́vī	sep**úl**tum	bestatten

u-Perfekt

1.	**aperī́re**	apériō	apéruī	apértum	aufdecken, öffnen
	operī́re	opériō	opéruī	opértum	zudecken
2.	**salī́re**	sáliō	sáluī	-----	springen
	dēsilī́re	dēsíliō	dēsíluī	-----	herabspringen

s-Perfekt

3.	**sentī́re**	séntiō	sḗnsī	sḗnsum	meinen, fühlen
	cōnsentī́re	cōnséntiō	cōnsḗnsī	cōnsḗnsum	übereinstimmen
	dissentī́re	disséntiō	dissḗnsī	dissḗnsum	uneins sein

Reduplikationsperfekt

4.	**comperī́re**	compériō	cómperī	compértum	erfahren
5.	**reperī́re**	repériō	**répperī**	repértum	finden

Dehnungsperfekt

6.	**venī́re**	véniō	vēnī	ventum	kommen
	advenī́re	advéniō	advḗnī	advéntum	ankommen
	convenī́re	convéniō	convḗnī	convéntum	zusammenkommen, -passen, antreffen
	ēvenī́re	ēvéniō	ēvḗnī	ēvéntum	zustande kommen, sich ereignen
	invenī́re	invéniō	invḗnī	invéntum	(er)finden
	pervenī́re	pervéniō	pervḗnī	pervéntum	(ans Ziel) gelangen

Deponentia

7.	**largī́rī**	lárgior	largī́tus sum	schenken
8.	**mentī́rī**	méntior	mentī́tus sum	lügen, ersinnen
9.	**potī́rī** (+ Abl.)	pótior	potī́tus sum	in seine Gewalt bringen
10.	**sortī́rī**	sórtior	sortī́tus sum	erlosen, erlangen
11.	**experī́rī**	expérior	expér**tus** sum	versuchen, erproben
12.	**assentī́rī**	asséntior	assḗn**s**us sum	beistimmen
13.	**mētī́rī**	mḗtior	mēn**s**us sum	(be)messen, beurteilen
14.	**ōrdī́rī**	ṓrdior	ōr**s**us sum	beginnen

§ 37 3. Konjugation

1. Konsonantenstämme

v-Perfekt

1.	**arcéssere**	arcéssō	arcessī́vī	arcessī́tum	herbeiholen
2.	**pétere**	petō	petī́vī	petī́tum	zu erreichen suchen; erstreben, (er)bitten, angreifen
	appétere	áppetō	appetī́vī	appetī́tum	begehren; herankommen
	expétere	éxpetō	expetī́vī	expetī́tum	verlangen, begehren
	repétere	répetō	repetī́vī	repetī́tum	zurückfordern, wiederholen
3.	**quáerere**	quaerō	quaesī́vī	quaesī́tum	suchen, fragen
	acquī́rere	acquī́rō	acquīsī́vī	acquīsī́tum	erwerben
	conquī́rere	conquī́rō	conquīsī́vī	conquīsī́tum	zusammensuchen, sammeln
4.	**sínere**	sinō	**sī́**vī	situm	lassen, zulassen
	dēsínere	dḗsinō	dḗ**siī**	dḗsitum	aufhören, ablassen
5.	**cérnere**	cernō	-----	-----	sehen, sichten
	dēcérnere	dēcérnō	dē**crḗ**vī	dēcrḗtum	beschließen
	discérnere	discérnō	dis**crḗ**vī	discrḗtum	unterscheiden
6.	**stérnere**	sternō	str**ā**vī	str**ā**tum	hinbreiten, hinstrecken

u-Perfekt

7.	**álere**	alō	áluī	ál(i)tum	ernähren, fördern
8.	**cólere**	colō	cóluī	c**u**ltum	bebauen; pflegen; verehren
	incólere	íncolō	incóluī	incúltum	(be)wohnen
9.	**cōnsúlere**	cṓnsulō	cōnsúluī	cōnsúltum	(+ Akk.) um Rat fragen, beraten; (+ Dat.) sorgen für
10.	**gígnere**	gignō	génuī	génitum	hervorbringen
11.	**pōnere**	pōnō	pó**suī**	pó**s**itum	setzen, stellen, legen
	compṓnere	compṓnō	compó**suī**	compó**s**itum	zusammenstellen, verfassen ordnen, vergleichen
	dēpṓnere	dēpṓnō	dēpó**suī**	dēpó**s**itum	ablegen
	dispṓnere	dispṓnō	dispó**suī**	dispó**s**itum	ordnen, verteilen
	impṓnere	impṓnō	impó**suī**	impó**s**itum	auf etwas setzen, stellen; auferlegen
	prōpṓnere	prōpṓnō	prōpó**suī**	própó**s**itum	vorlegen, in Aussicht stellen, (sich) vornehmen
12.	**sérere**	serō	séruī	sertum	aneinanderreihen
	dēsérere	dḗserō	dēséruī	dēsértum	im Stich lassen
	dissérere	dísserō	disséruī	dissértum	erörtern

s-Perfekt

13.	**scrī́bere**	scrībō	scrīpsī	scrīptum	schreiben
	cōnscrī́bere	cōnscrī́bō	cōnscrī́psī	cōnscrī́ptum	verfassen; (Truppen) ausheben
	īnscrī́bere	īnscrī́bō	īnscrī́psī	īnscrī́ptum	einschreiben, betiteln
14.	**cárpere**	carpō	carpsī	carptum	pflücken; genießen
15.	**dī́cere**	dīcō	dīxī	dictum	sagen, sprechen, nennen
	indī́cere	indī́cō	indī́xī	indíctum	ansagen, ankündigen
	interdī́cere	interdī́cō	interdī́xī	interdíctum	untersagen
16.	**dū́cere**	dūcō	dūxī	ductum	führen, ziehen; halten für
	addū́cere	addū́cō	addū́xī	addúctum	hinführen, veranlassen
	dēdū́cere	dēdū́cō	dēdū́xī	dēdúctum	herab-, wegführen
	ēdū́cere	ēdū́cō	ēdū́xī	ēdúctum	herausführen
	indū́cere	indū́cō	indū́xī	indúctum	(hin)einführen, verleiten
	prōdū́cere	prōdū́cō	prōduxī	prōdúctum	vor(wärts)führen, hervorbringen, ausdehnen
	redū́cere	redū́cō	redū́xī	redúctum	zurückführen
	trādū́cere	trādū́cō	trādū́xī	trādúctum	hinüberführen, übersetzen
17.	**fléctere**	flectō	flexī	fle**x**um	biegen, beugen, umstimmen
18.	**cíngere**	cingō	cīnxī	cīnctum	umgürten, umzingeln
19.	**fī́gere**	figō	fīxī	fī**x**um	anheften, befestigen
20.	**fíngere**	fingō	fīnxī	fi**ct**um	bilden, formen, erdichten
21.	**(con)iúngere**	coniúngō	coniū́nxī	coniū́nctum	verbinden
22.	**régere**	regō	rēxī	rēctum	lenken, leiten
	corrígere	córrigō	corrḗxī	corrḗctum	verbessern
	ērígere	ḗrigō	ērḗxī	ērḗctum	aufrichten, ermutigen
	pérgere	pergō	pe**rr**ḗxī	perrḗctum	fortfahren (etwas zu tun), fortsetzen
23.	**spárgere**	spargō	sparsī	sparsum	(aus)streuen; (be)spritzen
24.	**tégere**	tegō	tēxī	tēctum	(be)decken, schützen
	dētégere	dḗtegō	dētḗxī	dētḗctum	entdecken
25.	**tráhere**	trahō	trāxī	tractum	ziehen, schleppen
	contráhere	cóntrahō	contrā́xī	contráctum	zusammenziehen
26.	**flúere**	fluō	flū**x**ī	----	fließen
27.	**(ex)strúere**	éxstruō	exstrū́**x**ī	exstrū́ctum	errichten, erbauen
	īnstrúere	ī́nstruō	īnstrū́**x**ī	īnstrū́ctum	aufstellen, ausstatten; unterrichten
28.	**exstínguere**	exstínguō	exstī́nxī	exstī́nctum	auslöschen, vernichten
29.	**vī́vere**	vīvō	vīxī	vīctū́rus	leben
30.	**contémnere**	contémnō	contém**ps**ī	contémptum	verachten
31.	**prémere**	premō	pre**ss**ī	pressum	drücken, pressen
	opprímere	ópprimō	oppréssī	oppréssum	unterdrücken, überfallen
32.	**gérere**	gerō	gessī	gestum	tragen, (aus)führen
33.	**ū́rere**	ūrō	ussī	ustum	verbrennen (trans.)

34. **cḗdere**	cḗdō	cessī	cessum	gehen, weichen
accḗdere	accḗdō	accéssī	accéssum	heranrücken
concḗdere	concḗdō	concéssī	concéssum	weichen, zugestehen
dēcḗdere	dēcḗdō	dēcéssī	dēcéssum	weggehen; sterben
discḗdere	discḗdō	discéssī	discéssum	auseinander gehen, weggehen
excḗdere	excḗdō	excéssī	excéssum	hinausgehen, verlassen
incḗdere	incḗdō	incéssī	incéssum	einhergehen; befallen
prōcḗdere	prōcḗdō	prōcéssī	prōcéssum	vorwärtsgehen, vorrücken
succḗdere	succḗdō	succéssī	succéssum	nachrücken, nachfolgen
35. **cláudere**	claudō	clausī	clausum	schließen, versperren
36. **láedere**	laedō	laesī	laesum	stoßen, verletzen
37. **dīvídere**	dī́vidō	dīvī́sī	dīvī́sum	(ein-, zu)teilen, trennen
38. **lū́dere**	lūdō	lūsī	lūsum	spielen, scherzen
illū́dere	illū́dō	illū́sī	illū́sum	verspotten
39. **in-vā́dere**	invā́dō	invā́sī	invā́sum	eindringen, angreifen
40. **míttere**	mittō	mīsī	missum	gehen lassen, schicken
āmíttere	āmíttō	āmī́sī	āmíssum	verlieren
admíttere	admíttō	admī́sī	admíssum	ein-, zulassen
commíttere	commíttō	commī́sī	commíssum	anvertrauen; zustande bringen, begehen
dēmíttere	dēmíttō	dēmī́sī	dēmíssum	hinablassen, senken
dīmíttere	dīmíttō	dīmī́sī	dīmíssum	entlassen
omíttere	omíttō	omī́sī	omíssum	übergehen
permíttere	permíttō	permī́sī	permíssum	erlauben, gestatten
praeter-míttere	praeter-míttō	praeter-mī́sī	praeter-míssum	vorübergehen lassen
prōmíttere	prōmíttō	prōmī́sī	prōmíssum	versprechen
remíttere	remíttō	remī́sī	remíssum	zurückschicken, nachlassen

Reduplikations-Perfekt

41. **cắdere**	cădō	cécĭdī	cāsū́rus	fallen
accĭ́dere	áccĭdō	áccĭdī	-----	sich ereignen, zustoßen
incĭ́dere	íncĭdō	íncĭdī	-----	hineinfallen, in etwas geraten
occĭ́dere	óccĭdō	óccĭdī	-----	hinfallen, untergehen
42. **cáedere**	caedō	cecī́dī	caesum	fällen, niederhauen
occī́dere	occī́dō	occī́dī	occī́sum	töten
43. **cánere**	canō	céc**i**nī	<cantā́tum>	(be)singen; (ein Instrument) spielen, blasen
44. **cúrrere**	currō	**cu**cúrrī	cursum	laufen
concúrrere	concúrrō	concúrrī	concúrsum	zusammenlaufen, -stoßen
occúrrere	occúrrō	occúrrī	occúrsum	begegnen, entgegentreten
45. **ád-dere**	addō	ad**did**ī	ádditum	hinzufügen
cóndere	condō	cóndidī	cónditum	gründen; verbergen
crḗdere	crēdō	crḗdidī	crḗditum	anvertrauen, glauben
dḗdere	dēdō	dḗdidī	dḗditum	ausliefern, übergeben
ḗdere	ēdō	ḗdidī	ḗditum	herausgeben, äußern

	pérdere	perdō	pérdidī	pérditum	zu Grunde richten, verlieren
	prṓdere	prōdō	prṓdidī	prṓditum	verraten; übergeben, überliefern
	réddere	reddō	réddidī	rédditum	zurückgeben, machen zu
	trā́dere	trādō	trā́didī	trā́ditum	überliefern, übergeben
	véndere	vendō	véndidī	vénditum	verkaufen
46.	**fállere**	fallō	feféllī	[falsus falsch]	täuschen
47.	**párcere** (+ Dat.)	parcō	pepércī	<temperā́tum>	schonen, sparen
48.	**péllere**	pellō	pépulī	pulsum	treiben
	impéllere	impéllō	ímpulī	impúlsum	antreiben, veranlassen
49.	**péndere**	pendō	pepéndī	pēnsum	abwägen, einschätzen; zahlen
	impéndere	impéndō	impéndī	impḗnsum	aufwenden
50.	**sístere**	sistō	stitī	-----	(sich) hinstellen, zum Stehen bringen
	cōnsístere	cōnsístō	cṓnstitī	-----	sich hinstellen, Halt machen
	resístere	resístō	réstitī	-----	stehen bleiben, Widerstand leisten
51.	**tángere**	tangō	tétigī	tāctum	berühren
	contíngere	contíngō	cóntigī	contā́ctum	berühren; gelingen
52.	**téndere**	tendō	teténdī	tentum	zielen, spannen, strecken
	conténdere	conténdō	conténdī	conténtum	sich anstrengen, eilen; kämpfen; behaupten
	osténdere	osténdō	osténdī	<ostentā́tum>	zeigen

Dehnungs-Perfekt (Komposita z. T. mit s-Perfekt)

53.	**ágere**	agō	ēgī	āctum	tun, verhandeln, treiben
	perágere	péragō	perḗgī	perā́ctum	durchführen, vollenden
	dḗgere	dēgō	-----	-----	verbringen, leben
	exígere	éxigō	exḗgī	exā́ctum	hinaustreiben, (ein)fordern; vollenden
	redígere	rédigō	redḗgī	redā́ctum	zurück-, eintreiben, in einen Zustand versetzen
	subígere	súbigō	subḗgī	subā́ctum	unterwerfen
	cṓgere	cōgō	coḗgī	coā́ctum	sammeln, zwingen
54.	**émere**	emō	ēmī	ēm**p**tum	(nehmen,) kaufen
	adímere	ádimō	adḗmī	adém**p**tum	wegnehmen
	dīrímere	dī́rimō	dīrḗmī	dīrḗm**p**tum	trennen
	redímere	rédimō	redḗmī	redḗm**p**tum	loskaufen
	dḗmere	dēmō	dēm**psī**	dēm**p**tum	weg-, an sich nehmen
	prṓmere	prōmō	prōm**psī**	prōm**p**tum	hervorholen
	sū́mere	sūmō	sūm**psī**	sūm**p**tum	nehmen
	cōnsū́mere	cōnsū́mō	cōnsūm**psī**	cōnsū́m**p**tum	verbrauchen
55.	**frángere**	frangō	frēgī	frā́ctum	brechen
	perfríngere	perfríngō	perfrḗgī	perfrā́ctum	durch-, zerbrechen

56. **fúndere**	fundō	fū**dī**	fūsum	(aus)gießen, verstreuen
57. **légere**	legō	lēgī	lēctum	sammeln, (aus)lesen
collígere	cólligō	collḗgī	collḗctum	sammeln
dēlígere	dḗligō	dēlḗgī	dēlḗctum	auswählen
ēlígere	ḗligō	ēlḗgī	ēlḗctum	auswählen
dīlígere	dī́ligō	dīlḗ**xī**	dīlḗctum	lieben, hoch schätzen
intellégere	intéllegō	intellḗ**xī**	intellḗctum	einsehen, verstehen
neglégere	néglegō	neglḗ**xī**	neglḗctum	vernachlässigen
58. **relínquere**	relínquō	relī́quī	relíctum	zurück-, verlassen
59. **rúmpere**	rumpō	rūpī	ruptum	(zer)brechen (trans.)
60. **cōn-sī́dere**	cōnsī́dō	cōnsḗdī	-----	sich setzen, sich niederlassen
61. **víncere**	vincō	vīcī	victum	(be)siegen

Perfekt ohne Veränderung des Stammvokals

62. **ac-céndere**	accéndō	accéndī	accḗnsum	anzünden, entflammen
incéndere	incéndō	incéndī	incḗnsum	anzünden, entflammen
63. **bíbere**	bibō	bibī	<pōtum>	trinken
64. **dēféndere**	dēféndō	dēféndī	dēfḗnsum	verteidigen, abwehren
offéndere	offéndō	offéndī	offḗnsum	beleidigen, anstoßen; antreffen
65. **a-scéndere**	ascéndō	ascéndī	ascḗnsum	hinauf-, ersteigen
dēscéndere	dēscéndō	dēscéndī	dēscḗnsum	hinab-, herabsteigen
66. **vértere**	vertō	vertī	versum	wenden
animad-vértere	animad-vértō	animad-vertī	animad-vérsum	wahrnehmen; vorgehen gegen *(in + Akk.)*
āvértere	āvértō	āvértī	āvérsum	abwenden
convértere	convértō	convértī	convérsum	wenden, verwandeln
ēvértere	ēvértō	ēvértī	ēvérsum	umstürzen, zerstören
67. **metúere**	métuō	métuī	-----	fürchten
68. **rúere**	ruō	ruī	ruitū́rus	(sich) stürzen
69. **sólvere**	solvō	solvī	sol**ū**tum	lösen, zahlen
absólvere	absólvō	absólvī	absol**ū́**tum	freisprechen; vollenden
70. **statúere**	státuō	státuī	statūtum	aufstellen; feststellen; festsetzen
cōnstitúere	cōnstítuō	cōnstítuī	cōnstitū́tum	festsetzen, beschließen
īnstitúere	īnstítuō	īnstítuī	īnstitū́tum	einrichten, unterrichten
71. **(at-)tribúere**	(at)tríbuō	(at)tríbuī	(at)tribū́tum	zuteilen, zuweisen

Verba incohativa (v-Perfekt / Reduplikations-Perfekt))

72. **crḗscere**	crēscō	crēvī	-----	wachsen
73. **nṓscere**	nōscō	nōvī	[nōtus bekannt]	kennen lernen
cognṓscere	cognṓscō	cognṓvī	cógn**i**tum	erkennen, erfahren
74. **quiḗscere**	quiēscō	quiḗvī	[quietus ruhig]	ruhen
75. **as-suḗscere**	assuḗscō	assuḗvī	assuḗtum	(sich) gewöhnen
cōnsuḗscere	cōnsuḗscō	cōnsuḗvī	cōnsuḗtum	(sich) gewöhnen
76. **díscere**	discō	dídicī	-----	lernen
77. **póscere**	póscō	p**o**póscī	<postulā́tum>	fordern

Deponentia

78. **fruī** (+ Abl.)	fruor	(ūsus sum)	genießen
79. **fungī** (+ Abl.)	fungor	fūnctus sum	verwalten, verrichten
80. **loquī**	loquor	locūtus sum	sprechen, reden
cólloquī	cólloquor	collocūtus sum	sich unterhalten
81. **querī**	queror	questus sum	klagen, beklagen
82. **sequī** (+ Akk.)	sequor	secūtus sum	folgen
cōnsequī (...)	cōnsequor	cōnsecūtus sum	folgen, erreichen
éxsequī	éxsequor	exsecūtus sum	ausführen
īnsequī (...)	īnsequor	īnsecūtus sum	(unmittelbar) folgen
pérsequī	pérsequor	persecūtus sum	verfolgen
83. **vehī**	vehor	vectus sum	fahren (intrans.)
84. **lābī**	lābor	lāpsus sum	(nieder)gleiten, sinken
85. **nītī** (+ Abl.)	nītor	nīsus (nīxus) sum	sich stützen auf
86. **compléctī**	compléctor	compléxus sum	umfassen, umarmen
87. **ūtī** (+ Abl.)	ūtor	ūsus sum	gebrauchen, benützen
88. **adipīscī**	adipīscor	adéptus sum	erlangen, erreichen
89. **nancīscī**	nancīscor	na(n)ctus sum	erhalten
90. **nāscī**	nāscor	nātus sum	entstehen, geboren werden
91. **oblīvīscī**	oblīvīscor	oblītus sum	vergessen
92. **proficīscī**	proficīscor	profectus sum	aufbrechen, marschieren
93. **ulcīscī**	ulcīscor	ultus sum	sich rächen (an), rächen

Semideponentia

94. **cōnfīdĕre**	cōnfīdō	cōnfīsus sum	vertrauen
95. **revértī**	revértor	revértī	zurückkehren
		(reversus	einer, der zurückgekehrt ist)

2. *i-Stämme*

v-Perfekt

96. **cúpere**	cupiō	cupīvī	cupītum	begehren, wünschen

u-Perfekt

97. **rápere**	rápiō	rápuī	raptum	raffen, rauben
dīrípere	dīrípiō	dīrípuī	dīréptum	plündern
ērípere	ērípiō	ērípuī	ēréptum	entreißen

s-Perfekt

98. **a-spícere**	aspíciō	aspéxī	aspéctum	anschauen, erblicken
cōnspícere	cōnspíciō	cōnspéxī	cōnspéctum	erblicken
dēspícere	dēspíciō	dēspéxī	dēspéctum	verachten, herabsetzen
īnspícere	īnspíciō	īnspéxī	īnspéctum	anschauen, prüfen
99. **concútere**	concútiō	concússī	concússum	erschüttern

Reduplikationsperfekt

100. **párere**	páriō	péperī	partum (paritūrus)	hervorbringen, gebären

Dehnungsperfekt

101.	**cápere**	cápiō	cēpī	captum	nehmen, fangen, ergreifen
	accípere	accípiō	accḗpī	accéptum	annehmen, empfangen, vernehmen
	excípere	excípiō	excḗpī	excéptum	(her)ausnehmen, eine Ausnahme machen, aufnehmen
	incípere	incípiō	**coe**pī	**coe**ptum (incéptum)	anfangen
	praecípere	praecípiō	praecḗpī	praecéptum	vorschreiben, vorwegnehmen, vorher bekommen
	recípere	recípiō	recḗpī	recéptum	zurücknehmen, aufnehmen
	suscípere	suscípiō	suscḗpī	suscéptum	unternehmen, auf sich nehmen
102.	**iácere**	iáciō	iēcī	iactum	werfen, schleudern
	abícere	abíciō	abiḗcī	abiéctum	wegwerfen
	adícere	adíciō	adiḗcī	adiéctum	hinzufügen
	conícere	coníciō	coniḗcī	coniéctum	hinwerfen; vermuten
	ēícere	ēíciō	ēiḗcī	ēiéctum	hinauswerfen, vertreiben
	inícere	iníciō	iniḗcī	iniéctum	hineinwerfen, einflößen
	obícere	obíciō	obiḗcī	obiéctum	entgegenwerfen, vorwerfen
	subícere	subíciō	subiḗcī	subiéctum	unterwerfen
103.	**fácere**	fáciō	fēcī	factum	machen, tun
	assuēfácere	assuēfáciō	assuēfḗcī	assuēfáctum	gewöhnen (trans.)
	affícere	affíciō	affḗcī	afféctum	versehen mit, (in einen Zustand) versetzen
	cōnfícere	cōnfíciō	cōnfḗcī	cōnféctum	vollenden, aufreiben
	dēfícere	dēfíciō	dēfḗcī	dēféctum	abfallen; ausgehen, fehlen
	effícere	effíciō	effḗcī	efféctum	bewirken, machen zu
	interfícere	interfíciō	interfḗcī	interféctum	niedermachen, töten
	perfícere	perfíciō	perfḗcī	perféctum	vollenden, durchsetzen
	praefícere	praefíciō	praefḗcī	praeféctum	an die Spitze stellen
	prōfícere	prōfíciō	prōfḗcī	prōféctum	Fortschritte machen, dienlich sein, nützen
104.	**fúgere** (+ Akk.)	fúgio	fūgī	fūgitū́rus	fliehen (vor), meiden
	ef-fúgere	effúgiō	effū́gī	effugitū́rus	entfliehen, entkommen

Deponentia

105.	**gradī**	gradior	gressus sum	schreiten, gehen
	ā́ggredī	aggrédior	aggréssus sum	herangehen, angreifen
	ḗgredī	ēgrédior	ēgréssus sum	heraus-, hinausgehen
	íngredī	ingrédior	ingréssus sum	hineingehen, betreten
	trānsgredī	trānsgrédior	trānsgréssus sum	überschreiten, hinübergehen
106.	**morī**	mórior	mórt**u**us sum	sterben
107.	**orī́rī**	órior	ortus sum	entstehen
108.	**patī**	pátior	passus sum	(er)dulden, (zu)lassen

§ 38 Sonderkonjugationen: *esse*

esse, sum, fuī sein

MT.	N.	P.	Präsensstamm		Perfektstamm		
Ind. Präsens	Sg.	1.	**s**-u-m	ich bin	**fú**-ī	ich bin gewesen	Ind. Perfekt
		2.	**es**	du bist	**fu**-ístī	du bist gewesen	
		3.	**es**-t	er (sie, es) ist	**fú**-it	er (...) ist gewesen	
	Pl.	1.	**s**-u-mus	wir sind	**fú**-imus	wir sind gewesen	
		2.	**es**-tis	ihr seid	**fu**-ístis	ihr seid gewesen	
		3.	**s**-u-nt	sie sind	**fu**-ḗrunt	sie sind gewesen	
Konj. Präsens	Sg.	1.	s-**i**-m	ich sei	**fú**-erim	ich sei gewesen	Konj. Perfekt
		2.	s-**ī**-s	du seiest	**fú**-eris	du seiest gewesen	
		3.	s-**i**-t	er (sie, es) sei	**fú**-erit	er (...) sei gewesen	
	Pl.		s-**ī**-mus	wir seien	**fu**-érimus	wir seien gewesen	
		2.	s-**ī**-tis	ihr seiet	**fu**-éritis	ihr seiet gewesen	
		3.	s-**i**-nt	sie seien	**fú**-erint	sie seien gewesen	
Ind. Imperfekt	Sg.	1.	er-**a**-m	ich war	**fú**-eram	ich war gewesen	Ind. Plusquampf.
		2.	er-**ā**-s	du warst	**fú**-erās	du warst gewesen	
		3.	er-**a**-t	er (sie, es) war	**fú**-erat	er (...) war gewesen	
	Pl.	1.	er-**ā́**-mus	wir waren	**fu**-erā́mus	wir waren gewesen	
		2.	er-**ā́**-tis	ihr wart	**fu**-erā́tis	ihr wart gewesen	
		3.	ér-**a**-nt	sie waren	**fú**-erant	sie waren gewesen	
Konj. Imperfekt	Sg.	1.	es-**se**-m	ich wäre	**fu**-íssem	ich wäre gewesen	Konj. Plusquampf.
		2.	es-**sē**-s	du wärst	**fu**-íssēs	du wärst gewesen	
		3.	es-**se**-t	er (sie, es) wäre	**fu**-ísset	er (...) wäre gewesen	
	Pl.	1.	es-**sḗ**-mus	wir wären	**fu**-issḗmus	wir wären gewesen	
		2.	es-**sḗ**-tis	ihr wärt	**fu**-issḗtis	ihr wärt gewesen	
		3.	es-**se**-nt	sie wären	**fu**-íssent	sie wären gewesen	
Futur I	Sg.	1.	er-ō	ich werde sein	**fú**-erō	(meist Übersetzung mit Präsens oder Perfekt)	Futur II
		2.	er-**i**-s	du wirst sein	**fú**-eris		
		3.	er-**i**-t	er (...) wird sein	**fú**-erit		
	Pl.	1.	ér-**i**-mus	wir werden sein	**fu**-érimus		
		2.	ér-**i**-tis	ihr werdet sein	**fu**-éritis		
		3.	ér-**u**-nt	sie werden sein	**fú**-erint		

Imp. I	Sg.	2.	es	sei!		
	Pl.	2.	es-te	seid!		
Imp. II	Sg.	2.	es-tō	du sollst sein		
		3.	es-tō	er (...) soll sein		
	Pl.	2.	es-tṓte	ihr sollt sein		
		3.	s-u-ntō	sie sollen sein		
Infinitiv			es-se	(zu) sein	fu-isse	gewesen (zu) sein
Partizip (nur)			ábsēns, -éntis praésēns, -éntis	abwesend anwesend	**Part. Futur:** futurus, -a, -um **Infin. Futur:** futurum, ... esse (fore)	 e., der sein wird (sein werden)

- Der Stamm ***es-*** wird im Konjunktiv Präsens und z. T. im Indikativ Präsens (in Verbindung mit dem Erweiterungsvokal *-u-*) zu ***s-*** gekürzt, im Imperfekt und Futur (durch Rhotazismus, vgl. § 2.6.4) zu ***er-*** verwandelt.
- Das Partizip Präsens von *esse* ist ungebräuchlich und kommt nur bei den Komposita *abesse* und *praeesse* vor.

- **Komposita von *esse*:**

ab-ésse	absum	**ā́**fuī	abwesend sein, entfernt sein
ad-ésse	adsum	ádfuī (**áf**fuī)	da sein, helfen
dē-ésse	dēsum	dḗfuī	fehlen, mangeln
in-ésse	īnsum	(fuī [in])	darin sein, innewohnen
inter-ésse	intérsum	intérfuī	dabei sein, teilnehmen
prae-ésse	praesum	práefuī	vorgesetzt sein, leiten
super-ésse	supérsum	supérfuī	übrig sein, überleben
prō**d**-ésse	prōsum	prṓfuī	nützlich sein, nützen

(vor <u>e</u> wird ein <u>d</u> eingeschoben, sonst steht prō: z. B.: *prōsum, prō<u>d</u>es, prōsit, prō<u>d</u>erant, prṓfuī*)

posse	**possum**	**pótuī**	imstande sein, können

Das Präfix des Kompositums *posse* (aus **pot[e]*: mächtig, imstande und *esse* zu *posse* zusammengezogen) erscheint als:

pot-	vor **-e**, **-u**
pos-	vor **s**

Ind. Präs.:	possum, potes, potest, póssumus, potéstis, póssunt
Konj. Präs.:	possim, possīs, usw.
Ind. Impf.:	póteram, póterās, usw.
Konj. Impf.:	possem, possēs, usw.
Futur	póterō, póteris, usw.
Perfekt	pótuī, potuístī (Formen wie bei monuī)

- Achte auf den Unterschied: *possum – possim – possem ... ; potéstis – potuístis; póteram ... – potúeram ...; póteris ... – potúeris ...* !

§ 39 Konjugation von *īre*

īre, eō, iī, itum gehen

M/T.	N.	P.	Präsensstamm		Perfektstamm		
Ind. Präsens	Sg.	1.	e-ō	ich gehe	i-ī	ich bin gegangen	Ind. Perfekt
		2.	ī-s	du gehst	**īstī**	du bist gegangen	
		3.	i-t	er (sie, es) geht	i-it	er (...) ist gegangen	
	Pl.	1.	ī-mus	wir gehen	í-imus	wir sind gegangen	
		2.	ī-tis	ihr geht	**ístis**	ihr seid gegangen	
		3.	e-u-nt	sie gehen	i-ḗrunt	sie sind gegangen	
Konj. Präs.			é-**a**-m, é-**ā**-s, ...		í-erim, í-eris, ...		Konj. Perf.
Ind. Imperf.			ī-**ba**-m, ī-**bā**-s, ...		í-eram, í-erās, ...		Ind. Plusqpf.
Konj. Imperf.			ī-**re**-m, ī-**rē**-s, ...		**īssem, īssēs**, ...		Konj. Plusqpf.
Futur I			ī-**b**-ō, ī-**bi**-s, ...		í-erō, í-eris, ...		Futur II
Imperativ I			ī, ī-te		----		
Imperativ II			ī-tō, ī-tō, ī-tṓte, e-ú-ntō		----		
Infin.Präs.			ī-re		**īsse**		Infin. Perf.
Part. Präs.			í-ē-ns, e-ú-**nt**is		itū́rus, -a, -um		Part. Futur
Gerundiv			e-ú-**nd**-um		itū́rum, ... esse		Infin. Futur

- Der Stamm des Verbums (***ī-***) erscheint vor den Vokalen *-a, -o, -u* als ***e-***.
- Im Perfekt ist das ursprünglich vorhandene *-v-* ausgefallen, dabei wurde *i-ī* **vor *s* zu *ī*** zusammengezogen.
- Ein **Passiv**, das beim Grundwort *īre* nur in der 3. Pers. Sg. vorkommt, ist bei den transitiven Komposita vollständig vorhanden, aber selten. Formenbildung wie im Aktiv, aber mit passiven Endungen: z. B.: *ád-e-**or**, ad-e-ú-**ntur**, ad-ī-bā-**tur**, ád-i**tī** sumus.*
- Achtung Verwechslungsgefahr! Die Formen des Perfektstamms von ***ire*** unterscheiden sich teilweise nur geringfügig von den Formen von ***esse*** bzw. von den Formen der Demonstativpronomina ***is*** und ***iste***: *īstis – estis; ieram ... – eram ...; īssem ... – essem ...; ierō ... – erō ...;* bzw. *īs – is, eam [2], eās [2], īstī – istī, īstīs – istīs, eō [3].*
- **Komposita von *īre*** (vgl. auch § 61.4):

intransitiv:		transitiv:	
ab-ī́re	weggehen	ad-ī́re	herantreten, aufsuchen, auf sich nehmen
co-ī́re	zusammenkommen		
ex-ī́re	herausgehen, ausrücken	in-ī́re	be-, antreten, beginnen

inter-ī́re	untergehen, umkommen	ob-ī́re	besuchen, übernehmen; sterben
per-ī́re	zugrunde gehen	praeter-ī́re	vorbeigehen, übergehen
prōd-ī́re	(her)vorgehen, auftreten	sub-ī́re	unternehmen, auf sich nehmen
red-ī́re	zurückkehren	trāns-ī́re	hinübergehen, überschreiten

vēn-ī́re verkauft werden („zum Verkauf kommen“): Passiv zu *véndĕre*.

§ 40 Konjugation von *ferre*

ferre, ferō, tulī, lātum tragen, bringen

Präsensstamm						
MT.	N.	P.	**Aktiv**		**Passiv**	
Ind. Präsens	Sg.	1.	fer-ō	ich trage	fer-or	ich werde getragen
		2.	**fer-s**	du trägst	**fer-ris**	du wirst getragen
		3.	**fer-t**	er (sie, es) trägt	**fer-tur**	er (...) wird getragen
	Pl.	1.	fér-ĭ-mus	wir tragen	fér-i-mur	wir werden getragen
		2.	**fer-tis**	ihr tragt	fer-í-minī	ihr werdet getragen
		3.	fer-ŭ-nt	sie tragen	fer-ú-ntur	sie werden getragen
Konj. Präs.			fer-**a**-m, fer-**ā**-s, ...		fer-**a**-r, fer-**ā́**-ris, ...	
Ind. Imperf.			fer-**ḗba**-m, fer-**ḗbā**-s, ...		fer-**ḗba**-r, fer-**ēbā́**-ris, ...	
Konj. Imperf.			fer-**re**-m, fer-**rē**-s, ...		fer-**re**-r, fer-**rē**-ris, ...	
Futur I			fer-**a**-m, fer-**ē**-s, ...		fer-**a**-r, fer-**ḗ**-ris, ...	
Imperativ I			**fer**	**fer-te**	----	
Imperativ II			fer-tō, fer-tō, fer-tṓte, fer-ú-ntō		----	
Infin.Präs.			fer-re		**fer-rī**	
Part. Präs.			fér-ē-ns, -é**nt**is		----	
Gerundiv			fer-é-**nd**-us, -a, -um			

- Im Präsensstamm werden die Formen, deren Endung mit ***-r, -s*** oder ***-t*** beginnen, **ohne** Erweiterungsvokal gebildet (z. B.: *fer-re, fer-s, fer-t*).
- Im Perfektstamm wird *tul-ī* wie *mónu-ī* und *lātus sum* wie *laudātus sum* konjugiert (vgl § 32 und 33).
- Achte auf den Unterschied! **Konjunktiv Imperfekt** und **Futur I** unterscheiden sich (außer in der 1. Pers.) nur durch den Doppelkonsonanten: *ferrēs ... – ferēs ...*

- **Komposita von *ferre*:**

af-férre	áfferō	áttulī	al**l**ā́tum	(herbei)bringen, zufügen
au-férre	**áu**ferō	**ábs**-tulī	a**b**lā́tum	wegtragen, rauben
cōn-férre	cṓnferō	cóntulī	co**ll**ā́tum	zusammenbringen, vergleichen
dē-férre	dḗferō	dḗtulī	dēlā́tum	forttragen, überbringen, melden
dif-férre	dífferō	dístulī	d**ī**lā́tum	aufschieben;
dif-férre	dífferō			sich unterscheiden
ef-férre	éfferō	é**x**tulī	**ē**lā́tum	hinaustragen, herausheben, bestatten
īn-férre	ī́nferō	íntulī	i**ll**ā́tum	hineintragen, zufügen
of-férre	ófferō	ó**b**tulī	o**b**lā́tum	anbieten, opfern; entgegenstellen
per-férre	pérferō	pértulī	perlā́tum	überbringen, ertragen
re-férre	réferō	ré**tt**ulī	relā́tum	zurückbringen, berichten, beziehen auf
trāns-férre	trā́nsferō	trā́nstulī	trānslā́tum	hinüberbringen, übertragen
tóllĕre	tollō	**sústulī**	**sublā́tum**	er-, aufheben, beseitigen

§ 41 Konjugation von *velle, nōlle, mālle*

velle (aus **vel-se*), *volō, vóluī* — wollen
nōlle, nōlō (aus **ne+ volō*), *nṓluī* — nicht wollen
mālle (aus **mag[is]+ velle*), *mālō, mā́luī* — lieber wollen

Präsensstamm						
M/T.	N.	P.	***velle***		***nōlle***	***mālle***
Ind. Präsens	Sg.	1.	vol-ō	ich will	nōl-ō	māl-ō
		2.	**vīs**	du willst	**nōn vīs**	**māvīs**
		3.	**vul-t**	er (sie, es) will	**nōn vul-t**	**māvul-t**
	Pl.	1.	vól-u-mus	wir wollen	nṓl-u-mus	mā́l-u-mus
		2.	**vul-tis**	ihr wollt	**nōn vul-tis**	**māvúl-tis**
		3.	vol-u-nt	sie wollen	nōl-u-nt	mā́l-u-nt
Konj. Präs.			vel-**i**-m, vel-**ī**-s, …		nōl-**i**-m, nōl-**ī**-s, ...	māl-**i**-m, māl-**ī**-s, ...
Ind. Imperf.			vol-**ēba**-m, vol-**ēbā**-s, …		nōl-**ēba**-m, nōl-**ēbā**-s, ...	māl-**ēba**-m, māl-**ēbā**-s, ...
Konj. Imperf.			vel-**le**-m, vel-**lē**-s, …		nōl-**le**-m, nōl-**lē**-s, ...	māl-**le**-m, māl-**lē**-s, ...
Futur I			vol-**a**-m, vol-**ē**-s, …		nōl-**a**-m, nōl-**ē**-s, ...	māl-**a**-m, māl-**ē**-s, ...
Imperativ			----		nōlī nōlī́-te	----
Infin.Präs.			vel-le		nōl-le	māl-le
Part. Präs.			vol-ē-ns, -é**nt**is		(nōl-ē-ns, -é**nt**is)	

- Der Stamm ***vel-*** erscheint nur im Infinitiv und in den beiden Konjunktiven, sonst wird der Stamm ***vol-*** benutzt; vor *t* wird dieser zu ***vul-***.
- Die Formen ***vult, vultis*** und der **Infinitiv** (+ Konj. Impf.) werden ohne Erweiterungsvokal gebildet.
- Bei *nōlle* werden die Formen der 2. u. 3. Pers. Sg. und der 2. Pers. Pl. getrennt geschrieben (***nōn vīs, nōn vult, nōn vultis***), bei *mālle* wird bei diesen Formen der Stamm zu ***mā-*** verkürzt.
- Der Imperativ ist nur von *nōlle* gebräuchlich und dient der Umschreibung des Prohibitivs (verneinten Imperativs):

  z. B.: *nōlī monēre!* mahne nicht! = *nē monúeris!*
  nolīte monēre! mahnt nicht! = *nē monuéritis!*

- Achte auf den Unterschied! Bei *nōlle* und *mālle* (nicht bei *velle*!) unterscheiden sich **Konj. Imp.** und **Fut. I** (außer in der 1. Pers.) nur durch den Doppelkonsonanten: *nō**ll**ēs ... – nōlēs ...; mā**ll**ēs ... – mālēs ...*
  Beachte ferner: *mālō* kommt von *mālle*, aber *mălō* von *mălus* (schlecht)!

§ 42 Konjugation von *fierī*

fierī 1. (eigenständiges Verbum:) werden, entstehen, geschehen
2. (Passiv zu *fácere*:) gemacht werden

MT.	N.	P.	Präsens		Perfekt		
Ind. Präsens	Sg.	1.	fī-ō	ich entstehe	factus, -a, -um sum, …	ich bin entstanden …	Ind. Perfekt
		2.	fī-s	du entstehst			
		3.	fī-t	er (sie, es) entsteht			
	Pl.	1.	fī-mus	wir entstehen	factī, -ae, -a sumus, …	wir sind entstanden …	
		2.	fī-tis	ihr entsteht			
		3.	fī-u-nt	sie entstehen			
Konj. Präs.			fī-**a**-m, fī-**ā**-s, …		factus, -a, -um sim , ...		Konj. Perf.
Ind. Imperf.			fī-**ēba**-m, fī-**ēbā**-s, …		factus, -a, -um eram, ...		Ind. Plqupf.
Konj. Imperf.			fī-**ere**-m, fī-**erē**-s, …		factus, -a, -um essem, ...		Konj. Plqupf.
Futur I			fī-**a**-m, fī-**e**-s, …		factus, -a, -um erō, ...		Futur II
Imperativ			(fī – fī-te)		----		
Infin.Präs.			fī-erī		----		
Part. Fut.			futūrus, -a, -um				
Infin.Fut			futūrum, … esse oder fore				

- Die Formen werden (abgesehen von *fierī* und Konj. Imperf.) wie in der **ī-Konjugation** gebildet, allerdings bleibt das *i* auch vor Vokalen lang (außer bei *fierī* und im Konj. Imperf.).
- Im **Präsensstamm** ersetzt *fierī* die ungebräuchlichen Formen des **Passivs von *fácere*** und der Komposita, die mit *-fácere* zusammengesetzt sind (z. B.: *pate-fácere* öffnen).
  Die Komposita von *fácere*, die mit *-ficere* zusammengesetzt sind, bilden ein ganz normales Passiv: z. B.: *af-ficere* → *afficior, afficiēbar*, usw.
- Im **Perfekt** ersetzt das Passiv von *fácere* die Formen von *fierī*.
- Im Partizip Futur und Infinitiv Futur haben *fierī* und *esse* identische Formen.

§ 43 Unpersönliche Verben

Einige Verben kommen gewöhnlich oder in spezieller Bedeutung nur in der 3. Person Singular („es") sowie im Infinitiv (oder vielfach im AcI) vor und geben somit keine handelnde Person an; deshalb werden sie unpersönliche Verben genannt.

áccidit (+ ut)	es ereignet sich, tritt ein	áccidit	accídere
contíngit (+ ut)	es gelingt, glückt (dass)	cóntigit	contíngere
ēvenit (+ ut)	es ereignet sich, stößt zu	ēvēnit	ēvenīre
appāret (+ AcI)	es zeigt sich, ist offenkundig	appāruit	appārēre
cōnstat (+ AcI)	es steht fest, ist bekannt	cōnstitit	cōnstāre
éxpedit (+ Inf.)	es nützt, ist förderlich	expedīvit	expedīre
licet (+ Inf.)	es ist erlaubt, man darf, kann	lícuit	licēre
opórtet (+ Inf.)	es gehört sich, man muss	opórtuit	oportēre
placet (+ Inf.)	es gefällt, man beschließt	plácuit	placēre
praestat (+ Inf.)	es ist besser	práestitit	praestāre
ínterest	es ist wichtig (vgl. § 59.9)	intérfuit	interésse
fugit (+ Akk.)	es entgeht, bleibt verborgen	fūgit	fúgere
iuvat (+ Akk.)	es erfreut, macht Freude	iūvit	iuvāre

Seltener kommen vor:

libet (+ Inf.)	es beliebt, passt	líbuit	libēre
decet (+ Akk.)	es ziemt sich, schickt sich	décuit	decēre
páenitet (+ Akk.)	es reut, man bereut	paenítuit	paenitēre
pudet (+ Akk.)	es beschämt, man schämt sich	púduit	pudēre

§ 44 Unvollständige Verben

Die Konjugation der so genannten *verba defectiva* ist unvollständig.

1. **Einzelformen** nur im Präsensstamm:

aiō	ich sage	inquam	sage ich
ais	du sagst	inquis	sagst du
ait	er, sie sagt(e)	inquit	sagt(e) er, sie
aiunt	sie sagen	ínquiunt	sagen sie

(in direkte Rede eingeschoben: „Crās", inquit, „véniam." Er sagt(e): „Morgen komme ich.")

quaesō	(ich) bitte	salvē!	sei gegrüßt!
quáesumus	wir bitten	salvḗte!	seid gegrüßt!

2. Formen nur des **Perfektstamms**:

a) coepī ich habe angefangen, begonnen (Perfekt zu *incipere*)

b) in **präsentischer Bedeutung**:
mémini ich gedenke, erinnere mich
ōdī ich hasse

T./M.	P.	*meminisse*		*odisse*	
Ind. Perf.	1.Sg.	mémin-ī	ich gedenke	ṓd-ī	ich hasse
	2.Sg.	memin-ístī	du gedenkst	ōd-ístī	du hasst
	3.Sg.	mémin-it	er (sie, es) gedenkt	ṓd-it	er (sie, es) hasst
	1.Pl.	memín-imus	wir gedenken	ṓd-imus	wir hassen
	2.Pl.	memin-ístis	ihr gedenkt	ōd-ístis	ihr hasst
	3.Pl.	memin-ḗrunt	sie gedenken	ōd-ḗrunt	sie hassen
Konj. Perf.	1.Sg.	memín-erim	ich möge gedenken	ṓd-erim	ich möge hassen
	2.Sg.	memín-eris usw.	du mögest gedenken	ṓd-eris usw.	du mögest hassen
Ind. Plqpf.	1.Sg.	memín-eram	ich gedachte	ṓd-eram	ich hasste
	2.Sg.	memín-erās usw.	du gedachtest	ṓd-erās usw.	du hasstest
Konj. Plqpf.	1.Sg.	memin-íssem	ich würde gedenken	ōd-íssem	ich würde hassen
	2.Sg.	memin-íssēs usw.	du würdest gedenken	ōd-ísses usw.	du würdest hassen
Fut. II	1.Sg.	memín-erō	ich werde gedenken	ṓd-erō	ich werde hassen
	2.Sg.	memín-eris usw.	du wirst gedenken	ṓd-eris usw.	du wirst hassen
Imperativ		memén-tō	gedenke!		
		memen-tṓte	gedenkt!		
Infin. Perf.		memin-ísse	(zu) gedenken	ōd-ísse	(zu) hassen

Vgl.: (cog)nṓvī (ich habe kennen gelernt,) ich weiß, kenne
as-, cōnsuḗvī (ich habe mich gewöhnt,) ich bin gewohnt, pflege

§ 45 Hauptsatzarten

In der lateinischen Sprache unterscheiden wir ebenso wie in der deutschen zwischen **Haupt- und Neben(Glied-)sätzen**.

1. **Hauptsätze** sind durchwegs eigenständig und ergeben für sich allein einen Sinn. Nebensätze sind nicht eigenständig; sie müssen stets mit einem Hauptsatz verbunden sein.

Die Römer verbrachten einen großen Teil des Sommers auf dem Land.	eigenständiger Satz, der einen Sinn ergibt: **Hauptsatz**
Weil es in der Stadt zu heiß war.	kein eigenständiger Satz; die Verbindung mit einem Hauptsatz ist nötig: **Nebensatz**.

2. Hauptsätze können mit Hauptsätzen verbunden werden. Das Ergebnis dieser Gleichordnung (Parataxe) nennt man „**Satzreihe**".

Die Römer verbrachten einen großen Teil des Sommers auf dem Land, denn in der Stadt war es zu heiß.	zwei eigenständige Hauptsätze, die miteinander verbunden sind: **Satzreihe**

3. Nebensätze sind Hauptsätzen untergeordnet. Das Ergebnis dieser Unterordnung (Hypotaxe) bezeichnet man als „**Satzgefüge**".

Die Römer verbrachten einen großen Teil des Sommers auf dem Land, weil es in der Stadt zu heiß war.	ein Hauptsatz, dem ein Nebensatz untergeordnet ist: **Satzgefüge**

4. Hauptsätze lassen sich grob in drei Gruppen einteilen: **Aussage-, Wunsch- und Fragesätze**.

§ 46 Aussagesätze

1. **Aussagesätze** enthalten eine Gegebenheit (z. B. ein Geschehen, einen Zustand etc.), die der Sprecher als wirklich betrachtet. Sie stehen im Lateinischen wie im Deutschen in der **„Wirklichkeitsform" (Indikativ)**.

*Multī Rōmānī vīllās rūrī **habēbant.***	Viele Römer **hatten** Häuser auf dem Land.

2. Wenn im Lateinischen die Aussage etwas abgemildert oder höflich ausgedrückt werden soll, verwendet man den **Potentialis**. Er wird durch den Konjunktiv ausgedrückt; im Deutschen muss er umschrieben werden, z. B. „dürfte", „wird wohl", „könnte", „vermutlich". Dabei drückt der **Konjunktiv Präsens oder Perfekt den Potentialis der Gegenwart** aus.

dīcat áliquis **oder** *dīxerit áliquis*	es könnte, dürfte, wird wohl jemand sagen; vermutlich sagt einer

Der **Potentialis der Vergangenheit** ist auf **wenige Fälle im Konjunktiv Imperfekt** beschränkt, z. B.:

crḗderēs (putā́rēs, dī́cerēs, vidḗrēs)	(du hättest,) man hätte glauben (meinen, sagen, sehen) können; vermutlich hätte man geglaubt (geglaubt, gesagt, gesehen)
vix intellégerēs	man hätte wohl kaum verstanden

Rīdeat (rī́serit) áliquis fortásse hoc praecéptum, est autem necessā́rium.	Es könnte vielleicht jemand über diese Vorschrift lachen, sie ist jedoch nötig.
Hoc sine ūllā dubitātiṓne cōnfirmem (cōnfirmā́verim).	Das dürfte ich ohne <allen> Zweifel behaupten (behaupte ich wohl …).
Haud fácile discérnerēs, utrum Semprṓnia pecū́niae an fā́mae minus párceret.	Man hätte nicht leicht unterscheiden können, ob Sempronia weniger auf ihr Geld oder auf ihren Ruf Rücksicht nahm.

3. Wenn der Sprecher weiß, dass seine Aussage unwirklich ist oder nur unter gewissen Bedingungen wirklich wäre, verwendet er den **Irrealis**. In diesem Fall steht im Lateinischen wie im Deutschen der **Konjunktiv Imperfekt** beim **Irrealis der Gegenwart**, der **Konjunktiv Plusquamperfekt** beim **Irrealis der Vergangenheit**.

Sī hoc dī́cerēs, mentīrḗris.	Wenn du dies sagtest, würdest du lügen.
Sī hoc dīxíssēs, mentī́tus essēs.	Wenn du dies gesagt hättest, hättest du gelogen.

4. Zum **Realis** siehe Nachträge S. 200!

§ 47 Wunschsätze

Unter **Wunschsätzen** werden hier Wunsch-, Aufforderungs- und Ausrufesätze zusammengefasst. (Sie werden hier nur dann eigens behandelt, wenn Abweichungen vom Deutschen auftreten.) Sie enthalten ein Begehren, einen Befehl oder eine Aufforderung des Sprechers.

1. Sätze, die einen **Wunsch** aufweisen, stehen im Lateinischen im **Optativ,** der durch den **Konjunktiv** ausgedrückt wird**.** Da dieser Modus im Deutschen allerdings eine andere Funktion hat, müssen Wünsche durch Umschreibung mit „mögen", „möchten", „hoffentlich" oder dgl. wiedergegeben werden.

Der Lateiner unterscheidet durch die Wahl des Tempus zwischen erfüllbaren und unerfüllbaren Wünschen; bei erfüllbaren kann er *velim / útinam* dazusetzen, bei unerfüllbaren muss er *vellem/útinam* einfügen.

erfüllbar, Gegenwart	Konjunktiv Präsens mit oder ohne *velim, útinam*	*(útinam/velim) Mē vīsitēs!* Mögest du mich besuchen!
unerfüllbar, Gegenwart	Konjunktiv Imperfekt mit *vellem, útinam*	*Útinam/vellem pater vīveret!* Dass doch der Vater lebte!
unerfüllbar, Vergangenheit	Konjunktiv Plusquamperfekt mit *útinam/vellem*	*Útinam/vellem mē audīvisset!* Hätte er mich doch gehört!

Ein erfüllbarer Wunsch der Vergangenheit ist ungebräuchlich.

(Velim/útinam) Deī Rōmam semper tūtḗntur!	Dass doch die Götter Rom stets beschützen! Mögen (doch) ...!
Útinam paréntēs semper vīverent!	Dass doch die Eltern immer lebten!
Vellem (útinam) nē umquam bellum coepisset!	Dass doch der Krieg nie begonnen hätte!

Wunschsätze werden im Lateinischen grundsätzlich mit ***nē*** verneint. Bei einer Verneinung mit *nōn* kann demnach nur eine Aussage – ein Potentialis oder ein Irrealis (allenfalls ein Deliberativ) – vorliegen:

*Amīcus amīcum **nē** dḗserat!* (Optativ)	Ein Freund möge den anderen nicht verlassen!
*Amīcus amīcum **nōn** dḗserat.* (Potentialis)	Ein Freund dürfte den anderen wohl nicht verlassen.

2. **Aufforderungssätze** enthalten einen Befehl, ein Verbot oder eine Aufmunterung. Man kann dabei folgendermaßen differenzieren:

Bezeichn.	Adressat	Form	Übersetzung	Erläuterung
Imperativ I	2. Pers. Sg. 2. Pers. Pl.	*láudā!* *laudāte!*	lobe! lobt!	allgemeiner Befehl
Imperativ II	2. Pers. Sg. 3. Pers. Sg. 2. Pers. Pl. 3. Pers. Pl.	*laudātō!* *laudātō!* *laudātōte!* *laudántō!*	du sollst loben! er soll loben! ihr sollt loben! sie sollen loben!	Befehl, der sich an zukünftiges Tun richtet: Verträge, Gesetze, Regeln
Hortativ	1. Pers. Pl.	*ōrēmus!*	lasst uns beten, wollen wir beten!	Aufforderung, in die der Sprecher sich einschließt
Prohibitiv	= verneinter Imperativ I	*nē dīxeris!* *nē dīxéritis!*	sage nicht! sagt nicht!	nē + Konjunktiv Perfekt

Der Prohibitiv kann auch ausgedrückt werden durch *nōlī* (*nōlī́te)* + Infinitiv Präsens:

Nōlī mē tángere!	Berühre mich nicht!

Ēgrédere ex urbe, lī́berā rem pū́blicam metū!	Verlasse die Stadt, befreie den Staat von Angst!
Salūs pū́blica suprḗma lēx estō!	Das Wohl des Staates soll das oberste Gesetz sein!
Cícerō: „Amḗmus pátriam, pāreā́mus senā́tuī, cōnsulā́mus bonīs!"	Cicero sagte: „Lasst uns das Vaterland lieben, dem Senat gehorchen und für die Guten sorgen!"
Nōlī turbā́re círculōs meōs!	Störe meine Kreise nicht!
Nē oblī́tī sītis amīcṓrum!	Vergesst euere Freunde nicht!

§ 48 Fragesätze

Bei Fragesätzen sind **Wort-** und **Satzfragen** zu unterscheiden.

1. **Wortfragen** werden durch Fragewörter (Interrogativa) eingeleitet. Die wichtigsten sind:

cūr?	warum?	*quī* (adjekt.)*?*	welcher?
quālis?	wie (beschaffen)?	*quis* (subst.)*?*	wer?
quam?	wie?	*quid* (subst.)*?*	was?
quandō?	wann?	*quod* (adjekt.)*?*	welches?
quantus?	wie groß?	*quō?*	wohin?
quot?	wie viele?	*quṓmodo?*	wie?
ubī?	wo?	*uter?*	wer von beiden?
unde?	woher?		

2. Bei **Satzfragen** ist im Deutschen der ganze Satz durch die Wortstellung als Frage formuliert. Dabei gibt es echte Fragen, die eine Antwort mit ja oder nein zulassen, oder rhetorische Fragen, bei denen der Fragende dem Gesprächspartner eine Antwort in den Mund legt.

Satzfragen

echte Frage

Warst du gestern im Theater?
Antwort: ja oder nein!

rhetorische Frage

Warst du gestern etwa im Theater?
Erwartete Antwort: nein!
Warst du gestern (etwa) nicht im Theater?
Erwartete Antwort: doch, ja!

Im Deutschen steht in Satzfragen das Verbum meist am Anfang; allenfalls wird durch die Betonung ausgedrückt, dass es sich um eine Frage handelt. Im Lateinischen wird sehr oft eine **Partikel** eingefügt, die den Satz als Frage charakterisiert. Dabei ist zu unterscheiden:

Art der Frage	*Antwort*	*Fragepartikel*
Echte Frage Warst du gestern im Theater? *Fuistīne herī in theātrō?*	*ja oder nein*	***-ne** (an das erste Wort angefügt)*
Rhetorische Frage Warst du gestern etwa im Theater? *Num herī in theātrō fuistī?*	*nein*	***num***
Rhetorische Frage Warst du (etwa) nicht im Theater? *Nōnne in theātrō fuistī?*	*ja, doch*	***nōnne***

Habuítne in ánimō imperātor Augústus étiam Germāniam in prōvínciae Rōmānae fōrmam redígere?	Hatte Kaiser Augustus im Sinn, auch Germanien zu einer römischen Provinz zu machen?
Num imperātor Augústus rem graviōrem sine Līviae uxōris cōnsíliō gessit?	Handelte etwa Kaiser Augustus in einer ziemlich wichtigen Angelegenheit ohne den Rat seiner Gattin Livia?
Nōnne Tibérius impérium diū repudiāvit?	Wies Tiberius die Herrschaft etwa nicht lange zurück?

3. Zu den Satzfragen zählen auch die **Doppelfragen**. Sie sind echte Fragen und werden eingeleitet durch **utrum ... an**
-ne ... an
-------- ... an.

Dabei werden *utrum* bzw. *-ne* meist nicht übersetzt; *an* heißt in Doppelfragen **„oder"**.

Utrum Platō an Aristótelēs philósophus clārior fuit?	War Plato oder Aristoteles ein berühmterer Philosoph?
Plūrēsne philósophōs Athēniēnsēs tulērunt an Spartiātae?	Haben die Athener oder die Spartaner mehr Philosophen hervorgebracht?
Domī manēre māvīs an mēcum Rōmam proficīscī?	Willst du lieber zu Hause bleiben oder mit mir nach Rom reisen?

4. In (direkten) Satzfragen steht in der Regel der Indikativ. Es gibt aber auch die Möglichkeit des **Konjunktivs** (meist in der 1. Person). Dann liegt eine überlegende Frage (**Deliberativ**) vor, die im Deutschen mit „sollen" wiedergegeben wird. Dabei drückt der Konjunktiv Präsens den Deliberativ der Gegenwart, der Konjunktiv Imperfekt den Deliberativ der Vergangenheit aus. Die Verneinung ist *non* (Aussage, kein Wunsch).

Quid fáciam? Quō mē cṓnferam?	Was soll ich tun? Wohin soll ich mich begeben?
Utrum supérbiam Nerṓnis prius mémorem an crūdēlitā́tem?	Soll ich eher den Hochmut Neros oder die Grausamkeit erwähnen?
Quid fácerem? An ego nōn venī́rem?	Was hätte ich tun sollen? Oder hätte ich nicht kommen sollen?

§ 49 Der Satz und seine Teile

1. Jeder Satz besteht aus einzelnen Teilen, die jeweils bestimmte Funktionen haben, jedoch von unterschiedlicher Wertigkeit sein können. Ein einfaches Satzmodell könnte etwa folgendermaßen aussehen:

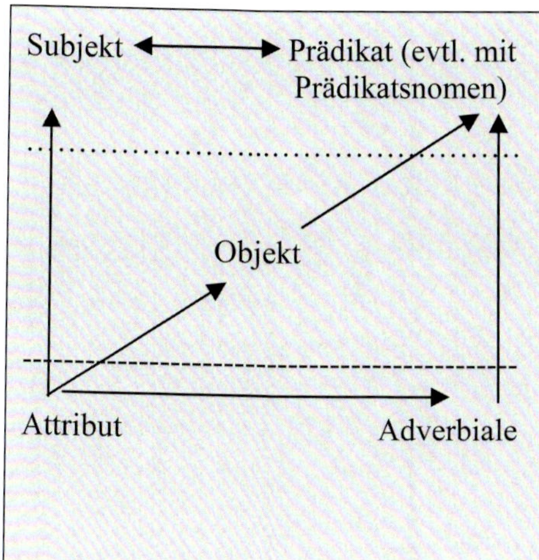

Ein Satz benötigt in der Regel **Subjekt** und **Prädikat**, die miteinander kongruent sind (vgl. jedoch § 50.1).

Oft braucht ein Satz zusätzlich ein **Objekt**, damit er einen Sinn ergibt, denn ein Satz ohne Sinn ist unvollständig. Das Objekt ist demnach eine notwendige Satzergänzung.

Attribut (nähere Bestimmung eines Nomens, z. B. Subjekt, Objekt, Adverbiale) und **Adverbiale** (Erläuterung des Verbalvorgangs) sind meist nicht nötig, präzisieren jedoch die Aussage.

2. Bei den Satzteilen unterscheiden wir zwischen Satzgliedern und Satzgliedteilen. Satzglieder nennt man dabei gewöhnlich Subjekt und Prädikat und alle Bestandteile, die eine Ergänzung oder nähere Bestimmung zum Prädikat aufweisen (Objekt, Adverbiale, Prädikatsnomen); als Satzgliedteile bezeichnet man zusätzliche Angaben zu Nomina (Attribut). Das Prädikat ist das wichtigste Satzglied, da es den Vorgang oder den Zustand beschreibt, der im Satz abgehandelt wird.

§ 50 Kongruenz von Prädikat und Subjekt

1. Prädikat und Subjekt, die beiden Glieder, die jeder Satz besitzen muss (wenngleich das Subjekt gelegentlich nur gedanklich vorhanden ist, z. B. im Aufforderungssatz: Geh! ≈ Du sollst gehen!), sind miteinander in Numerus und Genus meist kongruent. Suche also zunächst das lateinische Prädikat! Steht es in der 3. Person Singular, erfordert es meist ein Subjekt im Singular, erscheint es in der 3. Person Plural, weist es meist auf ein Subjekt im Plural oder auf mehrere Subjekte hin. Im Lateinischen ist das Subjekt oft (besonders in der 1. und 2. Person) im Prädikat enthalten.

2. Bei **mehreren** Subjekten gilt für das Prädikat:

- Sind die Subjekte Personen, steht das Verbum im Plural.
- Dabei hat die 1. Person Vorrang vor der zweiten, diese vor der dritten.
- Bilden Sachen die Subjekte, erscheint das Verbum im Plural (ein Prädikatsnomen oft im Neutrum) oder es richtet sich nach demjenigen Subjekt, das ihm am nächsten steht.

Homērus et Hēsíodus *ante Rōmam cónditam* ***fuērunt***. (Gellius)	**Homer und Hesiod lebten** vor der Gründung Roms.
Ego et *Cícerō* ***valēmus.***	**Wir** sind gesund, **ich und Cicero**.
Sī ***tū et*** *Túllia* ***valētis****, bene est.*	Wenn ihr gesund seid, **du und Tullia**, ist es gut.
Mūrus et porta *dē caelō* ***tācta sunt****.*	**Mauer und Tor wurden** vom Blitz getroffen.
Máximum ***óppidum*** *Helvētiórum et* ***vīcī restitūtī sunt.***	Der größte befestigte Platz der Helvetier und ihre Dörfer wurden wiederhergestellt.

Generell gilt: Ein adjektivisches Attribut, das sich auf mehrere Substantive bezieht, richtet sich im Allgemeinen in Numerus und Genus (natürlich auch im Kasus) nach dem ihm zunächst stehenden.

*rēs mult**ae** óper**ae** ac labóris*	Dinge, die viel Arbeit und Mühe erfordern
*de alt**ō** vall**ō** et portīs castrórum*	vom hohen Wall und den hohen Toren des Lagers herab
*Platō vir summ**ō** ingéni**ō** et sciéntiā*	Plato, ein Mann von höchster Begabung und Kenntnis
*In Semprónia mult**ae** facēti**ae** et lepōs ínerat.*	Sempronia besaß viel Witz und Anmut.

3. **Die Kongruenz zwischen Subjekt und Prädikat** gilt im Lateinischen auch bei den *plūrālia tantum*.

Núptiae *fīliī ā paréntibus māgnífícē* ***celebrántur.***	**Die Hochzeit** des Sohnes **wird** von den Eltern prächtig gefeiert.
Dīvítiae*, ut ait Cornēlia, in fīliīs meīs pósitae* ***sunt****.*	Mein **Reichtum liegt**, wie Cornelia sagte, in meinen Söhnen.

4. Gelegentlich wird von der strengen Kongruenz zwischen Subjekt und Prädikat(snomen) abgewichen, etwa bei der sog. ***cōnstrūctiō ad sēnsum***.

Māgna ***multitūdō*** *hóminum* ***áderant****.*	Eine große Menschenmenge (viele Menschen) war anwesend.
Cápita *coniūrātiōnis* ***interfèctī*** *sunt.*	Die Häupter der Verschwörung (Männer) wurden getötet.

5. Das Prädikat wird entweder durch ein finites Verb oder ein Hilfsverb gebildet, das als Ergänzung ein **Prädikatsnomen** benötigt. Es steht wie das Subjekt, auf das es sich bezieht, im Nominativ. Die wichtigsten Hilfsverben sind:

appellārī, dīcī, nōminārī, vocārī	genannt werden
creārī, dēligī	(aus)gewählt werden
dūcī, exīstimārī, habērī, iūdicārī, putārī	gehalten werden für, gelten als
esse	sein
ex(s)ístere	auftreten, entstehen als, werden
fierī	werden
īnscrībī	betitelt werden
vidērī	scheinen

Cicerō huic causae patrōnus éxstitit.	Cicero trat für diesen Prozess als Anwalt auf (wurde ... Anwalt).
Cicerō pater pátriae appellātus est.	Cicero wurde Vater des Vaterlandes genannt.
Līvia uxor fīda Augústī habētur.	Livia gilt als treue Gattin des Augustus.
Liber clārus Cicerōnis Láelius īnscrībitur.	Ein berühmtes Buch Ciceros trägt den Titel Laelius.

6. Enthält ein Satz das Hilfsverb *esse*, jedoch kein Prädikatsnomen, wird *esse* im Deutschen wiedergegeben mit: existieren, es gibt.

Est deus, quī fēcit caelum et terram.	Es gibt einen Gott, der Himmel und Erde erschaffen hat.

7. Dem Prädikat ist jedoch nicht nur zu entnehmen, was in einem Satz geschieht oder welcher Zustand beschrieben wird; es kann auch der Zeitpunkt eines Ereignisses oder einer Tatsache oder die Dauer usw. ersehen werden. Im Lateinischen können wie im Deutschen sechs Tempora gebildet werden, die freilich in ihrer Bedeutung in beiden Sprachen zum Teil unterschiedlich verwendet werden.

§ 51 Tempora: Präsens

1. **Das Präsens** ist ein Tempus, das im Lateinischen wie im Deutschen weitgehend dieselbe Bedeutung hat. Es drückt aus: Gegenwärtiges, allgemein Gültiges (aktuelles Präsens) oder eine aus der Vergangenheit gewonnene Erkenntnis, die Dauerzustand geworden ist (resultatives Präsens).

Ūnam partem Gálliae íncolunt Belgae, áliam Aquītānī, tértiam quī nostrā linguā Gallī appellántur.	Einen Teil Galliens bewohnen die Belger, einen anderen die Aquitaner, den dritten diejenigen, die in unserer Sprache Gallier genannt werden.
Urbs mūrīs circúmdatur.	Die Stadt ist von Mauern umgeben.
Nihil agéndō hóminēs male ágere discunt.	Dadurch, dass die Menschen nichts tun, lernen sie schlecht zu handeln.

2. In einer lebhaften Erzählung erfolgt im Lateinischen wie im Deutschen nicht selten ein Wechsel von der Vergangenheit ins Präsens, damit das Geschehen anschaulicher wird (sog. ***praesens históricum***):

Postquam Catō adsēdit, cōnsulārēs omnēs itémque senātūs māgna pars senténtiam eius ***laudant****, virtūtem ánimī ad caelum* ***ferunt****, áliī áliōs tímidōs* ***vocant****. Catō clārus* ***habētur****; senātūs dēcrētum* ***fit****, sīcutī ille cēnsúerat.*	Nachdem Cato sich gesetzt hatte, **lobten** alle ehemaligen Konsuln und ebenso ein großer Teil des Senats seine Meinung, **erhoben** seinen Mut in den Himmel und **nannten** einander ängstlich. Cato **wurde** für ruhmreich angesehen; es **erging** der Senatsbeschluss, wie jener es beantragt hatte.

Im Deutschen kann man das Erzähltempus beibehalten (vgl. die gebotene Übersetzung); man kann aber auch wie Sallust ins Präsens wechseln.

§ 52 Futur (I und II)

1. **Das Futur I** bezeichnet im Lateinischen wie im Deutschen ein zukünftiges Ereignis. Im Deutschen wird allerdings meist Präsens gesetzt, wenn das Futur aus dem Zusammenhang klar hervorgeht:

Mox fḗriae erunt.	Bald sind Ferien.
Amīcítia, quae est inter nōs, semper manḗbit.	Die Freundschaft, die zwischen uns besteht, bleibt immer.
Brevī véniam, sī tempus mihi erit.	Ich komme bald, wenn ich Zeit habe.

2.1 **Das Futur II (Futur exakt)** hat im Lateinischen meist eine andere Bedeutung als im Deutschen. Es gibt an, dass eine Handlung bereits abgeschlossen ist, wenn eine andere einsetzt („abgeschlossenes, vollendetes Futur"). Im Deutschen bedeutet die Formulierung „er wird das getan haben" oft weniger eine Zeitangabe als vielmehr eine Vermutung.

2.2 Im Lateinischen kommt das Futur exakt ebenfalls nicht als genaue Bestimmung eines Zeitpunktes vor, sondern erscheint in (meist konditionalen) Nebensätzen nach einem Futur I im Hauptsatz.

Plūs tibi scrī́bam, sī domum revérterō.	Ich schreibe dir mehr, wenn ich nach Hause zurückgekehrt bin.

2.3 Das lateinische Futur II wird im Deutschen meist durch Perfekt oder gelegentlich durch Präsens (selten durch Futur I) wiedergegeben.

Librum tibi míttam, sī cōnfḗcerō.	Ich schicke dir mein Buch, wenn ich es vollendet habe.
Médicum cṓnsulam, sī in morbum incíderō.	Ich werde den Arzt um Rat fragen, wenn ich erkranke (erkrankt bin).

§ 53 Imperfekt

1. **Das Imperfekt** (die „unvollendete" Vergangenheit, die erste Vergangenheit) unterscheidet sich in wesentlichen Punkten vom Deutschen. Zwar wird eine Übersetzung meist richtig sein, die das lateinische Imperfekt auch als deutsches Imperfekt wiedergibt, doch wird der Sinn des Originals häufig nur oberflächlich und ungenau getroffen; deshalb ist mitunter eine Umschreibung nötig.

2. Der Begriff „unvollendete Vergangenheit" sagt aus, dass ein Ereignis vorliegt, das noch nicht endgültig abgeschlossen ist. Deshalb bezeichnet das Imperfekt vorwiegend Dauer, Wiederholung, (seltener) Versuch.

Mōs erat Rōmānṓrum párcere subiéctīs et dēbellā́re supérbōs.	Es war Sitte der Römer, die Unterworfenen zu schonen und die Hochmütigen niederzukämpfen.
Themístoclēs in iūdíciīs prīvā́tīs multum versābā́tur, saepe in cōntiṓnem pópulī prōdī́bat; nūlla rēs māior sine eō gerēbā́tur.	Themistokles nahm oft an Privatprozessen teil, häufig trat er in der Volksversammlung auf; kein Thema von größerer Bedeutung wurde ohne ihn behandelt.
Appellēbā́tis in Ā́fricam, sed prohíbitī estis.	Ihr versuchtet in Afrika zu landen, wurdet aber daran gehindert.

3. Der Hauptunterschied zwischen dam lateinischen und deutschen Imperfekt besteht jedoch darin, dass im Lateinischen das Imperfekt Dauer, Wiederholung und Versuch – also eine nicht endgültig abgeschlossene Handlung – bezeichnet, während es im Deutschen das Erzähltempus der Vergangenheit darstellt.

§ 54 Perfekt / Plusquamperfekt

1. **Das lateinische Perfekt** wird im Gegensatz zum Imperfekt bei einmaligen, in der Vergangenheit abgeschlossenen Handlungen verwendet (**historisches Perfekt** oder ***perféctum narrātī́vum***). Damit ist im Lateinischen das Perfekt das eigentliche Erzähltempus. Es drückt Eintritt, Abschluss und Einmaligkeit einer Handlung aus.

Eine lateinische Erzählung über ein einmaliges, abgeschlossenes Geschehen muss also in richtigem Deutsch mit Imperfekt wiedergegeben werden (vgl. § 53,3).

Sabī́nae mulierēs ***ausae sunt*** *sē inter tēla īnférre;* ***dīrēmḗrunt*** *īnféstās áciēs,* ***dīrēmḗrunt*** *īrās, hinc patrēs hinc virōs* ***ōrāvḗrunt****, ut bellō dēsisterent.*	Die sabinischen Frauen **wagten** es, sich mitten in die Geschosse zu stürzen; sie **trennten** die feindlichen Heere, sie **beruhigten** den Zorn; sie **baten** einerseits ihre Väter, andererseits ihre Männer, mit dem Krieg aufzuhören.

2. Das lateinische Perfekt steht wie meist auch im Deutschen bei einer Feststellung bzw. einem Urteil (**resultatives Perfekt**): *Quod scrīpsī, scrīpsī.* Was ich geschrieben habe, habe ich geschrieben.

3. Das Perfekt kann gelegentlich präsentische Bedeutung haben (**präsentisches Perfekt**). Es bezeichnet dann einen Vorgang der Vergangenheit, der zwar abgeschlossen ist, aber als Ergebnis in der Gegenwart noch fortwirkt. Daraus entwickelten sich einige Verben, die im Perfektstamm eine andere Bedeutung haben als im Präsensstamm bzw. deren Präsensstamm ganz fehlt. Bei ihnen wird das lateinische Perfekt im Deutschen durch Präsens, das Plusquamperfekt durch Imperfekt und das Futur II als Futur wiedergegeben. (Vgl. § 44)

Präsensstamm	Bedeutung	Perfektstamm	Bedeutung
nṓscere	kennen lernen	*nōvísse*	kennen, wissen
cōnsuḗscere	sich gewöhnen	*cōnsuēvísse*	gewohnt sein
		meminísse	gedenken
		ōdísse	hassen

4. **Zur Vertiefung des Unterschieds zwischen Imperfekt und Perfekt** mag folgender zusammenfassender Überblick dienen:

Handlung	Imperfekt	Perfekt
Tempestā́te ortā *hóminēs* – Nach dem Ausbruch eines Unwetters		
Dauer: durativ	*fugiēbant*: waren die Menschen auf der Flucht	
Versuch: konativ	*fugiēbant*: versuchten die Menschen zu fliehen	
Wiederholung: iterativ	*fugiēbant*: pflegten die Menschen zu fliehen	
Einmaligkeit: historisch		*fūgḗrunt*: flohen die Menschen
Eintritt: ingressiv		*fūgḗrunt*: ergriffen die Menschen die Flucht

5. Das **PPP** mit *habḗre* (selten *tenḗre*) unterstreicht einen verstärkten Zustand: *cógnitum hábeō*: ich habe in Erfahrung gebracht und besitze diese Erfahrung noch; ich weiß aus Erfahrung.

Ea cūra ánimōs patrum nunc inténtōs habet.	Diese Sorge hält den Sinn der Senatoren jetzt in Spannung.
Quadrāgíntā ferē annōs Dionýsius cīvitātem Syrācūsānōrum servitū́te opprḗssam hábuit.	Fast 40 Jahre lang hielt Dionysius die Bürgerschaft der Syrakusaner wie Sklaven unterdrückt.

6. **Das Plusquamperfekt** gibt an, dass ein Vorgang bereits abgeschlossen ist, bevor der nächste beginnt. Das lateinische Plusquamperfekt wird im Deutschen grundsätzlich auch als Plusquamperfekt wiedergegeben.

Cáesarī nūntiā́tum erat Helvḗtiōs per prōvínciam nostram iter fácere cōnā́rī. Ítaque mātūrā́vit ab urbe proficī́scī.	Caesar war gemeldet worden, dass die Helvetier versuchten durch unsere Provinz zu marschieren. Deshalb beeilte er sich, von der Stadt aufzubrechen.

§ 55 *Coniugātiō periphrástica*

1. Die ***coniugātiō periphrástica* („umschreibende Konjugation")** ist die Verbindung des Partizips Futur Aktiv mit *esse*. Sie weist vom Standpunkt des Sprechenden aus in die Zukunft, weicht aber von anderen Möglichkeiten, das Futur zu bilden, in Nuancen ab:

scrīptū́rus sum	***scrībam***	***scrī́bere volō***
ich will, bin im Begriff, bin drauf und dran zu schreiben;	ich will, werde sicher schreiben;	ich will, habe die Absicht zu schreiben
die unmittelbare Handlung steht nahe bevor oder hat schon begonnen	bin jedoch noch nicht dabei; es wird irgendwann geschehen	früher oder später werde ich schreiben.

2. Die *coniugā́tiō periphrástica* wird beim Infinitiv Futur (im AcI) zum Ausdruck der Nachzeitigkeit verwendet, wobei *esse* häufig entfällt. Das Partizip Futur (allein ohne *esse*) hat meist finalen Sinn.

Spērō tē brevī ventū́rum (esse).	Ich hoffe, dass du bald kommst.
Sṓcratēs cotī́diē in forum vēnit cum cī́vibus suīs collocūtū́rus.	Sokrates kam täglich auf den Marktplatz, um sich mit seinen Mitbürgern zu unterhalten.

§ 56 Attribut

1. **Das Attribut** ist eine nähere Bestimmung von Substantiven (Nomina) auf die Frage „Was für ein?". Es gibt *adjektivische und substantivische* Attribute. Sie dienen vielfach dazu, eine Aussage plastischer zu machen (wären also nicht notwendig); nicht selten sind sie aber nötig: Der Satz „*Rēx Xerxēs cum classe mīlle nā́vium in Gráeciam incursā́vit.*" wäre etwa ohne das Attribut *mīlle* (ein Zahlwort) sinnlos (allerdings könnte das gesamte Attribut *mīlle nā́vium* wegbleiben).

2. Am häufigsten sind die **adjektivischen Attribute**.

*Cicerō in Catilī́nam ōrātiṓnem **māgnae** ēloquéntiae hábuit.*	Cicero hielt gegen Catilina ein Plädoyer von **großer** Beredsamkeit.
***Multī** hóminēs putant vītam **beā́tam** in **māgnīs** dīvítiīs pósitam esse.*	**Viele** Menschen glauben, dass ein **glückliches** Leben auf **großem** Reichtum beruhe.

3. **Bestimmte adjektivische Attribute für Orts- und Zeitangaben** bezeichnen in Verbindung mit einem Substantiv nicht den ganzen Gegenstand, sondern nur einen Teil davon:

summus mōns	der Gipfel des Berges	*extrḗmō annō*	am Ende des Jahres
prī́mus annus	der Beginn des Jahres	*últimus mēnsis*	das Monatsende
in ī́nfimō colle	am Fuß des Hügels	*médiā in urbe*	mitten in der Stadt

Neben dieser partitiven Bedeutung können diese Attribute auch wörtlich übersetzt werden: der höchste Berg, im letzten Jahr, das erste Jahr, der letzte Monat, am niedrigsten Hügel, in der mittleren Stadt. Die richtige Wiedergabe muss aus dem Zusammenhang erschlossen werden.

4. **Die Stellung des attributiven Adjektivs** ist nicht eindeutig festgelegt; die Betonung gibt den Ausschlag, ob es vor oder nach dem Substantiv steht, das es näher bestimmt. Beziehen sich zwei Adjektive auf ein Substantiv, dann sind mehrere Möglichkeiten gegeben: *multī hóminēs doctī – multī (et) doctī hóminēs – doctī hóminēs multī – hóminēs doctī multī.* Bezieht sich ein Adjektiv auf mehrere Substantive: vgl. § 50.2.

5. **Substantivisch gebrauchte Attribute** begegnen meist im **Genitiv** (vgl. § 59) oder als **Apposition**. Letztere bestehen entweder aus einem Wort, oft einem Gattungsbegriff. In diesem Fall steht häufig der Name voraus: *Antíochus rēx; Gállia prōvíncia; Nīlus flūmen*; immer heißt es: *urbs Rōma; imperā́tor Augústus* (Bedeutung: Kaiser): Kaiser Augustus – *Vārus imperā́tor* (Bedeutung: Feldherr): der Feldherr Varus.

Appositionen stehen stets im selben Kasus wie das Beziehungswort.

Rōmā́nī Iovem, deum caelī et terrae, colunt.	Die Römer verehren Jupiter, den Gott des Himmels und der Erde.
Gallī sē ā Dīte patre, deō īnferṓrum, prōgnā́tōs esse práedicant.	Die Gallier rühmen sich, von Vater Dis, dem Gott der Unterwelt, abzustammen.

6. **Seltener gebrauchte Attribute sind:**

- **Präpositionalattribute:** ein Substantiv wird mit einem Präpositionalausdruck verbunden; sie können im Deutschen weitgehend nachgeahmt werden.

réditus ad amī́cum	die Rückkehr zum Freund
omnēs ante Sṓcratem philósophī	alle Philosophen vor Sokrates

- **attributiv gebrauchte Adverbien:** Im Deutschen kann in diesem Fall aus dem Adverb ein Adjektiv gebildet werden; ferner ist eine freie Umschreibung möglich:

hoc rēctē factum	diese richtige Tat
Márius íterum cōnsul	als Marius zum zweiten Mal Konsul war
omnēs circā gentēs	alle Völker im Umkreis

§ 57 Prädikativum

1. **Das Prädikativum,** das häufig durch ein Adjektiv gebildet wird, bestimmt ein Nomen näher, ist also ein Satzgliedteil. Im Unterschied zum Attribut bezieht sich das Prädikativum nicht nur auf ein Nomen, sondern auch auf das Prädikat. Im Satz „*Hoc invītus fēcī*" bin **ich** bei meinem Tun **unwillig;** aber auch **das Tun** geschieht **wider meinen Willen.**

2. Im Gegensatz zum Deutschen setzt das Lateinische häufig dann ein Prädikativum, wenn es sich um körperliche und seelische Zustände handelt. Zu diesen Adjektiven gehören:

laetus	froh	*trīstis*	traurig
beā́tus	glücklich	*īrā́tus*	voll (im) Zorn
miser	arm, unglücklich	*salvus*	heil, wohlbehalten
invī́tus	wider Willen	*maestus*	traurig
inopī́nāns	ahnungslos, ohne zu ahnen	*ī́nscius / néscius*	ohne Wissen, ohne zu wissen
vīvus	zu Lebzeiten	*mórtuus*	nach dem Tod

Līberī maestī abiḗrunt, laetī ad paréntēs revertḗrunt.	Die Kinder gingen traurig weg, froh kehrten sie zu den Eltern zurück.
Alexándrum mórtuum multī hómi-nēs dē-flēvērunt.	Alexander beweinten nach seinem Tod viele Menschen.
Xanthíppē spērā́vit Sṓcratem salvum ē iūdíciō reditū́rum esse.	Xanthippe hoffte, Sokrates werde wohlbehalten vom Prozess zurückkehren.

3. Beim Prädikativum ist die **Kongruenz** (der Bezug) streng zu beachten. Es ist deutlich herauszuarbeiten, auf welches Nomen es sich bezieht.

   Caesar Helvḗtiōs inopīnántēs aggréssus est: Caesar griff die Helvetier an, ohne dass diese es ahnten (nicht: Caesar griff die Helvetier ahnungslos an, denn dann wäre Caesar ahnungslos).

   Beachte folgende Sätze:

Hanc nāvem prīmus vīdī.	Ich sah dieses Schiff als erster.
Hanc nāvem prīmam vīdī.	Ich sah dieses Schiff als erstes.
Hanc nāvem prīmum vīdī (numquam ánteā).	Ich sah dieses Schiff zum ersten Mal (niemals vorher).
Hanc nāvem prīmō vīdī.	Ich sah anfangs dieses Schiff.
Hanc nāvem prīmum vīdī, deínde …	Zuerst sah ich dieses Schiff, dann …

4. **Auch Adjektive des Ortes, der Zeit, der Zahl, der Art und Weise** können prädikativ verwendet werden:

prīmus	als erster	*prīnceps*	als erster
próximus	als nächster	*extrēmus*	als letzter
ūnus	allein, als einziger	*sōlus*	allein
tōtus	ganz	*rārus*	vereinzelt
tácitus	unter Schweigen	*dīvérsus*	in verschiedene Richtungen
absēns	in Abwesenheit	*praesēns*	in Gegenwart

Senātōrēs ē cūriā dīvérsī abiērunt.	Die Senatoren gingen aus der Kurie in verschiedene Richtungen fort.
Appārent rārī na(tá)ntēs in gúrgite vāstō.	Es zeigen sich vereinzelt Schwimmer im weiten Meeresstrudel.
Ómnium úrbium Itáliae Rōmam prīmam, Neāpolim extrēmam vīdī.	Von allen Städten Italiens sah ich Rom als erste, Neapel als letzte.
Sōcratēs tōtum sē philosóphiae dedit.	Sokrates gab sich ganz der Philosophie hin.
Homō sceléstus absēns cápitis damnātus est.	Der Verbrecher wurde in seiner Abwesenheit zum Tod verurteilt.
Prīnceps terra Sicília amīcítiam pópulī Rōmānī petīvit.	Als erstes Land suchte Sizilien Freundschaft mit dem römischen Volk.

5. Substantive, die **ein Amt oder ein Lebensalter** bezeichnen, stehen oft als Prädikative. Im Deutschen werden sie gewöhnlich mit „als" wiedergegeben.

Catō senex linguam Graecam díscere īnstítuit.	Cato entschloss sich als Greis, die griechische Sprache zu lernen.
Alexánder puer aequālibus audāciā práestitit, vir māgnum impérium sibi péperit.	Alexander übertraf als Knabe die Altersgenossen an Kühnheit, als Mann erwarb er sich ein großes Reich.

§ 58 Kasus: Nominativ

Die lateinische Sprache kennt sechs Kasus, von denen jeder eine bestimmte syntaktische Funktion hat. Ursprünglich waren es acht Fälle, die jedoch durch das Verschmelzen von Separativ, Instrumentalis und Lokativ auf sechs reduziert wurden.

1. Der **Nominativ** ist der **Kasus des Subjekts**; dieses ist **kongruent mit dem Prädikat** (§ 50). In Texten gilt ein Subjekt oft für mehrere Sätze und wird daher nicht jedes Mal erwähnt; man kann es nur aus dem Prädikat erschließen. Auch ein Subjekt der 1. und 2. Person wird eher selten ausdrücklich genannt (vgl. auch § 50.1).

2. **Im Nominativ stehen auch das Prädikatsnomen und das Prädikativum,** gleichgültig, ob es sich um ein Substantiv oder ein Adjektiv handelt (vgl. § 50.5), wenn sie sich auf das Subjekt beziehen (zum Prädikatsnomen im Akkusativ vgl. § 61.8).

Márius cōnsul Címbrōs vīcit.	Marius besiegte als Konsul die Kimbern.
Márius séptiēs cōnsul creā́tus est.	Marius wurde siebenmal zum Konsul gewählt.
Ómnibus tempóribus haud rārō philósophī hóminēs inū́tilēs exīstimántur.	Zu allen Zeiten werden Philosophen nicht selten für unnütze Menschen angesehen.
Sed áliī philósophōs virōs bonōs putant.	Aber andere halten die Philosophen für tüchtige Männer.

§ 59 Genitiv

1. Der Genitiv zeigt verschiedene Verwendungsweisen; er kann attributiv, prädikativ und als Objekt gebraucht werden. Am häufigsten ist er ein Attribut. Dabei hängt er sehr oft von einem Substantiv ab. (Frage: Was für ein?). Dazu gehören folgende Gruppen:

genitī́vus

possessī́vus	*subiectī́vus*	*obiectī́vus*	*quālitā́tis*	*explicātī́vus*
⇩	⇩	⇩	⇩	⇩
domus patris	*amor patris*	*amor patris*	*puer novem annṓrum*	*vōx poḗtae*
das Haus des Vaters	die Liebe des Vaters	die Liebe zum Vater	ein neunjähriger Bub	die Bezeichnung Dichter

2. Der ***genitīvus possessīvus*** bezeichnet den Besitzer (oder die Zugehörigkeit); er kann attributiv oder prädikativ (vor allem bei *esse* „Eigentum sein“ und *fieri* „Eigentum werden“) verwendet werden:

domus patris	das Haus des Vaters
templa deṓrum	die Tempel der Götter
Liber amī́cī est (fit).	Das Buch gehört dem Freund (wird Eigentum des Freundes).
Praetṓris est.	Es ist die Aufgabe des Prätors.
Sapiéntiae est. (*auch: sapiéntis est, sápiēns est, sapiéntia est*)	Es ist ein Zeichen von Weisheit, es zeugt von Weisheit, es ist weise.

Domus patris fit.	Das Haus wird Eigentum des Vaters.
Illae nāvēs Rōmānṓrum erant.	Jene Schiffe gehörten den Römern.
Cōnsulis est cī́vibus prōvidḗre.	Es ist Aufgabe des Konsuls, für die Bürger zu sorgen.
Stultī (stultum) est in errṓre manḗre.	Es ist töricht, im Irrtum zu verharren.

3. Den ***genitīvus subiectīvus*** und ***obiectīvus*** kann man unterscheiden, wenn man die Ausdrücke in kleine Sätze umwandelt:

amor patris (***pater** mē amat*)	(**der Vater** liebt mich) die Liebe des Vaters (Subjekt)
amor patris (***patrem** amō*)	(ich liebe **den Vater**) die Liebe zum Vater (Objekt)

Ob ein *genitīvus subiectīvus* oder *obiectīvus* vorliegt, muss aus dem Zusammenhang erschlossen werden.

Rōmā́nī stúdiō virtū́tis urbem māgnam fēcḗrunt.	Die Römer machten durch Streben nach Leistung die Stadt groß.
Augústī amṓrem Lī́viae permāgnum fuisse cōnstat.	Die Liebe des Augustus zu Livia war bekanntlich sehr groß.

4. Der ***genitīvus quālitā́tis*** gibt eine Eigenschaft oder Beschaffenheit an; er kann ebenfalls attributiv und prädikativ verwendet werden. Im Deutschen wird er oft mit „von“ wiedergegeben oder umschrieben. Werden mehr zufällige oder äußerliche Eigenschaften angesprochen (Gemütsstimmungen, Körperbeschaffenheit), verwendet man im Lateinischen völlig gleichbedeutend den Ablativ.

classis decem nā́vium	eine Flotte von zehn Schiffen
vir māgnī ánimī	ein Mann von großem Mut
puer novem annṓrum	ein neunjähriger Bub
iter ūnī́us diḗī	ein eintägiger Marsch
rēs nūllī́us prétiī	eine wertlose Sache

Alexánder iúvenis trīgíntā trium annṓrum māgnum rēgnum sibi pepérerat.	Alexander hatte sich als junger Mann von 33 Jahren ein großes Königreich erworben.
Classis Xerxis mīlle et ducentā́rum nā́vium erat.	Die Flotte des Xerxes bestand aus 1200 Schiffen.
Virōs bonōs summae pietā́tis esse necésse est.	Tüchtige Männer müssen höchstes Pflichtgefühl an den Tag legen.
Británnī sunt prōmíssō capíllō.	Die Britannier haben wallendes Kopfhaar.

5. Der nicht sehr häufige ***genitī́vus explicātī́vus*** erklärt einen Begriff näher. Der Ausdruck *virtūs sapiéntiae* kann nicht wörtlich übersetzt werden, denn die Weisheit **besitzt** keine Tugend, sondern **ist** eine Tugend.

nōmen, vōx philósophī	die Bezeichnung, das Wort Philosoph
virtūs fortitū́dinis	die Tugend Tapferkeit

Quid est amā́re, ē quō nōmen amīcítiae ductum est?	Was bedeutet lieben, wovon die Bezeichnung Freundschaft abgeleitet ist.

6. Häufig begegnet der ***genitī́vus partitī́vus (tōtī́us).*** Er gibt das Ganze an, von dem ein Teil angesprochen wird. Er steht in folgenden Fällen:

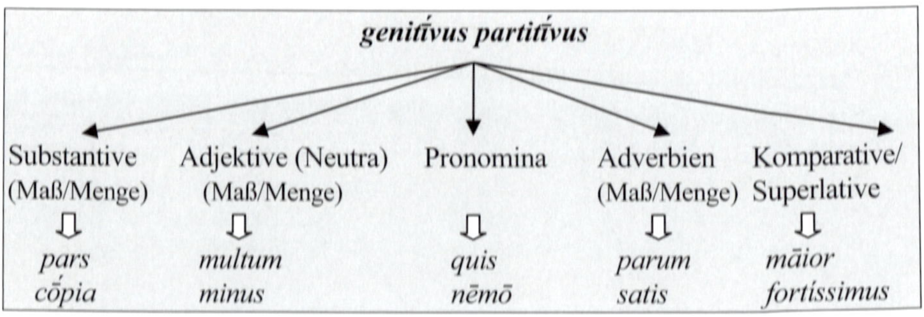

pars hóminum	ein Teil der Menschen
cṓpia aurī	eine Menge Gold
multum labṓris	viel Mühe
minus témporis	weniger Zeit
quis amīcṓrum?	wer von den Freunden?
nēmō nostrum (Gen. part. zu *nōs*)	niemand von uns
parum auxíliī	zu wenig Hilfe
satis praémiī	genügend Lohn
māior frātrum	der ältere Bruder
óptimus ómnium	der Allerbeste

Vídeant cōnsulēs, nē quid rēs pū́blica dētrīméntī cápiat.	Die Konsuln sollen zusehen, dass der Staat keinen Schaden nimmt.
Crūdēlíssimum imperātṓrum Rōmānṓrum Nerṓnem fuisse cōnstat.	Es ist bekannt, dass Nero der grausamste römische Kaiser gewesen ist.
Vespasiā́nus multum pecū́niae et labṓris in theā́trō aedificándō cōnsū́mpsit.	Vespasian verwendete viel Geld und Mühe auf den Bau des Theaters.
Rṓmulus, māior frātrum, Remum occī́dit.	Romulus, der ältere Bruder, erschlug Remus.

7. Beim ***genitī́vus prétiī***, dem Genitiv der Preisangaben und des geschäftlichen Verkehrs, ist wiederum attributiver und prädikativer Gebrauch möglich. Folgende Unterscheidung ist nötig:

esse: wert sein, gelten		**aestimā́re, fácere, putā́re, dū́cere:** für wert halten, achten, schätzen, ansehen	
māgnī	viel wert sein	*māgnī*	für wertvoll achten
plūris	mehr wert sein	*plūris*	für wertvoller achten
parvī	wenig wert sein	*parvī*	für wenig wert achten
mínimī	sehr wenig wert sein	*mínimī*	für sehr wenig wert achten
tantī	so viel wert sein	*tantī*	so sehr schätzen
níhilī	nichts wert sein	*níhilī*	für nichts achten

véndere, émere, (cōn)stā́re, condū́cere: verkaufen, kaufen, kosten, mieten			
māgnō	teuer	*tantī*	um so viel
parvō	billig	*quantī*	um wie viel
māgnā pecū́niā	um viel Geld	*plūris*	um mehr
dēnā́riō	um einen Denar	*minṓris*	um weniger

Nach den Verben der allgemeinen Wertangabe (*esse*) und des Schätzens steht also **Genitiv**, nach Verben des geschäftlichen Verkehrs **Ablativ** – mit Ausnahme der vier angegebenen vergleichenden Wertangaben.

Catō mōrem māiṓrum māgnī dūcēbat.	Cato schätzte die Sitte der Vorfahren hoch.
Parvī erant mōrēs Graecṓrum, ut Catō putā́bat.	Wenig wert waren die Sitten der Griechen, wie Cato glaubte.
Hōc annō olī́vae māgnā pecū́niā (cōn)stant.	In diesem Jahr kosten Oliven viel Geld.

8. **Als Objekt** wird der Genitiv bei folgenden Verben verwendet, wenn es sich um Personen handelt (Sachen können auch im Akkusativ stehen):

oblīvī́scī	vergessen	*meminísse*	sich erinnern, gedenken

Nē oblī́tī sītis amīcṓrum!	Vergesst die Freunde nicht!
Hóminēs benefícia accépta saepe nōn meminḗrunt.	Menschen erinnern sich oft nicht an empfangene Wohltaten.

Bei Verben der Gerichtssprache steht das Verbrechen gewöhnlich im Genitiv:

accūsā́re / *reum fácere*	anklagen	*iniū́riae*	wegen eines Unrechts
arcéssere / *in iūs vocā́re*	vor Gericht fordern	*fūrtī*	wegen Diebstahls
convíncere	überführen	*scéleris* / *facínoris*	wegen eines Verbrechens
damnā́re	verurteilen	*caedis*	wegen Mordes
absólvere	freisprechen	*prōditiṓnis*	wegen Hochverrats
		māiestā́tis	wegen Majestätsbeleidigung

Die Strafe erscheint in der Regel im Ablativ:

damnā́re	*morte*	zum Tod verurteilen
	ex(s)íliō	zur Verbannung verurteilen
	pecū́niā	zu einer Geldstrafe verurteilen

Merke jedoch als Ausnahme:

cápitis	*damnā́re*	zum Tod verurteilen
	accūsā́re	auf Leben und Tod anklagen
	absólvere	von der Anklage auf Leben und Tod freisprechen

Aliquándō Rōmā́nī Rhódiōs prōditiṓnis accūsāvḗrunt.	Einmal klagten die Römer die Rhodier wegen Hochverrats an.
Rhódiī autem húius scéleris convíncī nōn potuḗrunt.	Die Rhodier aber konnten wegen dieses Verbrechens nicht überführt werden.
Ítaque Catō effḗcit, ut Rhódiī scéleris absolveréntur.	Daher bewirkte Cato, dass die Rhodier von diesem Verbrechen freigesprochen wurden.

9. Das unpersönliche Verbum ***ínterest* (*rēfert*)** heißt: „es ist wichtig, es liegt daran". Die Person, der etwas wichtig ist, erscheint im Genitiv (aber: *meā, tuā, nostrā, vestrā ínterest:* mir, dir, uns, euch liegt daran), der Grad im Adverb, im Neutrum eines Adjektivs oder im *genitī́vus prétiī:*

Paréntum (meā, vestrā ...) multum (oder *māgnī, plūris, tantī* usw.) *ínterest (rēfert) lī́berōs valḗre.*	Den Eltern (mir, euch ...) liegt viel (sehr, mehr, so viel) daran, dass die Kinder gesund sind.

10. Nicht zuletzt kann der Genitiv auch von **Adjektiven** abhängen. Es handelt sich dabei um Wörter folgenden Inhalts und ihres Gegenteils:

cúpidus	begierig	*glṓriae*	begierig nach Ruhm
perī́tus	kundig	*iūris*	rechtskundig
memor	eingedenk	*paréntum*	an die Eltern denkend
párticeps	teilhaftig	*ratiṓnis*	im Besitz der Vernunft
potēns	mächtig	*voluptā́tum*	(seiner Begierden mächtig) seine Begierden beherrschen(d)
plēnus	voll	*vīnī*	voll des Weines
sacer	heilig, geweiht	*templum Iovis sacrum*	ein dem Jupiter geweihter Tempel

Multī sunt cúpidī pecūniae.	Viele sind geldgierig.
Catō erat lēgis perī́tus.	Cato war gesetzeskundig.
Amīcṓrum mémores sīmus!	Lasst uns an die Freunde denken.
Ratiṓnis partícipēs sumus.	Wir sind im Besitz der Vernunft.
Nōn omnēs suī poténtēs sunt.	Nicht alle können sich beherrschen.
Bella sunt plēna perīculṓrum.	Kriege sind voller Gefahren.

11. Mit dem Genitiv stehen auch einige **Partizipien im Präsens**, die eine ähnliche Bedeutung haben wie die in Nr. 10 erwähnten Adjektive:

áppetēns	*glṓriae*	begierig nach Ruhm, ruhmsüchtig
amāns	*pátriae*	heimatliebend
fúgiēns	*labṓris*	arbeitsscheu
néglegēns	*offíciī*	pflichtvergessen

Sṓcratēs ádeō pátriae amāns fuit, ut in pāce numquam ex urbe exī́ret.	Sokrates war so sehr vaterlandsliebend, dass er im Frieden niemals aus der Stadt fortging.
Cicerō cum cōnsulā́tum géreret, numquam offíciī néglegēns aut fúgiēns labṓrum erat.	Als Cicero das Konsulat bekleidete, vernachlässigte er nie seine Pflicht oder scheute Mühen.

§ 60 Dativ

1. Der Dativ hat hauptsächlich drei Funktionen. Er bezeichnet:

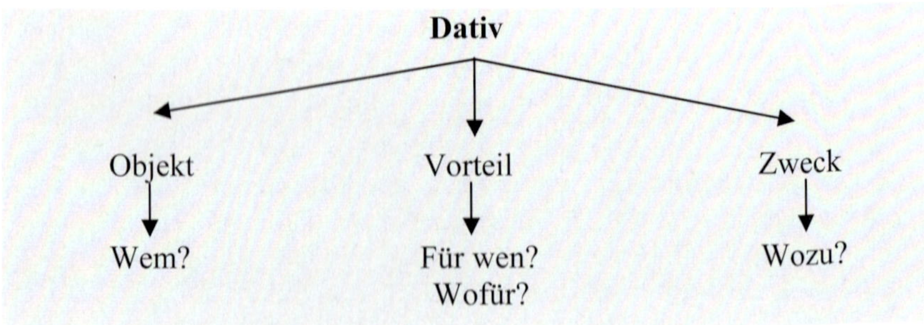

2. Meist **entspricht dem lateinischen Dativobjekt auch ein deutsches.** Es gibt aber auch eine Reihe von Verben, die im Lateinischen ein Dativobjekt, jedoch im Deutschen ein Akkusativobjekt nach sich haben – und umgekehrt. Dazu gehören:

favḗre	gewogen sein, begünstigen	*amī́cō*	den Freund begünstigen
párcere	schonen, sparen	*pecū́niae*	Geld sparen
persuādḗre	überreden, überzeugen	*paréntibus*	die Eltern überreden
studḗre	streben nach, sich bemühen um	*glṓriae*	nach Ruhm streben
invidḗre	beneiden	*dīvítibus*	Reiche beneiden
praeésse	an der Spitze stehen, leiten	*reī pū́blicae*	den Staat leiten, an der Spitze des Staats stehen
praeficere	an die Spitze stellen, die Leitung übertragen	*classī*	an die Spitze der Flotte stellen, die Leitung … übertragen
superésse	überleben	*áliīs*	die anderen überleben

Minérvam deam Ulixī semper fāvisse scīmus.	Wir wissen, dass die Göttin Minerva Odysseus immer begünstigt hat.
Persae neque fḗminīs neque lī́berīs neque tēctīs neque templīs Athēniēnsium pepercērunt.	Die Perser schonten weder Frauen noch Kinder noch Häuser noch Tempel der Athener.
Multī glṓriae Catṓnis invidḗbant, quī vēritātī et iūstitiae studḗbat.	Viele beneideten Cato, der sich um Wahrheit und Gerechtigkeit bemühte, um seinen Ruhm (beneideten den Ruhm Catos).

3. Einige Verben können **verschiedene Kasus (mit unterschiedlicher Bedeutung)** nach sich haben**.** Dazu gehören:

praestā́re álicui	jmd. übertreffen	*cḗterīs*	die Übrigen übertreffen
áliquid	etw. leisten, erweisen	*offícium*	die Pflicht erfüllen
cōnsúlere álicui	für jmd. sorgen	*cī́vibus*	für die Bürger sorgen
áliquem	jmd. um Rat fragen	*patrem*	den Vater um Rat fragen
interésse álicui	teilnehmen an	*lūdō*	am Spiel teilnehmen
ínterest alicúius	für jmd. ist es wichtig	*patris*	dem Vater liegt daran, für den Vater ist es wichtig
prōvidḗre álicui	sorgen für	*fī́liō*	für den Sohn sorgen
áliquid	voraussehen	*futū́ra*	Zukünftiges voraussehen

Cōnstat Graecōs Rōmā́nīs lítterīs et ártibus praestitísse.	Es steht fest, dass die Griechen die Römer in den Wissenschaften und Künsten übertroffen haben.
Cicerṓnem óptimē reī pū́blicae cōnsuluísse (prōvīdísse) scīmus.	Wir wissen, dass Cicero bestens für den Staat gesorgt hat.
Rōmānī saepe vātēs cōnsulḗbant dē rēbus futū́rīs, nam vātēs rēs futū́rās prōvidḗbant.	Die Römer fragten oft die Seher über die Zukunft um Rat, denn die Seher sahen die Zukunft voraus.
Sṓcratis multum (māgnī) intérerat homínibus vēram virtū́tis viam mōnstrā́re.	Sokrates lag viel daran, den Menschen den wahren Weg zur Tugend zu zeigen.

Anmerkung: ***persuādḗre*** *álicui* kann mit einem finalen *ut*-Satz oder mit AcI konstruiert werden. Es bedeutet:
persuādḗre ut: überreden (wünschen, dass jemand etwas tut: Finalsatz)
persuādḗre mit AcI: überzeugen (davon, dass etwas so ist: Tatsache, AcI)

Themístoclēs Athēniḗnsibus persuā́sit, ut nāvēs aedificā́rent.	Themistokles überredete die Athener, Schiffe zu bauen.
Themístoclēs Athēniḗnsibus persuā́sit deum mū́rīs lígneīs nāvēs sīgnificā́re.	Themistokles überzeugte die Athener davon, dass der Gott mit hölzernen Mauern Schiffe bezeichne.

4. **Verben bezeichnet man als transitiv**, wenn von ihnen ein Akkusativobjekt abhängt, als **intransitiv,** wenn sie kein Akkusativobjekt nach sich haben (also Dativobjekt oder überhaupt kein Objekt; vgl. § 28). Wichtig ist diese Unterscheidung bei der Passivbildung.

Im Lateinischen wie im Deutschen gilt die Regel, dass transitive Verben ein persönliches, intransitive ein unpersönliches Passiv bilden:

transitiv:	**persönliches Passiv**	**intransitiv:**	**unpersönliches Passiv**
iúbeō tē	ich beauftrage dich	*ímperō tibi*	ich befehle dir
iúbeor	ich werde beauftragt	*mihi imperā́tur*	mir wird (es) befohlen
iubḗris	du wirst beauftragt	*tibi imperā́tur*	dir wird befohlen
iubḗtur usw.	er (...) wird beauftragt	*eī imperā́tur* usw.	ihm (ihr) wird befohlen
Im Passiv wird das Verbum in die **einzelnen Personen** gesetzt.		Im Passiv erscheint immer die **3. Person Singular**: **es** wird befohlen; das Dativobjekt bleibt erhalten.	

Wenn ein lateinisches intransitives Verbum passivisch gebraucht ist und im Deutschen durch ein transitives wiedergegeben werden soll (z. B. *párcere* schonen), bildet man aus dem lateinischen Dativobjekt im Deutschen das Subjekt.

Urbī párcitur.	Die Stadt wird verschont.
Fḗminīs et lī́berīs párcitur.	Frauen und Kinder werden geschont.
Mihi persuā́sum est.	Ich bin überzeugt (worden).

Ā cōnsúlibus cī́vibus Rōmae nōn semper óptimē prōvidēbā́tur.	Von den Konsuln wurde nicht immer bestens für die Bürger Roms gesorgt.
Quia Alexánder māgnum rēgnum sibi pepérerat, ā multīs eī invī́sum est.	Weil Alexander sich ein großes Reich erworben hatte, wurde er von vielen beneidet.
Mihi persuā́sum est iū́dicēs Athēniēnsium Sṓcratem iniū́stē cápitis damnāvisse.	Ich bin überzeugt, dass die Richter der Athener Sokrates zu Unrecht zum Tod verurteilt haben.

5. Der Dativ bezeichnet als ***datī́vus cómmodī*** **die Person oder die Sache, der etwas zum Vorteil** gereicht (Frage: Für wen oder wofür?).

Nōn scholae, sed vītae díscimus.	Wir lernen nicht für die Schule, sondern für das Leben.
Homō nōn sibi sōlī, sed étiam paréntibus et pátriae nātus est.	Der Mensch ist nicht für sich allein, sondern auch für die Eltern und das Vaterland geboren.
Nōn sōlum nōbīs dī́vitēs esse vólumus, sed étiam nostrīs, amī́cīs, reī pū́blicae.	Wir wollen nicht nur für uns reich sein, sondern auch für die Unseren, die Freunde, den Staat.

6. Der Dativ bei *esse* gibt die beteiligte Person an; er weist dabei oft den Besitzer aus (***datī́vus possessī́vus***). Diese Konstruktion ist nahezu gleichbedeutend mit *esse* + Genitiv (vgl. § 59.2):
Domus patrī est. ≈ *Domus patris est.* Das Haus gehört dem Vater.

Dīves est, cui tantum est, ut nihil optet ámplius.	Reich ist, wer so viel besitzt, dass er nichts weiter wünscht.
Mihi cōnsuētū́dō cum amī́cīs est.	Ich habe Umgang mit Freunden.
Ómnium societā́tum nūlla est grávior quam ea, quae nōbīs est cum rē pū́blicā.	Keine von allen Gemeinschaften ist wichtiger als diejenige, die wir mit dem Staat haben.

7. Einige **Adjektive (*pār, símilis, commū́nis*)** können mit dem Dativ oder dem Genitiv verbunden werden:

parem cḗterīs (cēterṓrum) esse	den Übrigen gleich (gewachsen) sein
símilem patrī (patris) esse	dem Vater ähnlich sein
quáestiō ómnibus philósophīs (ómnium philosophṓrum) commū́nis	eine allen Philosophen gemeinsame Frage

Nōnne canis lupō símilis est?	Ist etwa der Hund dem Wolf nicht ähnlich?
Amīcṓrum ómnia commū́nia suntō!	Freunden soll alles gemeinsam sein!
Virōs Sṓcratī parēs urbs Athēniḗnsium nōn tulit.	Männer, die Sokrates glichen, brachte die Stadt der Athener nicht hervor.
Mors ómnibus homínibus commū́nis est.	Der Tod ist allen Menschen gemeinsam.

8. **Der Dativ des Zwecks (*datī́vus fīnā́lis*,** von *fīnis*: das Ende, Ziel, der Zweck) gibt an, wozu eine Handlung führt oder führen soll; er kommt vorwiegend in drei Verwendungsweisen vor:

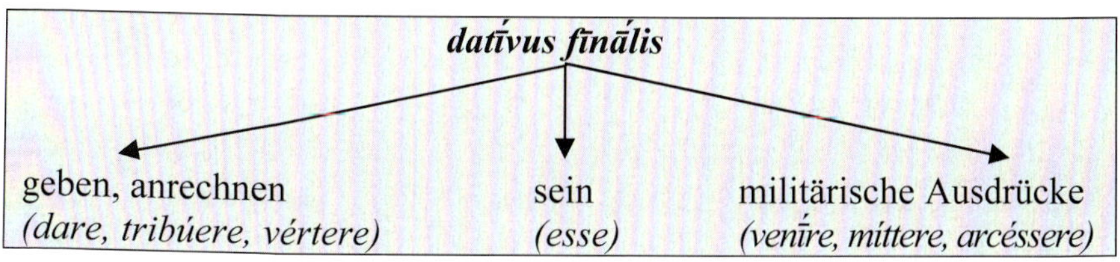

8.1 Der *datī́vus fīnā́lis* bei *esse* kann zunächst wörtlich übersetzt werden:

Lingua Latī́na ū́suī est: Die lateinische Sprache ist zum Nutzen.
Im Deutschen ist dann eine freiere Wiedergabe nötig, z. B.: Die lateinische Sprache bringt Nutzen, ist nützlich; nützt.

Häufig ist der *datī́vus fīnā́lis* zusätzlich mit einem *datī́vus cómmodī* verbunden; angegeben wird dabei die Person, der die Handlung gilt:

Lingua Latī́na mihi ū́suī est:	Die lateinische Sprache ist mir zum Nutzen. Die lateinische Sprache bringt mir Nutzen, nützt mir, ist mir nützlich.

Wichtige Wendungen sind:

mihi ū́suī est	(es ist mir zum Nutzen), bringt mir Nutzen, nützt mir
mihi laudī est	(es ist mir zum Lob), bringt mir Lob (Ruhm)
mihi honṓrī est	(es ist mir zur Ehre), bringt mir Ehre, ehrt mich
mihi cūrae est	(es ist mir zur Sorge), macht mir Sorge, bereitet mir Sorge
mihi cordī est	es liegt mir am Herzen

Der *datī́vus fīnā́lis* ersetzt auch ein fehlendes Passiv:

Amī́cus mihi ódiō est.	(Der Freund ist mir zum Hass.) Der Freund wird von mir gehasst.
Amī́cus mihi admīrātiṓnī est.	(Der Freund ist mir zur Bewunderung.) Der Freund wird von mir bewundert.

Hūmānitā́tem Plī́niō semper cordī fuisse scīmus.	Wir wissen, dass (dem) Plinius die Menschlichkeit immer am Herzen gelegen ist.
Hóminēs bonī nōbīs exémplō suntō!	Tüchtige Menschen sollen uns ein Vorbild geben!
Catō multīs ódiō, multīs admīrātiṓnī erat.	Cato wurde von vielen gehasst, von vielen bewundert.
Dīvítiae māiṓrī cūrae quam voluptā́tī mihi sunt.	Reichtum macht mir mehr Sorge, als er Lust verursacht.
Vesúvius mōns multīs íncolīs Campāniae calamitā́tī erat.	Der Vesuv brachte vielen Bewohnern Campaniens Unglück.

8.2 Die Verben ***dare, tribúere*** und ***vértere*** bedeuten in Verbindung mit dem *datī́vus cómmodī* und *fīnā́lis*: anrechnen, auslegen als.

Hoc tibi vítiō dō (tríbuō, vertō).	Das rechne ich dir als Fehler an.
Hoc tibi crī́minī dō.	Das mache ich dir zum Vorwurf.

Cicerṓnī meritō datum est, quod reī pū́blicae salū́tī fuit.	Cicero wurde als Verdienst angerechnet, dass er den Staat rettete.
Tribū́nī Scīpiṓnī crī́minī dedḗrunt, quod pecū́niam pū́blicam iniū́stē sibi sūmpsísset.	Die Tribunen warfen Scipio vor, dass er Staatsgeld zu Unrecht für sich genommen habe.

8.3 Einige **Wendungen** mit dem *dativus finalis* vorwiegend aus der **Militärsprache** sind:

álicui auxíliō venī́re	jemandem zu Hilfe kommen
álicui auxíliō mittere	jemandem zu Hilfe schicken
(álicui) auxíliō arcéssere	(für jemanden) zu Hilfe holen
(álicui) praesídiō relínquere	(für jemanden) zum Schutz zurücklassen
diem collóquiō dī́cere	einen Tag für die Unterredung festsetzen

Caesar et Ariovístus diem collóquiō dīxērunt.	Cäsar und Ariovist setzten einen Tag für eine Unterredung fest.
Paulus in Crētā īnsulā Titum cómitem íncolīs conversiōnī ad deum vērum relīquit.	Paulus ließ auf Kreta seinen Begleiter Titus zur Bekehrung der Bewohner zum wahren Gott zurück (den Bewohnern zur B.).
Minérva Ulíxī, cum in marī errāret, Leucótheam auxíliō mīsit (arcessīvit).	Minerva schickte dem Odysseus, als er auf dem Meer herumirrte, Leukothea zu Hilfe (holte Leukothea für Odysseus zu Hilfe).

§ 61 Akkusativ

1. **Der Akkusativ** ist im Lateinischen **der Kasus der Richtung, des Hinblicks.** Er hat hauptsächlich die Funktion eines **Objekts**. Verben, die ein Akkusativobjekt nach sich haben können, nennt man „transitive Verben“ (Näheres vgl. § 28 bzw. 60.4).

2. Zu den Verben, die **im Lateinischen transitiv**, im Deutschen jedoch intransitiv sind, gehören:

(ad)iuvāre áliquem	jmd. helfen	*tē ádiuvō*	ich helfe dir
dēfícere áliquem	jmd. fehlen	*pecūnia mē dēficit*	Geld fehlt mir
(ef)fúgere áliquem	vor jmd. fliehen	*perīcula (ef)fúgere*	vor Gefahren fliehen
sequī áliquem	jmd. folgen	*Séquere mē!*	Folge mir!
iubēre áliquem	jmd. befehlen	*Quid mē iussisti?*	Was hast du mir befohlen?

Plūrimī hóminēs ūtilitātem magis quam virtūtem sequúntur.	Sehr viele Menschen folgen dem Nutzen mehr als der Tugend.
Hérculēs ā Iove imbre lápidum adiūtus est, cum eum sagittae dēfícerent.	Dem Herkules wurde von Jupiter mit einem Steinregen geholfen, als ihm die Pfeile ausgingen (fehlten).
Cives ā Cicerōne iubéntur nūntiāre, quid dē cōnsíliīs Catilīnae scīrent.	Den Bürgern wird von Cicero befohlen zu melden, was sie von den Plänen Catilinas wüssten.

3. Einige Verben, die **im Deutschen intransitiv** sind (kein Akkusativobjekt nach sich haben), können **im Lateinischen auch transitiv** sein. Im Deutschen ist die beste Wiedergabe mit einem **Präpositionalausdruck:** *spērāre* hoffen*: spērāre áliquid:* (etwas erhoffen) hoffen auf etwas

spērāre salūtem	auf Rettung hoffen
dēspērāre salūtem (dē salūte)	die Hoffnung auf Rettung aufgeben
respícere miserōs	auf die Unglücklichen Rücksicht nehmen
cūrāre aliēna negṓtia	sich um fremde Geschäfte kümmern
cōgitāre salūtem (dē salūte) reī pūblicae	an das Wohl des Staates denken
dolēre mortem (morte, dē morte) patris	Schmerz empfinden über den Tod des Vaters
flēre misériam suōrum	weinen über das Unglück der Seinen
rīdēre errōrem suum	lachen über den eigenen Irrtum

Ulíxēs salūtem nōn spērāvisset (salūtem dēspērāvisset), nisī Minérva eum adiūvisset.	Odysseus hätte nicht auf Rettung gehofft (die Hoffnung auf Rettung aufgegeben), wenn ihm Minerva nicht geholfen hätte.
Multī Athēniēnsēs mortem Sōcratis valdē dolēbant.	Viele Athener empfanden über den Tod des Sokrates großen Schmerz.
Nē cūrāveris negōtia aliēna, sed cōgitā officia tua!	Kümmere dich nicht um fremde Angelegenheiten, sondern denke an deine eigenen Pflichten!
Īnfirmōs respexisse hūmānitātis est.	Es zeugt von Menschlichkeit, auf Schwache Rücksicht genommen zu haben.

Je nach Zusammenhang werden übersetzt:

mīrārī áliquid	etwas bewundern; sich über etwas wundern
ulcīscī áliquem/áliquid	(sich) rächen (an/für) jmd./etw.

Mīror pulchritūdinem illīus regiōnis.	Ich bewundere die Schönheit jener Gegend.
Mīror crūdēlitātem deōrum.	Ich wundere mich über die Grausamkeit der Götter
Oréstēs patrem ultus est.	Orestes rächte (sich für) den Vater.
Oréstēs mātrem ultus est.	Orestes rächte sich an der Mutter.
Oréstēs mortem patris ultus est.	Orestes rächte (sich für) den Tod des Vaters.
Oréstēs mātrem prō morte patris ultus est.	Orestes rächte sich an der Mutter für den Tod des Vaters.

4. Die mit ***circum, praeter, trans*** und ***per* gebildeten Komposita einiger meist intransitiver Verben der Bewegung** werden transitiv verwendet:

circumīre urbem	um die Stadt herumgehen
praetérvehī lītus	an der Küste entlang (vorbei-) fahren
trānsgredī montēs	über die Berge steigen
perambulāre silvam	durch den Wald spazieren gehen

Hierher gehören auch einige Komposita von *ire*:

adīre	gehen zu	*amīcum*	einen Freund besuchen
		ōrāculum	sich an das Orakel wenden
		perīculum	eine Gefahr auf sich nehmen
inīre	hineingehen	*domum*	in ein Haus eintreten, ein Haus betreten
		cōnsílium	einen Plan fassen
		foedus	ein Bündnis schließen
		magistrātum	ein Amt antreten
obīre	entgegengehen	*prōvínciam*	eine Provinz aufsuchen
		mortem	sterben
		negōtium	sich an eine Aufgabe machen
subīre	herangehen	*labōrēs*	Mühen auf sich nehmen
		montem	an den Berg heranrücken

Hánnibal autúmnō mīlitēs Alpēs trādūxit.	Hannibal führte im Herbst Soldaten über die Alpen.
Amīcus Sōcratis ōrāculum Délphicum ádiit, ut deum rogāret, quis sapientíssimus hóminum esset.	Ein Freund des Sokrates wandte sich an das Orakel von Delphi, um den Gott zu fragen, wer der weiseste Mensch sei.
Imperātor Hadriānus multās prōvínciās impériī óbiit.	Kaiser Hadrian suchte viele Provinzen des Reiches auf.
Rōmānī cum multīs géntibus fóedera inībant.	Die Römer schlossen mit vielen Völkern Bündnisse.

5. Einige Verben, die eigentlich intransitiv sind, können ein Objekt desselben Wortstammes (gewöhnlich mit Adjektiv) nach sich haben (***figūra etymológica***):

vītam iūcúndam vīvere	ein angenehmes Leben führen
pūgnam ācérrimam pūgnāre	eine sehr hitzige Schlacht liefern

Im Deutschen muss eine freiere Wiedergabe erfolgen.

Multī hóminēs malam servitūtem sérviunt.	Viele Menschen schmachten in schlimmer Knechtschaft.
Catilīna in ánimō hábuit péssimum fácinus fácere.	Catilina hatte vor, das schlimmste Verbrechen zu begehen.

6. Zu intransitiven Verben kann ein **Neutrum eines Pronomens** als Objekt treten, das vom Charakter des Akkusativs als Kasus der Richtung (Hinsicht) ableitbar ist:

id nōn dúbitō	(ich zweifle nicht in Hinsicht auf das) daran zweifle ich nicht
Quid mihi ínvidēs?	(In Hinsicht auf was...) Worum (warum) beneidest du mich?

Wenn das Verbum des Satzes transitiv ist, kann sich ein doppelter Akkusativ ergeben:

Id tē ōrō.	Ich bitte dich (im Hinblick auf das) darum.
Id nōs cṓgere nōn potéstis.	(Im Hinblick auf das...) Dazu könnt ihr uns nicht zwingen.

Im Deutschen ist ebenfalls eine freiere Wiedergabe nötig.

Nēmō mihi id persuādḗre potest, ut iniū́riam fáciam.	Niemand kann mich dazu überreden, Unrecht zu tun.
Sṓcratēs cīvēs suōs id admónuit, ut vēritā́tī et iūstítiae studḗrent.	Sokrates ermahnte seine Mitbürger dazu, nach Wahrheit und Gerechtigkeit zu streben.

7. Einige Verben haben ein **doppeltes Akkusativobjekt** nach sich. Es sind dies insbesondere: ***docḗre*** (lehren) und ***postulā́re*** (fordern).

Quis tē hoc carmen dócuit?	Wer hat dich dieses Lied gelehrt?
Quem (auch: *ā quō) pecū́niam postulāvistī?*	Von wem hast du Geld gefordert?

Scīmus Graecōs íncolās Eurṓpae multās artēs docuisse.	Wir wissen, dass die Griechen die Bewohner Europas viele Künste gelehrt haben.
Gallī cum urbem oppūgnā́rent, Rōmā́nōs (ā Rōmā́nīs) aurum poposcḗrunt.	Als die Gallier die Stadt belagerten, forderten sie von den Römern Gold.

8. Bei anderen Verben besteht der doppelte Akkusativ aus **Objekt und Prädikatsnomen:**

Rōmā́nī Cicerṓnem (Objekt) *patrem* (Prädikatsnomen) *pátriae dīcḗbant.*
Die Römer nannten Cicero Vater des Vaterlands (vgl. § 58.2).

Dazu gehören:

appellā́re, nōminā́re, dī́cere, vocā́re	nennen, bezeichnen als
putā́re, exīstimā́re, iūdicā́re, dū́cere	halten für, ansehen als
habḗre	haben als
sē praebḗre, sē praestā́re	sich erweisen als
fácere, effícere, réddere	machen zu
creā́re, dēlígere	(aus)wählen zu

Anmerkung:

habēre mit doppeltem Akkusativ	haben als
hábeō tē amīcum	ich habe dich als, zum Freund
habēre prō	halten für
hábeō tē prō amīcō	ich halte dich für meinen Freund
habērī (im Passiv)	gehalten werden für
amīcus ā mē habēris	du wirst von mir für einen Freund gehalten

Ōrāculum Délphicum Sōcratem sapientíssimum hóminem dīxit.	Das Orakel von Delphi nannte Sokrates den weisesten Menschen.
Rōmānī Cicerōnem cōnsulem creāvērunt.	Die Römer wählten Cicero zum Konsul.
Rōmānī Līviam mulíerem prūdéntem dūxērunt (putāvērunt ...).	Die Römer hielten Livia für eine kluge Frau.
Augústus Līviam uxōrem venústam habēbat.	Augustus hatte an Livia (Livia als) eine liebenswürdige Gattin.
Rōmānī fortēs sē praestitērunt.	Die Römer erwiesen sich als tapfer.
Pompēius mare tūtum réddidit (fēcit).	Pompeius machte das Meer sicher.

9. Als Kasus der Richtung kann der Akkusativ auch einige **adverbiale Bestimmungen** bezeichnen. Er steht (ähnlich wie im Deutschen) bei Angaben räumlicher und zeitlicher Ausdehnung auf die Fragen „Wie weit, wie hoch, wie breit, wie lange?“ usw. (**Akkusativ der Ausdehnung**) und tritt in einigen festen Wendungen auf.

mūrus, quī sescéntōs pedēs longus et quīndecim pedēs altus est	eine Mauer, die sechshundert Fuß lang und fünfzehn Fuß hoch ist
sōlum ūnum díem vīvere	nur einen Tag leben
multōs annōs ā pátriā abésse	viele Jahre von der Heimat fern sein
māgnam (māximam) partem	zum großen (größten) Teil
multum	viel, oft, sehr
nihil	in keiner Weise, keineswegs
cēterum	im Übrigen
id témporis	zu dieser Zeit

Suēbī nōn multum frūméntō, sed māximam partem lacte atque carne vīvunt.	Die Sueben leben nur wenig (nicht viel) von Getreide, sondern größtenteils von Milch und Fleisch.
Trōia, quae círciter octō mīlia pássuum ā marī abest, plūrimōs annōs urbs flōrēns erat.	Troja, das ungefähr acht Meilen vom Meer entfernt ist, war sehr viele Jahre eine blühende Stadt.
Cēterum cēnseō Carthāginem esse dēléndam.	Im Übrigen bin ich der Meinung, dass Karthago zerstört werden müsse.

§ 62 Vokativ

Im Lateinischen gibt es einen eigenen Anredefall, **den Vokativ**. Die Übersetzung bereitet im Deutschen keine Schwierigkeiten (zur Formenbildung vgl. §§ 8 und 10.1).

Quō ūsque tandem abūtēris, Catilīna, patiéntiā nostrā?	Wie lange noch willst du, Catilina, unsere Geduld missbrauchen?

§ 63 Ablativ

1. Im lateinischen Ablativ vereinigten sich drei ursprünglich selbstständige Kasus, was sich in seinen Funktionen noch widerspiegelt.

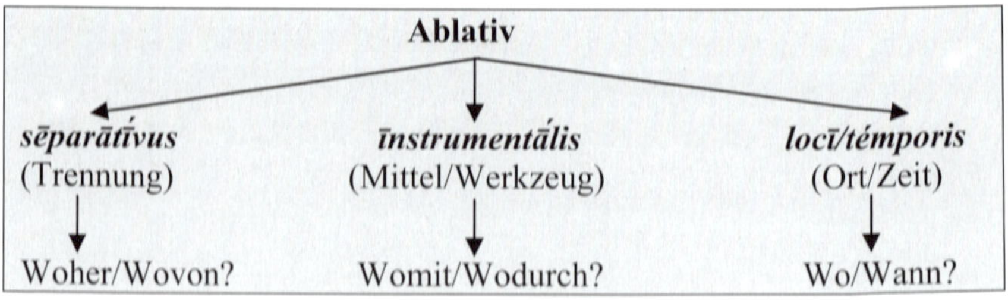

Der Ablativ hat meist die Funktion eines Adverbiales, wodurch dieses Verschmelzen ermöglicht wurde. Im Deutschen wird ein Adverbiale häufig durch einen Präpositionalausdruck wiedergegeben. Deshalb können viele Ablative auf diese Weise übersetzt werden.

2. Der eigentliche Ablativ (von *auférre – ábstulī –* ***ablātum***: wegtragen, trennen) ist der **Séparativ** (von *sē-parāre* trennen). Er steht bei Verben (oder auch bei Adjektiven), die eine Trennung bezeichnen. Andere Verben (und Adjektive) bilden wie im Deutschen den Separativ mit Präpositionen, wodurch eine wörtliche deutsche Wiedergabe möglich ist. Schließlich gibt es auch Verben, die mit dem bloßen Ablativ oder mit Präpositionen gleichbedeutend verbunden werden können.
Wichtige Beispiele sind:

līberāre áliquem timōre	jmd. von Furcht befreien
spoliāre aliquem pecūniā	jmd. Geld rauben (des Geldes berauben)
egēre auxíliō	Hilfe brauchen
carēre amīcīs	keine Freunde haben
vacāre labōribus	von Mühen frei sein
movēre áliquem senātū	jmd. aus dem Senat stoßen

cēdere locō	vom Platz weichen
dēsístere facínore	von einer (Un)Tat ablassen
arcēre áliquem (ab) iniūriā	jmd. von Unrecht abhalten
(sē) abstinēre (ā) voluptāte	sich der Lust enthalten (sich von Lust fernhalten)
līber (ā) metū	frei von Furcht
dēféndere ab hóstibus	gegen die Feinde verteidigen
sēparāre ā cēterīs	von den Übrigen trennen
tūtus ab īnsídiīs	sicher vor einem Überfall
péllere áliquem (ex) terrā	jmd. aus dem Land vertreiben
dēcēdere (dē) vītā	sterben

Collātīnus nōn sōlum cōnsulātū ábiit, sed étiam, ut ánimōs cīvium timōre līberāret, urbe cessit.	Collatinus legte nicht nur das Konsulat nieder, sondern ging auch aus der Stadt, um die Bürger von Furcht zu befreien.
Deus tibi, quī iniūriā semper abstinuístī, bonam valētūdinem det, cūrīs tē līberet, mala senectūtis ā tē dēféndat.	Gott möge dir, der du dich vom Unrecht stets ferngehalten hast, gute Gesundheit geben, dich von Sorgen befreien und vor den Übeln des Alters schützen.
Catō cēnsor omnēs senātū mōvit, quī vítiīs nōn dēsistēbant.	Cato stieß als Zensor alle aus dem Senat, die von ihren Lastern nicht abließen.
Virī fortēs bēstiās ferās (ā) vīcō arcuērunt et agrīs pepulērunt, ut íncolae līberī ā timōre essent.	Beherzte Männer hielten wilde Tiere vom Dorf fern und vertrieben sie von den Äckern, damit die Bewohner frei von Furcht waren.

3. Zum Separativ zählt auch der Ablativ der Abstammung (***ablātīvus oríginis***), der als bloßer Ablativ oder in Verbindung mit Präpositionen auftritt.

nōbilī génere nātus	aus vornehmem Geschlecht stammend
equéstrī locō ortus	aus dem Ritterstand stammend
Iove nātus	von Jupiter abstammend, der Sohn Jupiters
ā dīs ortus	von den Göttern abstammend.

Mercúrius Iove et Māiā nātus erat.	Merkur war der Sohn des Jupiter und der Maia.
Antīquī putābant rēgēs ā deīs ortōs esse.	Die Alten glaubten, dass die Könige von den Göttern abstammten.
Catō húmilī locō ortus erat.	Cato stammte aus niederem Stand.

4. Zum Separativ gehört auch der Ablativ des Vergleichs (***ablātī́vus comparātiṓnis***), weil von einem Ausgangspunkt aus gesehen die Größe, Qualität etc. verschiedener Objekte beurteilt und verglichen werden kann. In den meisten Fällen steht im Lateinischen nach einem Komparativ *quam* „als". Ein Vergleichsgegenstand im Nominativ oder Akkusativ kann auch ohne *quam* in den Ablativ treten:

*Nūlla urbs púlchrior est quam Rōm**ă**.* = *Nūlla urbs púlchrior est Rōm**ā**:* Keine Stadt ist schöner als Rom.
Nūllam urbem pulchriṓrem iūdicā́mus quam Rōmam. = *Nūllam urbem pulchriṓrem iūdicā́mus Rōmā:* Keine Stadt halten wir für schöner als Rom.

Einige stehende Wendungen mit dem *ablātī́vus comparātiṓnis* werden im Deutschen durch zusammengesetzte Adjektive wiedergegeben:

sólitō māior	(größer als gewohnt) ungewöhnlich groß
exspectātiṓne celérius	(schneller als erwartet) unerwartet schnell
lūce clā́rior	(heller als das Licht) sonnenklar
saxō dū́rior	(härter als Stein) steinhart
plūs aequō	(mehr als billig) ungebührlich viel

Nēmō fórtior erat Hércule.	Niemand war tapferer als Herkules.
Ā dīs immortā́libus nihil mélius, nihil iūcúndius habḗmus amīcítiā.	Von den unsterblichen Göttern haben wir nichts Besseres, nichts Angenehmeres als die Freundschaft.
Quid est in hómine dīvī́nius ratiṓne?	Was ist im Menschen göttlicher als die Vernunft?
Vítia nōnnūllṓrum hóminum sólitō māiṓra sunt.	Die Fehler mancher Menschen sind ungewöhnlich groß.

Zur Verbindung des *abl. comp.* mit dem Relativsatz vgl. Nachträge S. 200!

5. Der umfangreichste Bereich des Ablativs ist der **Instrumentális**. Er drückt das Mittel bzw. das Werkzeug aus und kann ins Deutsche meist mit den Präpositionen „mit" oder „durch" übersetzt werden.

Einige Verben werden im Lateinischen mit dem *ablātī́vus īnstrūmentā́lis* (bloßer Ablativ) verbunden, nach denen im Deutschen meist ein Akkusativobjekt steht. Der Lateiner sieht das Mittel, nicht das Objekt: z. B. *ūtī:* Nutzen haben von (durch); *fruī:* Genuss haben von (durch).

ūtī īnstrūméntō	ein Werkzeug benutzen, gebrauchen
fungī mū́nere	ein Amt verwalten
fruī vītā	das Leben genießen
nītī cōnsíliō	sich auf einen Rat stützen
potī́rī urbe	eine Stadt in seine Gewalt bringen

Auch in folgenden Wendungen betont das Lateinische das Mittel:

pédibus īre	zu Fuß gehen
pūgnā víncere	in einer Schlacht besiegen
manū tenḗre	in der Hand halten
memóriā tenḗre	im Gedächtnis haben, behalten
tēctō̄ recípere	(sich) an Arbeit gewöhnen
labṓre (labṓrī) assuḗscere	an Arbeit gewöhnen
fugā salū́tem pétere	in der Flucht sein Heil suchen
currū vehī (equō vehī)	auf einem Wagen fahren (reiten)
continḗrī (in) áliquā rē	beruhen auf etwas

Ebenso werden einige Adjektive mit dem Instrumentalis verwendet:

conténtus	zufrieden	*sorte conténtus*	mit seinem Los zufrieden
práeditus	begabt	*ratiṓne práeditus*	mit Vernunft begabt
cōnfī́sus	vertrauend	*vī́ribus cōnfī́sus*	im Vertrauen auf seine Kräfte
dīgnus	würdig	*laude dīgnus*	des Lobes würdig, Lob verdienen(d)

Scythae ut ā frī́gore sē dēféndeRent, péllibus ūtēbántur; vēnātiṓne mā́ximē dēlectābántur et étiam māgnis bḗstiīs potī́rī studḗbant.	Um sich vor Kälte zu schützen, benutzten die Skythen Felle; am meisten wurden sie von der Jagd erfreut und sie bemühten sich, auch große Tiere zu erlegen (in ihre Gewalt zu bringen).
Numquam Thēbā́nī māiōre auctōritā́te sunt ūsī, quam cum Epamīnṓndās, quī summā admīrātiṓne dīgnus est, reī pū́blicae práeerat.	Niemals hatten die Thebaner größeres Ansehen als damals, als Epaminondas, der höchste Bewunderung verdient, den Staat leitete.
Memóriā tenḗmus Augústum prūdéntiā Lī́viae cōnfī́sum cōnsíliīs uxṓris saepe nīsum esse.	Wir haben im Gedächtnis, dass Augustus im Vertrauen auf die Klugheit Livias sich oft auf ihre Ratschläge verlassen hat.
Hóminēs, quī vītā fruī volunt, saepe dīvítiīs suīs conténtī nōn sunt.	Oft sind Menschen, die das Leben genießen wollen, mit ihrem Reichtum nicht zufrieden.
Ībam forte viā sacrā.	Zufällig ging ich auf der Heiligen Straße.
Stṓicī putā́bant vītam beā́tam virtū́te continḗrī.	Die Stoiker glaubten, dass ein glückliches Leben auf der Tugend beruhe.

Anmerkung: Die häufige Verbindung *afficere áliquem áliquā rē* „jemanden mit etwas versehen" muss im Deutschen freier wiedergegeben werden:

afficere áliquem laude, glṓriā, práemiō	jmd. loben, rühmen, belohnen
afficere áliquem poenā, supplíciō	jmd. bestrafen, hinrichten
afficere áliquem honṓre, dōnīs, dolṓre	jmd. ehren, beschenken, Schmerz zufügen
sevḗrīs poenīs áfficī	streng bestraft werden

6. Zum Instrumentalis gehören auch der ***ablātīvus mensūrae*** (Ablativ des Maßes), der ***ablātīvus līmitātiṓnis*** (Ablativ der Beziehung), der ***ablātīvus causae*** (Ablativ des Grundes) und der ***ablātīvus modī*** (Ablativ der Art und Weise). Es genügt, sich einige häufige Wendungen einzuprägen.

Der ***ablātīvus mensūrae*** gibt an, um wie viel sich zwei Personen oder Sachen unterscheiden.

multō māior	(um vieles) viel größer
paulō post	ein wenig später, bald darauf
níhilō minus (sḗtius)	nichtsdestoweniger, trotzdem
multō praestā́re alícui	jmd. weit übertreffen, überlegen sein
duṓbus annīs ante	zwei Jahre vorher
quō ... eō; quantō ... tantō	je ... desto

Der ***ablātīvus līmitātiṓnis*** erläutert, in welcher Hinsicht eine Beurteilung oder ein Vergleich stattfindet.

alícui virtū́te cḗdere	jmd. an Leistung nachstehen
áliquid virtū́te mētī́rī, iūdicā́re	etwas nach Leistung bemessen, beurteilen
ánimō dḗficere	den Mut sinken lassen
nṓmine līber	nur dem Namen nach frei
nātiṓne Germā́nus	der Herkunft nach ein Germane
māior, minor nātū	älter, jünger

Der ***ablātīvus causae*** weist aus, weshalb etwas geschieht.

mōre	nach Sitte, Art
méritō	nach Verdienst, verdientermaßen, zu Recht
iussū	auf Befehl
meā (tuā, ... nostrā ...) sponte	aus eigenem Antrieb, freiwillig
cōnsuētū́dine	aus Gewohnheit
meā senténtiā	nach meiner Meinung
nātū́rā	von Natur aus
quārē	deshalb

Der ***ablātī́vus modī*** zeigt auf, wie etwas geschieht.

iū́re	mit Recht	*hāc ratiṓne*	auf diese Weise
ṓrdine	der Reihe nach	*hōc cōnsíliō*	in der Absicht
cāsū	zufällig	*hāc mente*	in der Absicht
voluntā́te	mit Einwilligung	*impériō*	unter dem Oberbefehl
iniū́riā	zu Unrecht		

Méritō contémnimus omnēs, quī lítterās nūllā rē mētiúntur nisī ūsū vītae.	Zu Recht verachten wir alle, die die Wissenschaften nach nichts anderem bemessen als nach dem Nutzen für das Leben.
Meā senténtiā rēs gestae Athēniḗnsium iū́re māgnī aestimántur; níhilō sḗtius aliquántō minṓrēs sunt, quam fāmā ferúntur.	Nach meiner Meinung werden die Taten der Athener zu Recht für groß eingeschätzt; trotzdem sind sie bedeutend geringer, als sie vom Hörensagen überliefert werden.
Rēgum antīquṓrum longē clārissimum putā́mus Alexándrum; nam erat māgnī patris multō māior fīlius, nātiṓne Mácedō, stúdiīs Athēniḗnsis, prūdéntiā nōn minus clārus quam fortitū́dine.	Von den alten Königen halten wir Alexander für den bei weitem berühmtesten; denn er war der viel größere Sohn eines großen Vaters, von Herkunft ein Mazedone, nach wissenschaftlicher Bildung ein Ahener, wegen seiner Klugheit nicht weniger berühmt als wegen seiner Tapferkeit.
Decem annīs post Trṓiam dēlḗtam Ulíxēs voluntā́te deṓrum in pátriam revértit.	Zehn Jahre nach der Zerstörung Trojas kehrte Odysseus mit Einwilligung der Götter in seine Heimat zurück.
Quō quid rā́rius est, eō plū́ris aestimā́tur.	Je seltener etwas ist, desto höher wird es eingeschätzt.
Iussū Apóllinis, nōn suā sponte Oréstēs mātrem necā́vit.	Auf Befehl Apollos, nicht aus eigenem Antrieb tötete Orestes seine Mutter.

Anmerkung: Bei **Ausdrücken der Gefühlsäußerung** folgt dem *ablātī́vus causae* meist ein Partizip, z. B. *mōtus, commṓtus, permṓtus* (bewegt, erregt), *addúctus* (angeleitet), *incḗnsus* (entbrannt), *impúlsus* (angetrieben) usw., das im Deutschen unübersetzt bleibt:

amṓre commōtus	aus Liebe
īrā incḗnsus	aus Zorn (zornentbrannt)
odiō addúctus	aus Hass (hasserfüllt)
dēsīdériō impúlsus	aus Sehnsucht

Dēsīdériō et amṓre Ulíxis commṓta Pēnélopa uxor omnēs procōs réppulit.	Aus Sehnsucht nach Odysseus und aus Liebe zu ihm wies Penelope alle Freier zurück.
Īrā commṓtī deī hóminēs sceléstōs saepe crūdḗlibus poenīs afficiunt.	Aus Zorn bestrafen die Götter Verbrecher oft grausam.

7. Zum Ablativ **der Beschaffenheit** (*ablātī́vus quālitā́tis*) vgl. § 59.4, zum Ablativ nach Verben **der Gerichtssprache** vgl. § 59.8, zum Ablativ nach Verben **des geschäftlichen Verkehrs** vgl. § 59.7.

8. Der ***ablātī́vus locī*** steht zur Ortsangabe auf die Frage „Wo?" bei tōtō/tōtā mit Substantiv und bei *locus* (auch mit *in*):

tōtā urbe	in der ganzen Stadt
tōtō orbe terrā́rum	auf dem ganzen Erdkreis
(in) apértō locō	in offenem Gelände
locō inī́quō	an einem ungünstigen (ungleichen) Platz
meliṓre locō esse	in einer besseren Lage sein
óbsidum locō	als Geiseln

Der ehemalige **Lókativ**, der die Endung *-ī* hatte, ist noch sichtbar in einigen Wendungen wie (vgl. § 64.3):

terrā marī́que	zu Wasser und zu Land	*domī*	zu Hause
humī	auf dem Boden	*rūrī*	auf dem Land

Tōtā Gráeciā multī hóminēs terrā marī́que itínera ad monuménta antī́qua fáciunt.	In ganz Griechenland reisen viele Menschen zu Wasser und zu Land zu alten Denkmälern.
Bene vī́vere omnī locō póssumus.	Gut leben kann man an jedem Ort.

9. Der bloße Ablativ der Zeit (***ablātī́vus témporis***) steht auf die Frage „Wann?". Wichtige Wendungen sind:

lūce	am hellen Tag	*sōlis ortū*	bei Sonnenaufgang
prīmā lūce	beim Morgengrauen	*lūdīs*	zur Zeit der Spiele
vēre	im Frühling	*patrum memóriā*	zur Zeit der Vorfahren (Väter)
véspere (-ī)	am Abend		
multō diē	spät am Tag	*brevī témpore*	bald, in Kürze
diē ac nocte	bei Tag und Nacht	*aetā́te antī́quā*	in alter Zeit

Anmerkung: Der Ablativ mit *in* bezeichnet eine zeitliche Lage oder zeitbedingte Umstände, der bloße Ablativ den Zeitpunkt.
Unterscheide also: *in bello – primo bello Punico.*

in bellō	im Krieg, in Kriegszeiten
in témpore	zur rechten Zeit
in pueríti̇ā	in der Kindheit

In bellō timor hóminum diē ac nocte māgnus est.	Im Krieg ist die Furcht der Menschen bei Tag und bei Nacht groß.
Multō diē hospes, quī sōlis ortū domō proféctus erat, in urbem vēnit.	Spät am Tag kam der Gast, der bei Sonnenaufgang (von) zu Hause aufgebrochen war, in die Stadt.
Rōmānīs persuásum erat mōrēs bonōs patrum memóriā cultōs esse.	Die Römer waren überzeugt, dass zur Zeit der Väter die guten Sitten gepflegt wurden.
Prīmō vēre multae avēs ē terrīs remōtīs revertúntur, aestāte in regiōnibus nostrīs versántur, autúmnō pátriam nostram rūrsus relínquunt.	Am Beginn des Frühlings kehren viele Vögel aus fernen Ländern zurück, im Sommer verweilen sie in unseren Gegenden, im Herbst verlassen sie unsere Heimat wieder.

§ 64 Ortsangaben

1. Bei Ortsangaben unterscheidet man im Lateinischen (vor allem in Prosa) zwischen Städten bzw. kleineren Inseln und Ländern und größeren Inseln (in der Regel *Británnia, Sicília, Sardínia, Crēta, Eubóea*).

2. **Länder und größere Inseln** werden wie im Deutschen mit Präpositionen verwendet:
   in Itáliā in Italien; *in Itáliam* nach Italien; *ex Itáliā* aus Italien

3. Bei **Städten und kleineren Inseln** werden keine Präpositionen gesetzt. Den Ausschlag für die Verwendung eines Kasus gibt seine Funktion:

Akkusativ: Funktion: Hinblick, Richtung; **Frage: Wohin?**

Rōmam	nach Rom	*Rhodum*	nach Rhodos
Delphōs	nach Delphi	*Carthāginem*	nach Karthago

Ablativ: Funktion: Trennung und Ort: **Fragen: Woher - Wo?**

Delphīs	in / aus Delphi	*Carthāgine*	in / aus Karthago

Lókativ: urspüngliche Funktion: Ort; **Frage: Wo?** Der Lokativ hatte die Endung *-ī* (vgl. *domī, rūrī*). Er wirkt noch nach bei den **Städten und kleinen Inseln der ā- und o-Deklination auf *-a, -us, -um* im Singular.** Der Form nach gleicht er dem Genitiv: *Rōmā-ī* > *Rōmae* (vgl. § 83.8).

Wo?		Wohin?		Woher?	
Rōmae	in Rom	*Rōmam*	nach Rom	*Rōmā*	aus Rom
Rhodī	in Rhodos	*Rhodum*	nach Rhodos	*Rhodō*	aus Rhodos
Delphīs	in Delphi	*Delphōs*	nach Delphi	*Delphīs*	aus Delphi
Carthāgine	in Karthago	*Carthāginem*	nach Karthago	*Carthāgine*	aus Karthago

4. In einigen Fällen gibt es im Lateinischen eine andere **Ortsauffassung** als im Deutschen.

Verben	Bedeutung	Lateinisch	Deutsch
pṓnere	setzen, stellen, legen	*in terrā pṓnere*	auf die Erde ...
numerā́re	rechnen zu	*in doctīs numerā́re*	zu den Gelehrten ...
advenī́re	ankommen	*in urbem advenī́re*	in der Stadt ...
convenī́re	zusammenkommen	*in forum convenī́re*	auf dem Forum...
nūntiā́re	melden	*in urbem nūntiā́re*	in der Stadt ...
pendḗre	hängen	*ex árbore pendḗre*	an einem Baum...
incípere	anfangen	*ā deō incípere*	mit Gott ...

Thalem in septem sapiéntibus numerā́mus.	Thales rechnen wir zu den sieben Weisen.
Māter cibōs in mensā pōnit.	Die Mutter stellt die Speisen auf den Tisch.
Multī in urbem convēnḗrunt.	Viele kamen in der Stadt zusammen.
Victṓria in urbem nūntiā́ta est.	Der Sieg wurde in der Stadt gemeldet.
Saepe multa pendent ex ūnō verbō.	Oft hängt vieles von einem Wort ab.
Saepe ā facillimīs rēbus ōrdī́mur.	Oft beginnen wir mit dem Leichtesten.
Post longōs errṓrēs Ulíxēs Íthacam, in pátriam suam, advēnit.	Nach langen Irrfahrten kam Odysseus in Ithaka, seiner Heimat, an.

§ 65 Präpositionen

- Präpositionen sind meist aus Adverbien hervorgegangen (z. B. *post* als Adverb „später“, als Präposition „nach, hinter“). Sie verbinden sich häufig mit anderen Wortarten: *prae-sidium, prae-clā́rus, prae-pṓnere.*
- Präpositionen haben im Lateinischen wie im Deutschen stets einen bestimmten Kasus nach sich. Im Lateinischen kann dies der Akkusativ oder der Ablativ sein, im Deutschen der Genitiv, Dativ oder Akkusativ.
- Im Lateinischen wie im Deutschen kann dieser Kasus wechseln, wenn zum einen der Ort, zum anderen die Richtung angegeben wird.
- Lateinische Präpositionen bilden in Verbindung mit einem Nomen adverbiale Bestimmungen. Sie werden häufig in dreifacher Beziehung verwendet:

  a) örtlich
  b) zeitlich
  c) übertragen

1. Präpositionen mit dem Akkusativ:

ad **zu, an, bei**			
a)	zu, an, bei	*ad flúvium proficīscī* *ad flúvium ambulā́re* *ad Rōmam vīllam habḗre*	zum Fluss aufbrechen am Fluss spazieren gehen bei Rom ein Landhaus haben
b)	bis zu	*ad id tempus* *ad multōs annōs*	bis zu dieser Zeit (bis) auf viele Jahre
c)	an, auf, bis	*ad ducéntōs* *ad haec dīxit* *ad ūnum omnēs* *ad verbum*	ungefähr (an die, etwa) 200 darauf sagte er alle ohne Ausnahme aufs Wort, wörtlich
ante **vor**			
a)	vor	*ante domum* *ante óculōs versā́rī*	vor dem Haus vor Augen schweben
b)	vor	*ante multōs annōs* *ante lūcem*	vor vielen Jahren vor Tagesanbruch
c)	(vor)	*ante áliōs esse*	die anderen übertreffen (vor ... sein)
apud **bei**			
a)	(nahe) bei	*apud urbem Rōmam* *apud iū́dicēs loquī*	nahe bei der Stadt Rom vor den Richtern sprechen
b)	bei	*apud māiṓrēs*	bei den Vorfahren
c)	bei	*Apud Cicerṓnem légimus.* *apud áliquem multum valḗre*	Bei Cicero lesen wir. bei jemandem viel vermögen
circā (circum) **um - herum**			
a)	um – herum	*circā domum cúrrere* *Circā vicī́nās gentēs Caesar nūntiōs mīsit.*	um das Haus (herum)laufen Caesar schickte Gesandte zu den Völkern im Umkreis.
b)	um (herum)	*circā eándem hōram*	um dieselbe Stunde
c)	ungefähr	*circā decem annōs*	ungefähr zehn Jahre
contrā **gegen – hin (meist feindlich)**			
a)	gegenüber	*Contrā Gálliam Británnia est.*	Britannien liegt gegenüber von Gallien.
c)	gegen	*contrā Persās pūgnā́re* *contrā ómnium exspectātiṓnem*	gegen die Perser kämpfen wider aller Erwarten
extrā **außerhalb**			
a)	außerhalb	*extrā óppidum* *extrā vallum prṓgredī*	außerhalb der Stadt über den Wall hinaus vorrücken
c)	über – hinaus; außerhalb	*extrā modum* *extrā coniūrātiṓnem*	über das Maß hinaus nicht an der Verschwörung beteiligt

inter **zwischen**			
a)	zwischen	*inter vīcum et silvam*	zwischen dem Dorf und dem Wald
b)	während	*inter cēnam* *inter decem annōs*	während des Essens während zehn Jahren
c)	zwischen (unter)	*Multum ínterest inter mē et tē.* *inter omnēs excéllere* *inter sē*	Zwischen mir und dir besteht ein großer Unterschied. unter allen hervorragen untereinander, gegenseitig
intrā **innerhalb**			
a)	innerhalb	*intrā mœnia*	innerhalb der Stadtmauern
b)	während	*intrā décimum annum*	während des zehnten Jahres
c)	innerhalb	*intrā lēgem*	innerhalb der gesetzlichen Grenze
per **durch**			
a)	durch, über – hin	*per Itáliam proficīscī* *per urbem custṓdēs dispṓnere*	durch Italien reisen überall in der Stadt Wächter aufstellen
b)	hindurch	*per multōs annōs* *per omne tempus*	viele Jahre hindurch während der ganzen Zeit
c)	(durch)	*per vim* *per īnsidiās* *per artem* *per vīnum* *per nūntium certiṓrem fácere* *per mē* *per aetā́tem* *per causam* *per fidem fállere* *per deōs iūrāre*	mit Gewalt, gewalttätig hinterhältigerweise kunstgemäß im Rausch durch einen Boten benachrichtigen auf meine Veranlassung, meinetwegen aus Altersgründen, wegen des Alters unter dem Vorwand gegen das Treuwort täuschen bei den Göttern schwören
post **nach**			
a)	hinter	*post domum* *Cum Athḗnās nāvigā́rem, post mē erat Aegī́na īnsula.*	hinter dem Haus Als ich nach Athen fuhr, lag hinter mir die Insel Aegina.
b)	nach	*post multōs annōs* *post hóminum memóriam*	nach vielen Jahren seit Menschengedenken
c)	nach	*Gallī post Mercúrium Apóllinem et Mārtem colunt.*	Die Gallier verehren nach Merkur (den) Apollo und Mars.

prope **nahe bei**			
a)	nahe bei	*prope (própius, próximē) Rōmam*	nahe (näher, am nächsten) bei Rom
b)	nahe (an)	*prope Kaléndās*	nahe bei den Kalenden
c)	(nahe)	*prope virtū́tem esse* *própius fidem est*	nahe an der Tugend sein es ist glaubwürdiger
propter **nahe bei; wegen**			
a)	nahe bei	*Propter Ásiam Samus īnsula est.* *Propter virum fortem stat.*	Nahe bei Kleinasien liegt die Insel Samos. Er steht nahe bei einem tapferen Mann.
c)	wegen	*propter metum* *propter bellum*	wegen Furcht, aus Furcht wegen des Krieges
suprā **oberhalb**			
a)	oberhalb, über	*suprā terram*	oberhalb der Erde
b)	vor	*suprā bellum Trōiā́num*	vor dem trojanischen Krieg
c)	über – hinaus	*suprā modum* *suprā vīrēs*	über das rechte Maß hinaus über die Kräfte hinaus
trāns **über**			
a)	über – hinüber, jenseits	*trāns Alpēs* *trāns Rhēnum sēdēs habḗre*	über die Alpen (hinüber) jenseits des Rheins Wohnsitze haben

2. Präpositionen mit dem Ablativ:

ab (ā) **von (– weg/her)**			
a)	von – weg	*procul ab urbe* *ab urbe proficī́scī*	fern von der Stadt von (in) der Stadt aufbrechen
b)	von – an, seit	*ab urbe cónditā*	seit der Gründung der Stadt
c)	von (– her); (auf)	*ā patre laudā́rī* *male audī́re ab áliquō* *ab hoste urbem dēféndere* *ā patre fī́lium nōminā́re* *ab ómnibus latéribus* *ā fronte* *ā falsīs vēra discérnere* *ā dextrā* *ā senā́tū stā́re*	vom Vater gelobt werden bei jemandem in schlechtem Rufe stehen die Stadt vor dem (gegen den) Feinde verteidigen den Sohn nach dem Vater nennen von, auf allen Seiten von vorn, vorn vom Falschen Wahres unterscheiden zur Rechten auf Seiten der Senatspartei stehen

cum **mit**			
c)	mit	*cum amīcō ambulāre* *cum mandātīs lēgātōs míttere* *cum perīculīs* *cum cruciātū necāre*	mit dem Freund spazieren gehen Gesandte mit Aufträgen schicken unter Gefahren unter Foltern töten
dē **von (herab)**			
a)	von – herab	*dē árbore*	vom Baum herab
b)	von – her	*dē tertiā vigíliā* *dē diē diem*	von der dritten Nachtwache an einen Tag nach dem anderen
c)	von (über/her)	*dē plēbe homō* *dē pāce ágere* *dē fortūnā loquī* *dē salūte pūgnāre* *hāc dē causā* *dē áliquō supplícium sūmere* *dē áliquō bene merērī*	ein Mann aus dem Volke wegen eines Friedensschlusses verhandeln über das Glück reden um die Rettung kämpfen aus diesem Grund jemanden hinrichten (lassen) sich um jem. verdient machen
ex (ē) **aus**			
a)	aus	*ex urbe*	aus der Stadt
b)	von – an, seit, unmittelbar nach	*ex eō témpore* *diem ex diē* *Ē cōnsulātū in Gálliam profēctus est.*	seit jener Zeit von einem Tag zum anderen Unmittelbar nach dem Konsulat brach er nach Gallien auf.
c)	aus, infolge	*ex eā causā* *ex senātūs cōnsúltō* *ex ūsū esse* *māgnā ex parte* *ex indústriā* *ex témpore*	aus diesem Grund aufgrund eines Senatsbeschlusses zum Nutzen sein großteils absichtlich aus dem Stegreif, unvorbereitet
prae **vor**			
a)	vor	*prae sē ferre*	zur Schau stellen
c)	vor, wegen	*Prae lácrimīs loquī nōn possum.*	Vor Tränen kann ich nicht sprechen.
prō **vor, für**			
a)	vor	*prō castrīs collocāre*	vor dem Lager aufstellen
c)	entsprechend; für, anstatt	*prō vīribus* *pūgnāre prō lībertāte* *prō cōnsule* *prō amīcō áliquem habēre*	nach Kräften für die Freiheit kämpfen anstatt eines Konsuls jemanden für seinen Freund halten

sine **ohne**			
c)	ohne	*sine dúbiō* *sine ūllā morā* *sine omnī cūrā* *sine perī́culō*	ohne Zweifel ohne jede Verzögerung ohne jede Sorge gefahrlos

3. Präpositionen mit Akkusativ und Ablativ: *in* und *sub*

In beiden Fällen gibt der Akkusativ die Richtung an (Frage: Wohin?), der Ablativ den Ort (Frage: Wo?).

in **+ Akk. in, nach**			
a)	in (hinein), nach	*in urbem properā́re* *in Germā́niam venī́re* *in altitū́dinem*	in die Stadt eilen nach Germanien kommen in die Höhe
b)	in – hinein	*in diem vī́vere* *in diēs* *in síngulōs annōs* *in praesēns* *in perpétuum* *in lūcem dormī́re*	in den Tag hinein leben von Tag zu Tag Jahr für Jahr, auf je ein Jahr für die Gegenwart für immer bis in den Tag hinein schlafen
c)	zu, gegen	*amor in paréntēs* *ódium in tyránnōs* *mīrum in modum* *ínvicem*	die Liebe zu den Eltern Hass gegen Tyrannen auf wunderbare Weise abwechselnd
in **+ Abl. in, an, auf**			
a)	in, an, auf	*in terrā aliēnā versā́rī* *pontem in Rhēnō fácere* *in mēnsā cibōs pṓnere* (vgl. § 64.3)	in einem fremden Land weilen eine Brücke über den Rhein schlagen Speisen auf den Tisch stellen
b)	in	*in témpore venī́re* *ter in annō* *in paucīs diḗbus* *in hōc témpore*	zur rechten Zeit kommen dreimal im Jahr innerhalb weniger Tage gerade jetzt, in dieser Lage
c)	in, trotz, auf	*in malā valētū́dine* *in áliquā rē spem pṓnere* *in amīcīs numerā́re* *in armīs esse*	trotz schlechter Gesundheit auf etwas seine Hoffnung setzen zu den Freunden rechnen unter Waffen stehen

sub **+ Akk. unter**			
a)	unter	*sub terram rḗpere* *sub iugum míttere* *sub montem accḗdere*	unter die Erde kriechen unter das Joch schicken an den Fuß des Berges heranrücken
b)	unmittelbar vor/ nach; gegen	*sub noctem* *sub fīnem pūgnae*	gegen Einbruch der Nacht gegen Ende des Kampfes
sub **+ Abl. unter**			
a)	unter	*sub terrā vī́vere* *sub dīvō esse*	unter der Erde leben unter freiem Himmel sein
b)	gegen	*sub lūce urbem íngredī*	gegen Tagesanbruch die Stadt betreten
c)	unter	*sub diciṓne alicúius esse*	unter jmds. Herrschaft stehen

4. Seltener vorkommende Präpositionen:

a) mit Akkusativ

advérsus	gegen, gegenüber	*pietās advérsus deōs* *ódium advérsus inimī́cōs*	Frömmigkeit gegenüber den Göttern Hass gegen die Feinde
citrā	diesseits	*citrā Alpēs*	diesseits der Alpen
ergā	gegen	*amor ergā paréntēs*	Liebe gegenüber den Eltern
īnfrā	unterhalb	*īnfrā cacū́men montis*	unterhalb des Gipfels des Berges
iuxtā	neben	*iuxtā viam Áppiam*	neben der Via Appia
ob	vor, entgegen, wegen	*ob óculōs versā́rī* *ob eam rem* *ob metum domī manḗre*	vor Augen schweben deshalb, aus diesem Grund aus Furcht zu Hause bleiben
penes	bei, in der Gewalt von	*Dīvítiae penes patríciōs erant.*	Der Reichtum war in der Hand der Patrizier.
praeter	an – vorbei, über – hinaus	*Dānúvius praeter urbem fluit.*	Die Donau fließt an der Stadt vorbei.
secúndum	entlang, gemäß	*secúndum flūmen* *secúndum lēgēs ágere* *secúndum nātū́ram vī́vere*	den Fluss entlang gemäß den Gesetzen handeln wesensgemäß (gemäß seiner Natur) leben
ultrā	jenseits, über – hinaus	*ultrā montēs* *ultrā vīrēs*	jenseits der Berge über die Kräfte hinaus

b) mit Ablativ

cōram	in Gegenwart von	*cōram pū́blicō*	in Gegenwart der Öffentlichkeit

§ 66 Nominalformen des Verbums: Der Infinitiv

Eine **finite** Verbalform ist nach fünf Kriterien festgelegt: Person – Numerus – Modus – Tempus – Genus verbi (*laudō*: ich lobe: 1. Person – Singular – Indikativ – Präsens – Aktiv; vgl. § 28 f.). Eine **infinite** Verbalform hat nur einen Teil dieser Merkmale; es fehlen vor allem die Person und der Modus. Infinite Verbalformen sind hauptsächlich: **Infinitiv, Partizip, Gerund und Gerundiv**. Man spricht deshalb von **Nominalformen des Verbums**. Die Bezeichnung kommt davon her, dass sie neben ihrem verbalen Grundcharakter (z. B. Beibehaltung der Kasusrektion, Bestimmung durch Adverbien, Bildung verschiedener Tempora und Genera verbi) auch nominale Kriterien aufweisen (vor allem Deklination, zum Teil adjektivische Verwendung usw.).

Der Infinitiv kann im Satz als Subjekt oder Objekt verwendet werden; er heißt daher Subjekts- bzw. Objektsinfinitiv.

1. Der **Subjektsinfinitv** steht vor allem bei *esse* in Verbindung mit einem Prädikatsnomen bzw. nach unpersönlichen Verben.

Errā́re hūmā́num est. Irren ist menschlich. (Wer oder was ist menschlich? *Errā́re* ist Subjekt.)

Beispiele für unpersönliche Ausdrücke (vgl. § 43):

fácile est	es ist leicht	*laus est*	es ist lobenswert
sapiéntia (-ae) (sapiéntis) est	es zeugt von Weisheit, ist weise	*feréndum nōn est*	es ist unerträglich
interest	es ist wichtig	*necésse est*	es ist notwendig
licet	es ist erlaubt, man kann	*placet*	es gefällt, man beschließt

Beachte: Ein **Prädikatsnomen** steht beim Subjektsinfinitv meist im Akkusativ (bezogen auf einen gedachten Subjektsakkusativ „man" im verkürzten AcI):

Laus est bonum esse. Es ist lobenswert, tüchtig zu sein („dass man ...").

Der Subjektsinfinitiv wird ins Deutsche meist wörtlich übersetzt.

Turpe nōn est sine culpā páuperem esse, sed sapiéntis nōn est suā culpā páuperem fierī.	Es ist nicht schändlich, ohne Schuld arm zu sein, aber es zeugt nicht von Weisheit, aus eigener Schuld arm zu werden.
Mélius est bonum esse quam bonum vidḗrī.	Es ist besser, gut zu sein als gut zu scheinen.

2. Der **Objektsinfinitiv** steht insbesondere nach den persönlichen Verben des Könnens, Sollens, Müssens, z. B.:

posse	*können*	*velle*	*wollen*
dēbḗre	*müssen*	*audḗre*	*wagen*
cúpere	*wünschen*	*parā́re*	*vorhaben*
solḗre	*gewohnt sein*	*incípere*	*anfangen*

Auch hier ist meist eine wörtliche Wiedergabe im Deutschen möglich.

Omnēs hóminēs valḗre volunt. Alle Menschen wollen gesund sein.

Anmerkung: Ein Prädikatsnomen beim Objektsinfinitiv steht im Lateinischen im Nominativ, da es sich auf das Subjekt bezieht.

Omnēs hóminēs salvī esse volunt. Alle Menschen wollen gesund sein.

Cícerō cōnsul fierī cupī́vit.	Cicero wünschte Konsul zu werden.
Catō iūstus esse quam vidḗrī mā́luit.	Cato wollte lieber gerecht sein als scheinen.
Imperātṓrēs quīdam Chrīstiā́nōs, quī nōn dēsinēbant deum suum cólere, supplíciō afficere solēbant.	Einige Kaiser pflegten Christen, die nicht aufhörten, ihren Gott zu verehren, hinrichten zu lassen.

3. Eine sehr häufige Konstruktion ist im Lateinischen der **AcI *(accūsātī́vus cum īnfīnītī́vō).*** Er tritt auch – wenngleich wesentlich seltener – im Deutschen auf: Ich höre die Mädchen singen. Der Ausdruck „die Mädchen singen" ist ein Akkusativobjekt zu „ich höre" (wen oder was höre ich: die Mädchen [*A*] – *c* – singen [*I*]). Der AcI hat demnach im Lateinischen (meist) die Funktion eines Akkusativobjekts (nach unpersönlichen Ausdrücken auch des Subjekts; z. B. *cōnstat puéllās cantā́re*). Er ist also ein Satzteil, kein eigenständiger Satz. Das bedeutet, dass es innerhalb dieser Konstruktion keinen Nominativ gibt, ebenso keine finite Verbalform und kein Komma, da ein Objekt oder Subjekt nicht vom restlichen Satz abgetrennt wird.

Im Deutschen wird der AcI meist durch einen dass-Satz wiedergegeben:

Áudiō ***puéllās*** *cantā́re.* Ich höre, **dass die Mädchen** singen.

Im Deutschen wird also aus dem AcI ein eigener Satz, in dem der lateinische Akkusativ (**Subjektsakkusativ**) zum Subjekt und der Infinitiv zum Prädikat wird.

Es ist möglich, dass eine AcI-Konstruktion Subjekts- und Objektsakkusative enthält. Die richtige Übersetzung muss dann der Sinnzusammenhang ergeben:

Sciō Achillem Héctorem necā́visse.

a) Ich weiß, dass Achill den Hektor getötet hat.

b) Ich weiß, dass Hektor den Achill getötet hat.

Richtig ist hier die Variante a), wie die Sage berichtet.

4. Für eine AcI-Konstruktion sind zwei Bedingungen nötig:

a) Der Inhalt des AcI ist eine Tatsache oder eine persönliche Meinung oder Stimmung des Sprechers, die als Tatsache hingestellt wird.

b) Der AcI hängt von bestimmten Verbgruppen ab, nämlich von Verben
des Sagens und Meinens (*verba dīcéndī* und *putándī*),
der sinnlichen und geistigen Wahrnehmung (*verba sentiéndī*),
der Gefühlsäußerung (*verba affectūs*) oder
einigen unpersönlichen Ausdrücken.

Verben, von denen ein AcI abhängt, sind z. B.:

dī́cere	sagen	*narrā́re*	erzählen
nūntiā́re	melden	*putā́re*	glauben
audī́re	hören	*sentī́re*	fühlen
vidḗre	sehen	*scī́re*	wissen
gaudḗre	sich freuen	*dolḗre*	Schmerz empfinden
mīrā́rī	sich wundern	*querī*	klagen
cōnstat	es ist bekannt	*mē fugit*	ich weiß nicht

Māter Plī́niī in vīllam nū́ntiat ē Vesúviō monte nūbem orī́rī.	Plinius´ Mutter meldet im Haus, vom Vesuv steige eine Wolke empor.
Catō Carthā́gine videt urbem plēnam armṓrum esse.	Cato sieht in Karthago, dass die Stadt voller Waffen ist.
Gaudḗmus amī́cōs in itínere esse et nōs vīsitā́re velle.	Wir freuen uns, dass die Freunde auf dem Weg sind und uns besuchen wollen.
Platṓnem et Aristótelem in clārissimīs philósophīs numerā́rī cōnstat.	Bekanntlich werden Platon und Aristoteles zu den berühmtesten Philosophen gezählt.

5. **Das Tempus des Infinitivs** drückt keine Zeit, sondern ein **Zeitverhältnis** aus. Dabei bedeutet:

a) **der Infinitiv Präsens die Gleichzeitigkeit**: Die Handlung des Infinitivs verläuft zur selben Zeit wie die des übergeordneten Verbums;

b) **der Infinitiv Perfekt die Vorzeitigkeit**: Die Handlung des Infinitivs liegt vor der des übergeordneten Verbums;

c) **der Infinitiv Futur die Nachzeitigkeit**: Die Handlung des Infinitivs erfolgt nach der des übergeordneten Verbums.

Bei der Bestimmung des Zeitverhältnisses ist immer von der Handlung des Infinitivs auszugehen. Das Tempus des übergeordneten Verbums spielt für den Tempusgebrauch des Infinitivs keine Rolle; den Ausschlag gibt ausschließlich das Zeitverhältnis.

Putō (putā́bam, putā́vī, putā́veram) amī́cum iūstum esse.	Ich glaube (glaubte, habe geglaubt, hatte geglaubt), dass der Freund gerecht ist (war).
Putō (putā́bam, putā́vī, putā́veram) amī́cum iūstum fuisse.	Ich glaube (glaubte, habe geglaubt, hatte geglaubt), dass der Freund gerecht gewesen ist (war).
Putō (putā́bam, putā́vī, putā́veram) amī́cum iūstum futū́rum esse (fore).	Ich glaube (glaubte, habe geglaubt, hatte geglaubt), dass der Freund gerecht sein wird.

Rōmā́nōs multīs géntibus imperāvísse scīmus.	Wir wissen, dass die Römer über viele Völker geherrscht haben.
Sṓcratēs spērā́vit Athēniḗnsēs verbīs suīs aurēs datū́rōs esse.	Sokrates hoffte, dass die Athener auf seine Worte hören werden.
Homḗrus narrat Graecōs Trṓiam decem annōs oppūgnāvísse.	Homer erzählt, dass die Griechen Troja zehn Jahre belagert haben.
Achíllem nōn fúgit deōs mortem Héctoris dēcrēvísse.	Achilles wusste, dass die Götter den Tod Hektors beschlossen hatten.
Thalēs putā́bat aquam prīncípium ómnium rērum esse.	Thales glaubte, dass das Wasser der Urstoff (Anfang) aller Dinge sei.

6. Beim AcI stehen auch die Nominative der Personalpronomina des deutschen dass-Satzes im Akkusativ, auch wenn es im übergeordneten Satz dieselben sind.

*Sci**ō** **mē** brevī profectū́rum esse.* **Ich** weiß, dass **ich** bald aufbrechen werde.

Bei jedem Personal- oder Possessivpronomen der 3. Person wird die reflexive Form verwendet, wenn es sich auf das Subjekt des übergeordneten Verbums bezieht; sonst erfolgt ein Ersatz durch *is, ea, id.*

***Cícerō** gaudet **sē** Rōmam servāvísse.*	**Cicero** freut sich, dass **er** Rom gerettet hat.
***Rōmā́nī** gaudḗbant **eum** Rōmam servāvísse.*	**Die Römer** freuten sich, dass **er** Rom gerettet hatte.

Xanthíppa dī́xit sē Sṓcratem semper dīlēxísse.	Xanthippe sagte, dass sie Sokrates stets geschätzt habe.
Xanthíppa dī́xit eum semper aequō ánimō ergā sē fuísse.	Xanthippe sagte, dass er (Sokrates) immer voll Gelassenheit ihr gegenüber gewesen sei.
Mē nōn éadem dḗ rē pū́blicā sentī́re quae tē tuṓsque nōn negō.	Ich bestreite nicht, dass ich nicht dasselbe über den Staat denke wie du und die Deinen.

7. Im Lateinischen kann wie im Deutschen eine **Rede** nicht nur „wörtlich" **(direkt),** sondern auch „nicht wörtlich" **(indirekt: *ōrā́tiō oblī́qua*)** wiedergegeben werden. Während bei der *ōrā́tiō oblī́qua* im Deutschen grundsätzlich der Konjunktiv verwendet wird, muss im Lateinischen zwischen Haupt- und Nebensatz unterschieden werden. Hier erscheint in allen Nebensätzen – wie im Deutschen – der Konjunktiv. Ein lateinischer Hauptsatz steht entweder im AcI oder im Konjunktiv. Der AcI drückt eine Aussage, Tatsache (vgl. oben Nr. 4) oder eine rhetorische Frage aus, die eigentlich eine Aussage ist (vgl. § 48.2). Der Konjunktiv weist auf einen Wunsch (vgl. § 47) oder eine echte Frage hin, die in der *ōrā́tiō oblī́qua* von einer direkten zu einer indirekten wird (vgl. § 78).
Bei der deutschen Wiedergabe der ***ōrā́tiō oblī́qua*** ist zunächst zwischen Haupt- und Nebensätzen zu unterscheiden. Bei der Übersetzung der Hauptsätze ist der jeweilige Modus zu beachten.

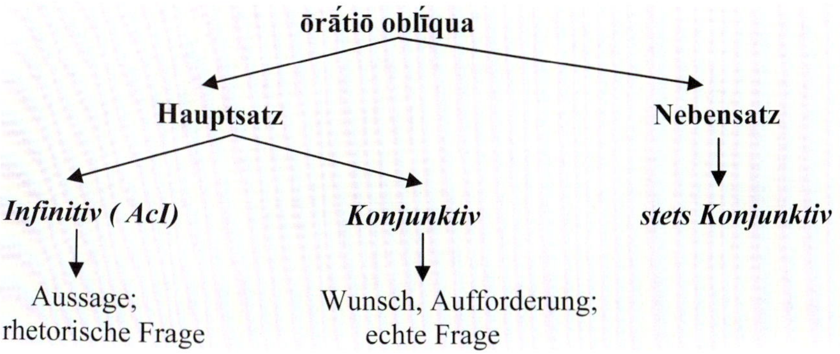

Lēgā́tī Gallṓrum Cáesarī dī́xērunt:	**Gesandte der Gallier sagten zu Cäsar:**
Multōs Germā́nōs Rhēnum trānsī́sse. (AcI/Hauptsatz ⇒ Aussage)	Viele Germanen hätten den Rhein überschritten.
Sē vim Germānṓrum nōn iam sustinḗre. (AcI/Hauptsatz ⇒ Aussage)	Sie hielten die Gewalt der Germanen nicht mehr aus.
Caesar statim sibi auxíliō venī́ret. (Konjunktiv/Hauptsatz: Wunsch)	Cäsar solle ihnen sofort zu Hilfe kommen.
Nōnne eī salū́tem suam cordī esse? (AcI/Hauptsatz/rhetorische Frage ⇒ Aussage)	Liege ihm ihre Rettung etwa nicht am Herzen?
Cūr Gallōs Caesar ā Germā́nīs nōn dēféndere̅t? (Konjunktiv/Hauptsatz: echte Frage)	Warum verteidige Cäsar die Gallier nicht gegen die Germanen?
Sē ōrā́re, ut statim auxíliō venī́ret. (AcI/Hauptsatz ⇒ Aussage; Nebensatz ⇒ generell Konjunktiv)	Sie bäten, dass er sofort zu Hilfe komme.

Für die deutsche Wiedergabe gilt: Bei Gleichzeitigkeit wird der Konjunktiv Präsens, bei Vorzeitigkeit der Konjunktiv Perfekt verwendet. Falls diese Formen mit dem Indikativ gleich sind, werden Präsens bzw. Perfekt durch die Konjunktive des Imperfekts bzw. Plusquamperfekts ersetzt.

8. Neben dem AcI gibt es im Lateinischen auch einen **NcI (*nōminātī́vus cum īnfīnītī́vō*)**. Es handelt sich dabei um eine persönliche (auf das Subjekt bezogene) Konstruktion, die im Deutschen meist unpersönlich wiedergegeben wird.

Nach folgenden Verben steht oft NcI:

dī́citur	es wird gesagt; man sagt; wie man sagt; er, sie, es soll
fertur, trā́ditur	es wird überliefert; man überliefert; wie man überliefert; nach der Überlieferung
vídeor, vidḗris, vidḗtur ...	ich scheine, du scheinst, er (sie, es) scheint
negā́tur	es wird gesagt, dass nicht; man sagt, dass nicht
putā́tur, audī́tur, iūdicā́tur	man glaubt (hört, urteilt); wie man glaubt (hört, urteilt)
iúbeor, vetor, sinor	man befiehlt (verbietet, lässt zu), dass ich

Homḗrus caecus fuísse dī́citur.	Es wird gesagt, dass Homer blind gewesen ist. Man sagt, dass Homer blind gewesen ist. Homer war, wie man sagt, blind. Homer soll blind gewesen sein.
Graecī prīmī philósophī fuísse ferúntur (trādúntur).	Es wird überliefert (man überliefert), dass die Griechen die ersten Philosophen gewesen sind. Die Griechen waren nach der Überlieferung (wie man überliefert) die ersten Philosophen (sollen ... gewesen sein).
Vōs affuísse negābā́minī.	Es wurde gesagt, dass ihr nicht dabei gewesen wart. Man sagte, dass ihr nicht dabei gewesen wart. Ihr seid, wie man sagte, nicht dabei gewesen. Ihr seid angeblich nicht dabei gewesen.
Fabrī iubéntur pontem fácere.	Man befiehlt den Handwerkern, eine Brücke zu bauen.
Pōns fierī iubḗtur.	Man befiehlt, eine Brücke zu bauen.
Ad mē venī́re iubḗris.	Man befiehlt dir, zu mir zu kommen. Du erhältst den Befehl, zu mir zu kommen.

§ 67 Das Partizip

1. **Die Bezeichnung „Partizip"** ist abgeleitet von *párticeps*: teilhaftig. Es hat die Ausgänge eines Adjektivs (*-us, -a, -um* bzw. *-ns, -ntis*), aber auch Merkmale des Verbums (Tempus, Genus verbi, Kasusrektion, Bestimmung durch ein Adverb); somit hat es Anteil am Adjektiv und am Verbum (vgl. „Mittelwort").

2. Der Form nach ist das Partizip demnach ein Adjektiv. Deshalb steht es meist in Kasus-, Numerus- und Genuskongruenz zu einem Nomen (Substantiv). Gewöhnlich nennt man ein Partizip, das sich auf ein Subjekt, Objekt oder Attribut bezieht, ***participium coniúnctum***.

3. Partizipialkonstruktionen sind im Lateinischen viel häufiger als im Deutschen, wo sie vielfach als schlechter Stil gelten. Sie werden deshalb häufig durch **Nebensätze (Gliedsätze)** wiedergegeben. Ein lateinisches Partizip ist jedoch kein eigener Satz, sondern ein Satz(glied)teil.

4. **Der Tempusgebrauch des Partizips** gibt – ähnlich wie beim Infinitiv – keine Zeit, sondern ein **Zeitverhältnis** an (vgl. § 66.5). Dabei bedeutet:

das Partizip Präsens:	**die Gleichzeitigkeit**
das Partizip Perfekt:	**die Vorzeitigkeit**
das Partizip Futur:	**die Nachzeitigkeit.**

Anmerkung: Im Perfekt drücken Partizipien von Deponentien häufig die Gleichzeitigkeit aus, besonders:

ratus	in der Meinung	*cōnfīsus* (+ Abl.)	im Vertrauen
véritus	aus Furcht	*ūsus* (+ Abl.)	mit (gebrauchend)

Athēniēnsēs cōnsíliō Themístoclis ūsī nāvēs aedificāvērunt.	Auf den Rat des Themistokles hin bauten die Athener Schiffe.
Rōbore suō cōnfīsus Hérculēs multōs labōrēs súbiit.	Im Vertrauen auf seine Kraft nahm Herkules viele Mühen auf sich.

5. Das Partizip wird wie das Adjektiv oft als **Attribut** (auf die Frage „Was für ein?") verwendet und kann dann (und nur dann!) als attributiver Relativatz übersetzt werden:

domus pulchra	ein schönes Haus
domus (pulchrē) ōrnāta	ein Haus, das (schön) geschmückt ist.

6. **Vorgehen bei der Übersetzung** eines Partizips:
Domus ā patre aedificā́ta igne dēlḗta est.
   a) Suche zuerst Partizip und Beziehungswort! (*domus – aedificā́ta*)
   b) Übersetze nun ohne das Partizip und die meist in geschlossener Wortstellung beigefügten Wörter! (*Domus igne dēlḗta est.* Das Haus wurde durch Feuer zerstört.)
   c) Übersetze dann den Partizipialausdruck mit einem eigenen Satz! (*ā patre aedificā́ta*: es war vom Vater erbaut.)
   d) Gibt die Frage „was für ein" einen Sinn? (Ja: Was für ein Haus?) Das Partizip hat also die Funktion eines Attributs; Wiedergabe durch Relativsatz:
   Das Haus, das vom Vater erbaut worden war, wurde durch Feuer zerstört.

7. In den meisten Fällen wird jedoch das **Partizip adverbial** gebraucht. Es gibt einen Begleitumstand der Handlung des übergeordneten Verbums an: Wann – warum – wie – unter welcher Bedingung – zu welchem Zweck usw. geschieht etwas. Im Deutschen wird dafür oft ein **adverbialer Gliedsatz (Unterordnung)** verwendet.

   Beispiel (zum Vorgehen vgl. Nr. 6):
   Sṓcratēs mortem nōn métuēns admīrātiṓnī est.
   a) *Sṓcratēs ... métuēns*
   b) *Sṓcratēs admīrātiṓnī est:* Sokrates wird bewundert.
   c) *mortem nōn métuēns:* Er fürchtet den Tod nicht.
   d) Die Frage „was für ein Sokrates wird bewundert" gibt keinen Sinn, sondern: Warum wird Sokrates bewundert).

   Sokrates wird bewundert, weil er den Tod nicht fürchtet.

8. **Adverbiale Sinnrichtungen** sind:

temporal	**Wann geschieht etwas?**	**z.B. während, als, nachdem**
Orpheus ad ī́nferōs própérāns ā mōnstrī́s térritus nōn est.		Als Orpheus in die Unterwelt eilte, wurde er von den Ungeheuern nicht erschreckt.

kausal	**Warum geschieht etwas?**	**z. B. weil, da**
Orpheus Eurýdicam uxṓrem valdē amāns ad ī́nferōs properā́vit.		Weil Orpheus seine Gattin sehr liebte, eilte er in die Unterwelt.

modal	**Wie geschieht etwas?**	**z. B. wobei, indem; ohne zu**
Orpheus ad ī́nferōs properā́vit nihil timēns.		Orpheus eilte in die Unterwelt, wobei er nichts fürchtete (ohne etwas zu fürchten).

konditional	**Unter welcher Bedingung?** **z. B. wenn, falls**
Orpheus verba deī īnferṓrum nōn oblī́tus Eurýdicam recuperā́bit.	Wenn Orpheus die Worte des Gottes der Unterwelt nicht vergisst, wird er Eurydike wiedergewinnen.

konzessiv	**Trotz welcher Tatsache?** **z. B. obwohl**
Eurýdica ab Órpheō valdē amā́ta ab īnferīs (tamen) abdū́cī nōn pótuit.	Obwohl Eurydike von Orpheus sehr geliebt worden war, konnte sie aus der Unterwelt dennoch nicht herausgeholt werden.

final	**Zu welchem Zweck?** **z. B. damit, um ... zu**
Orpheus ad īnferōs properā́vit Eurýdicam recuperātū́rus.	Orpheus eilte in die Unterwelt, um Eurydike wiederzugewinnen.

Die finale Sinnrichtung mit Partizip Futur findet sich in der Regel nur bei Verben der Bewegung mit Zielangabe.

9. Die deutsche Wiedergabe mit einem **Nebensatz** (Relativ- oder Adverbialsatz), also durch Unterordnung, ist fast immer möglich. Da es jedoch subordinierende (unterordnende) und koordinierende (beiordnende) Konjunktionen mit derselben Sinnrichtung gibt (z. B. weil – denn, nämlich), kann das Partizip auch durch **Beiordnung** übersetzt werden:

Sṓcratēs mortem nōn métuēns admīrātiṓnī est.

Unterordnung:	Sokrates wird bewundert, weil er den Tod nicht fürchtet.
Beiordnung:	Sokrates wird bewundert; denn er fürchtet den Tod nicht. Sokrates fürchtet den Tod nicht. Deshalb wird er bewundert.

10. Auch **Präpositionalausdrücke** sind im Deutschen oft adverbiale Bestimmungen. Auch sie kann man demnach für ein Partizip einsetzen.

Es bieten sich also folgende Varianten:

Orpheus ad īnferōs dēscéndēns uxṓrem nōn recuperā́vit.

Unterordnung:	Obwohl Orpheus in die Unterwelt hinabstieg, gewann er seine Gattin nicht wieder.
Beiordnung:	Orpheus stieg in die Unterwelt hinab. Trotzdem gewann er seine Gattin nicht wieder.
Präpositionalausdruck:	Trotz seines Abstiegs in die Unterwelt gewann Orpheus seine Gattin nicht wieder.

11. Wiedergabemöglichkeiten eines adverbial gebrauchten Partizips:

Sinnrichtung	Unterordnung	Beiordnung	Präposition
temporal	**gz:** als, während, wenn, sooft, **vz:** als, nachdem, sooft, wenn,	dabei, inzwischen, währenddessen, dann, darauf(hin), danach, nachher	bei, in, an, auf, zu, um nach, seit
kausal	weil, da	denn, nämlich, deshalb, darum	wegen, aus, vor
konzessiv	obwohl, obgleich, wenn auch	trotzdem, dennoch	trotz
konditional	wenn, falls, sofern	---	bei
modal	indem; wobei; dadurch, dass; **verneint**: ohne zu	dabei, dadurch	mit, durch **verneint:** ohne
final	damit, um ... zu	denn + wollen	zu

a) *Thalēs noctū ámbulāns sī́dera observā́bat.*
b) *Puer bene cantāns laudā́tur.*
c) *Puer bene cantāns nōn laudā́tur.*
d) *Lī́berī officia praestántēs ā paréntibus laudántur.*
e) *Hérculēs cum leṓne pūgnā́vit nihil timēns.*
f) *Hérculēs Némeam vēnit cum leṓne pūgnātū́rus.*

a)	Als (während, sooft) Thales nachts spazieren ging, beobachtete er die Sterne.	Thales ging nachts spazieren. Dabei beobachtete er die stets Sterne.	Bei seinen nächtlichen Spaziergängen beobachtete Thales die Sterne.
b)	Weil der Junge schön singt, wird er gelobt.	Der Junge singt schön. Deshalb wird er gelobt.	Wegen seines schönen Gesangs wird der Junge gelobt.
c)	Obwohl der Junge schön singt, wird er nicht gelobt.	Der Junge singt schön. Trotzdem wird er nicht gelobt.	Trotz seines schönen Gesangs wird der Junge nicht gelobt.
d)	Falls die Kinder ihre Pflichten erfüllen, werden sie von den Eltern gelobt.	(Die Kinder erfüllen ihre Pflichten; dann werden sie von den Eltern gelobt.)	Bei der Erfüllung ihrer Pflichten werden die Kinder von den Eltern gelobt.
e)	Herkules kämpfte mit dem Löwen, wobei er nichts fürchtete (ohne etwas zu fürchten).	Herkules kämpfte mit dem Löwen. Dabei fürchtete er nichts.	Herkules kämpfte ohne Furcht mit dem Löwen.
f)	Herkules kam nach Nemea, um mit dem Löwen zu kämpfen.	Herkules kam nach Nemea. Denn er wollte mit dem Löwen kämpfen.	Herkules kam nach Nemea zum Kampf mit dem Löwen.

Die jeweils beste Übersetzung ist nach stilistischen Gesichtspunkten zu wählen. Vor allem bei Präpositionalausdrücken ist darauf zu achten, dass kein unzulässiger Nominalstil entsteht.

12. **Ein Partizip** kann wie ein Adjektiv **substantiviert** werden. Es hat dann kein Beziehungswort. Deutsche Wiedergabe:

spectántēs:	diejenigen, die zuschauen; Leute, die zuschauen; Zuschauer.
doctī:	diejenigen, die gelehrt sind; Leute, die gelehrt sind, Gelehrte

Armātī nōbīs māgnum terrōrem iniciunt.	Diejenigen, die bewaffnet sind (Leute, die bewaffnet sind, Bewaffnete), jagen uns einen großen Schrecken ein.

13. Oft wird das lateinische **Partizip in Verbindung mit einem Ablativ** verwendet (sog. ***ablātīvus absolūtus***). Dieser Ablativ mit Partizip hat im Satz die Funktion eines Adverbiales und wird ähnlich übersetzt, wie es unter den Nummern 7-11 dieses Paragraphen dargestellt wurde. Beispiel:

Persīs ad Salamīna victīs *Gráecia lībera fuit.*

Vorgehen bei der Übersetzung (vgl. Nr. 6):

a) Suche das Partizip und den Ablativ: *Persīs ... victīs*

b) Übersetze zunächst den Rest des Satzes ohne den Ablativ und das Partizip (beachte wieder die geschlossene Wortstellung!):
Gráecia lībera fuit: Griechenland war frei.

c) Bilde aus dem Partizipialausdruck einen eigenen deutschen Satz; der Ablativ wird dabei Subjekt, das Partizip Verbum:
Persīs ad Salamīna victīs: Die Perser waren bei Salamis besiegt.

d) Wie verhalten sich die beiden Handlungen zueinander? (temporal)

Unterordnung:	Nachdem die Perser bei Salamis besiegt worden waren, war Griechenland frei.
Beiordnung:	Die Perser waren bei Salamis besiegt. Daraufhin war Griechenland frei.
Präpositionalausdruck:	Nach der Niederlage der Perser bei Salamis war Griechenland frei.

Wenn im Deutschen der *ablātīvus absolūtus* mit einem Nebensatz oder auch mit Beiordnung wiedergegeben wird, muss aus dem Ablativ das Subjekt und aus dem Partizip das Prädikat gebildet werden.

Duōbus certántibus tértius gaudet.	Wenn zwei sich streiten, freut sich der Dritte.
Homínibus pācem spērántibus multōs annōs bellum fuit.	Die Menschen hofften auf Frieden; dennoch war viele Jahre Krieg.

14. Beim *ablātīvus absolūtus* kann das Partizip gelegentlich durch ein **Prädikatsnomen** (Substantiv oder Adjektiv) ersetzt werden.

Rṓmulō rēge (≈ Rṓmulō rēgnánte) Rōmae fḗminae déerant.	Als Romulus König war (unter der Königsherrschaft des Romulus) fehlten in Rom Frauen.

Wichtige Ausdrücke für Substantive sind:

Rṓmulō rēge	unter der Königsherrschaft des Romulus
Hanníbale duce	unter der Führung Hannibals
mē duce	unter meiner Führung
Caesare auctṓre	auf Veranlassung Caesars
Cicerṓne cṓnsule	im Konsulatsjahr Ciceros
Cicerṓne et Antṓniō cōnsúlibus	unter dem Konsulat des Cicero und des Antonius
Augústō imperātṓre	unter der Herrschaft des Augustus

Nerṓne imperātṓre multī Chrīstiānī propter fidem suam occīsī sunt.	Unter der Herrschaft Neros wurden viele Christen wegen ihres Glaubens getötet.
Péricle auctṓre Athḗnīs templum praeclārum aedificātum est.	Auf Veranlassung des Perikles wurde in Athen ein herrlicher Tempel gebaut.

15. In ähnlicher Weise können auch einige **Adjektive** mit einem Substantiv im Ablativ verbunden werden.

Alexándrō vīvō (≈ vivente)	während Alexander noch lebte; zu Lebzeiten Alexanders

Häufig verwendete Adjektive sind:

invītus	ungern; wider Willen
īnscius (néscius)	unwissend; ohne Wissen
inopīnāns	ahnungslos; ohne zu ahnen, ohne Ahnung
salvus	heil, wohlbehalten
vīvus	lebend; zu Lebzeiten
mórtuus	tot; nach dem Tod

Augústō vīvō Rōma poētās clārōs tulit.	Zu Lebzeiten des Augustus brachte Rom berühmte Dichter hervor.
Alexándrō mórtuō māgnum rēgnum dīvīsum est.	Nach dem Tod Alexanders wurde sein großes Reich geteilt.
Amīcus salvō córpore ex itinere perīculṓsō revértit.	Der Freund kam mit heiler Haut von der gefährlichen Reise zurück.

§ 68 Das Gerúnd(ium)

1. Im Lateinischen besteht wie im Deutschen die Möglichkeit, den Infinitiv Präsens Aktiv zu substantivieren und somit zu deklinieren. Den deklinierten Infinitiv bezeichnet man als Gerund(ium).

2. Für die deutsche Wiedergabe gibt es folgende Möglichkeiten:

Gerundium

ars cantándī

bloßer Infinitiv:	**substantivierter Infinitiv:**	**(Verbal)Substantiv:**
die Kunst zu singen	die Kunst des Singens	die Kunst des Gesangs

Das Gerundium behält stets seinen verbalen Charakter. Es wird deshalb durch ein Adverb näher bestimmt. Deutsche Wiedergabe:

ars pulchrē cantándī

bloßer Infinitiv:	**substantivierter Infinitiv:**	**(Verbal)Substantiv:**
die Kunst schön zu singen	die Kunst des schönen Singens	die Kunst des schönen Gesangs

Beim Gerund bleibt auch die Kasusrektion des Verbums erhalten:

ars carmen pulchrum cantándī
(occā́siō victṓriā ūténdī)

bloßer Infinitiv:	**substantivierter Infinitiv:**	**(Verbal)Substantiv:**
die Kunst, ein schönes Lied zu singen (die Gelegenheit, den Sieg auszunutzen)	die Kunst des Singens eines schönen Liedes (die Gelegenheit des Ausnutzens des Sieges)	die Kunst des Gesangs eines schönen Liedes (die Gelegenheit der Ausnutzung des Sieges)

(substantivierter Infinitiv und (Verbal)Substantiv:) im Deutschen schlechte Wiedergabe, da sich ein unzulässiger Nominalstil ergibt

Im Ablativ wird im Deutschen das Gerund nicht selten durch einen Adverbialsatz (dadurch, dass – indem etc.) wiedergegeben:

Iniū́riās feréndō māiṓrem laudem accípiēs quam faciéndō.

Dadurch, dass du Unrecht erträgst, wirst du größeres Lob erhalten als dadurch, dass du es tust.

Caesar fīnem dīcéndī fḗcerat.	Caesar hatte seine Rede beendet.
Tum Catō cúpidus statim respondéndī erat.	Da wünschte Cato sofort zu antworten.
Catō occāsiṓne Rōmā́nīs senténtiam suam dē rē pū́blicā dīcéndī ūsus est.	Cato nutzte die Gelegenheit, den Römern seine Meinung über den Staat zu sagen.
Nōn cūnctándō, sed fórtiter agéndō rem servā́bitis.	Nicht dadurch, dass ihr zögert, sondern tapfer handelt, werdet ihr die Lage retten.
Catō senātṓrēs ad agéndum admónuit.	Cato ermahnte die Senatoren zum Handeln.
Multī Athēniḗnsēs occāsiṓne cum Sṓcrate colloquéndī ūsī sunt.	Viele Athener nutzten die Gelegenheit, sich mit Sokrates zu unterhalten.
Māgna est difficúltas rem pū́blicam bene administrándī.	Groß ist die Schwierigkeit, den Staat gut zu verwalten.

§ 69 Das Gerundív(um)

1. **Das Gerundiv(um)** hat die Ausgänge eines Adjektivs der ā- und o-Deklination *(-us, -a, -um;* zur Bildung vgl. § 31 ff.). Es ist demnach ein Verbaladjektiv, das häufig – nicht immer – passiven Sinn hat. Wie ein Adjektiv kann das Gerundiv attributiv (d. h. bezogen auf ein Nomen, meist ein Substantiv) oder prädikativ (Ergänzung des Prädikats) verwendet werden. Es ist also zu unterscheiden, ob es
   a) in Kongruenz mit einem Substantiv steht (attributiv)
   b) oder als Ergänzung zu einem Verbum (prädikativ) verwendet wird.

   Das **attributiv verwendete Gerundiv** wird ebenso übersetzt wie ein Gerundium, nämlich durch bloßen Infinitiv, substantivierten Infinitiv oder Substantiv.

   Im Deutschen bestehen demnach folgende Wiedergabemöglichkeiten:

Gerundivum

occā́siō lībertā́tis servándae

bloßer Infinitiv:	**substantivierter Infinitiv:**	**(Verbal)Substantiv:**
die Gelegenheit, die Freiheit zu erhalten	die Gelegenheit zum Erhalten der Freiheit	die Gelegenheit zum Erhalt der Freiheit

Im Deutschen ist wiederum die stilistisch beste Übersetzung zu wählen. Der bloße Infinitiv ist häufig vorzuziehen; der substantivierte Infinitiv ergibt oft, das Verbalsubstantiv gelegentlich einen unerträglichen Nominalstil. Im Ablativ ist wiederum die Übersetzung mit einem Adverbialsatz (dadurch, dass etc.) empfehlenswert.

Catō cúpidus erat lībertā́tis servándae.	Cato war begierig darauf, die Freiheit zu erhalten (... auf den Erhalt der ...).
Catō parā́tus erat ad dēfendéndam lībertā́tem.	Cato war bereit, die Freiheit zu verteidigen (... zur Verteidigung ...).
Senātṓribus hortándīs Catō rem pū́blicam servā́re vóluit.	Dadurch, dass er die Senatoren ermahnte, (durch die Ermahnung der ...) wollte Cato den Staat retten.
In ēligéndīs amī́cīs cūram adhibḗre dēbḗmus.	Bei der Auswahl der Freunde müssen wir Sorgfalt anwenden.

2. **Das Gerundivum** als Verbaladjektiv kann auch **prädikativ verwendet** werden. Im Lateinischen trifft dies in drei Fällen zu:

a) **in Verbindung mit *esse* bedeutet das Gerundivum die Notwendigkeit:**

scrībéndum est	man muss schreiben (es ist zu schreiben)
scrībéndum nōn est	man muss (darf) nicht schreiben
epístula scrībénda est	ein Brief muss geschrieben werden (ist zu schreiben); man muss einen Brief schreiben.

Die Person, die etwas tun muss, erscheint im Dativ (sog. ***datī́vus auctṓris***):

mihi scrībéndum est	ich muss schreiben (mir ist zu schreiben)
mihi epístula scrībénda est	ich muss einen Brief schreiben (mir ist ... zu schreiben)
mihi epístula scrībénda nōn est	ich (muss) darf den Brief nicht schreiben

Multī philósophī homínibus persuādḗre student voluptā́tibus moderā́tē fruéndum esse.	Viele Philosophen bemühen sich, die Menschen davon zu überzeugen, dass man Vergnügen nur maßvoll genießen darf.
Suō cúique iūdíciō ūtendum est.	Jeder muss sein eigenes Urteilsvermögen benutzen.
Páuperēs nōbīs adiuvándī sunt.	Den Armen muss von uns geholfen werden.
Cḗterum cḗnseō Carthā́ginem esse dēléndam.	Im Übrigen bin ich der Ansicht, Karthago müsse zerstört werden.

b) **in Verbindung mit Verben wie *dare, trā́dere, accípere, permíttere, cūrā́re* usw. gibt das Gerundiv den Zweck an:**
(deutsch: substantivierter Infinitiv oder Substantiv oder damit-Satz)

Dō tibi librum legéndum.	Ich gebe dir ein Buch zum Lesen (zur Lektüre, damit du es liest).
Trādō tibi fī́lium ex-coléndum.	Ich übergebe dir meinen Sohn zur Ausbildung (damit du ihn ausbildest).
Caesar pontem faciéndum cūrā́vit.	Caesar ließ eine Brücke bauen (trug Sorge um den Bau einer …).

Athēniēnsēs novās nāvēs aedificándās et véterēs reficiéndās cūrāvērunt.	Die Athener ließen neue Schiffe bauen und die alten wiederherstellen.
Dux mīlitibus urbem dīripiéndam permī́sit.	Der Feldherr überließ den Soldaten die Stadt zur Plünderung.
Alexánder Achíllem imitándum sibi prōposúerat.	Alexander hatte sich Achill zur Nachahmung vor Augen gestellt.

c) **in ehemals elliptischen Fügungen (Gebrauch als attributives Adjektiv):**
Aus der Fügung *indústria laudánda est* (der Fleiß ist zu loben) entstehen wahrscheinlich durch Wegfall des *est* Ausdrücke wie:

indústria laudánda	ein lobenswerter Fleiß
exémplum imitándum	ein nachahmenswertes Beispiel
deus venerándus	ein verehrungswürdiger Gott

Scrīptṓrēs multa facinora laudánda et imitánda in librīs suīs relīquērunt.	Schriftsteller haben viele lobenswerte und nachahmenswürdige Taten in ihren Büchern hinterlassen.
Sṓcratēs virtū́te admīrándā multīs cī́vibus exémplō fuit.	Sokrates war vielen Bürgern durch seine bewundernswerte Tugend ein Vorbild.

§ 70 Das Supin

Das Supin ist ein **Verbalsubstantiv auf *-us, -ūs***, das vom *Supinstamm* (§ 30.3.3) gebildet ist, z. B. *cāsus* das Fallen (der Fall), *hábitus* die Haltung, *mōtus* die Bewegung; z. T. sind nur noch Einzelformen (besonders der Abl.) erhalten wie *iussū* auf Befehl (§§ 12 u. 63.6) und *nātū* der Geburt nach (§ 63.6).
Auf gleiche Weise werden Nominalformen auf *-um* und *-ū* gebildet, die man als Supin bezeichnet. Im Deutschen fehlt eine Entsprechung.

1. Das **Supin auf *-um*** bezeichnet einen **Zweck** und wird mit „um zu + Infinitiv" (manchmal freier) übersetzt. Das Supin auf *-um* kann wegen des **verbalen Charakters** den Kasus des finiten Verbums bei sich haben.

pācem petītum	um Frieden zu erbitten
fīliam nuptum dare	die Tochter zur Ehe geben

Das Supin auf *-um* dient auch zur Bildung des Infinitivs Futur *Passiv* (wörtlich: *laudātum īrī* es wird daran gegangen zu loben); dabei bleibt das *-um* unverändert, auch im Plural).

Spērō nōs (mē) laudātum īrī.	Ich hoffe, dass man uns (mich) loben wird.

Lēgātī Helvētiōrum Rōmam vēnērunt auxílium rogātum.	Gesandte der Helvetier kamen nach Rom, um Hilfe zu erbitten.
Spectātum véniunt, véniunt spectśntur et ipsae. (Frauen im Theater)	Sie kommen, um zu schauen, und auch, um selbst gesehen zu werden.
Pollíceor lítterās tibi missum īrī.	Ich verspreche, dass dir ein Brief geschickt (werden) wird.

2. **Das Supin auf *-u*** bezeichnet eine nähere Bestimmung bei Adjektiven wie *fácilis, difficilis, dīgnus, incrēdíbilis* sowie bei *fās* (es ist Recht) und *nefās* (es ist Unrecht). Häufig sind besonders die Formen *dictū, memorātū* (zu erwähnen), *factū, cógnitū, intellēctū*. Man kann sie immer mit einem *deutschen Infinitiv* übersetzen (manchmal auch freier), etwa:

fácile est dictū	es ist leicht zu sagen
incrēdíbile est audītū	es ist unglaublich zu hören
difficile est cógnitū	es ist nicht leicht zu erkennen
nefās est factū	es ist Unrecht zu tun

Hoc est incrēdíbile memorātū.	Dies ist unglaublich zu erwähnen.
Hoc est fácile intellēctū.	Das ist leicht zu verstehen.

§ 71 Nebensätze (Gliedsätze): Relativsätze

1. Wie alle Nebensätze (vgl. § 45) sind auch die Relativsätze nicht selbstständig, sondern ergeben erst zusammen mit einem Hauptsatz einen Sinn. Sie werden eingeleitet durch

das **Relativpronomen** (§ 23),
durch **verallgemeinernde Relativpronomina** (§ 23.2)
oder durch **relative Adverbien** wie *ubī, unde, quō, quandō.*

*Urbs, in **quā** hábitō, multīs admīrātiṓnī est.*	Die Stadt, in der ich wohne, wird von vielen bewundert.
*Ratiṓnem, **quōcúmque** mē dūcet, séquar.*	Ich will der Vernunft folgen, wohin auch immer sie mich führt.
*Urbs, **ubī** eram, mihi plácuit.*	Die Stadt, in der (wo) ich mich aufhielt, gefiel mir.

2. Je nach dem vertretenen Satzteil unterscheidet man

a) **relative Attributsätze:**

Deus est, quī ómnia regit. (*quī ... regit* ≈ Attribut)	Es gibt einen Gott, der alles lenkt.

b) **relative Subjekt- und Objektsätze**:

(Ea,) Quae nocent, docent. (*Quae nocent* ~ Subjekt)	(Das,) Was schadet, lehrt. (Aus Schaden wird man klug.)
Pollícitus es, quod / quae praestā́re nōn potuístī. (*quod ... nōn potuístī* ~ Objekt)	Du hast versprochen, was du nicht halten (leisten) konntest.

c) **Adverbiale Relativsätze** (Nr. 6).

3. Die adverbialen Relativsätze stehen im Konjunktiv (vgl. Nr. 6), die relativen Attribut-, Subjekt- und Objektsätze sowie die verallgemeinernden Relativsätze (vgl. Nr. 1 und 2) im Indikativ.

4. Bezieht sich ein Relativpronomen auf den **Inhalt des ganzen Satzes** (nicht nur auf ein Nomen), lautet es (*id*) *quod / quae rēs.*

*Herī mē frāter vīsitā́vit, **(id) quod** / **quae rēs** mē valdē dēlectābat.*	Gestern besuchte mich mein Bruder, was mich sehr freute.

5. Bei **vorgezogenen Relativsätzen** steht das Bezugswort meist im Relativsatz, das Demonstrativum folgt oft. Der Deutsche stellt hier um, etwa:

*Quā **nocte** nātus est Alexánder, eā templum Diānae Ephésiae igne dēlētum est.*	In der Nacht, in der Alexander geboren wurde, wurde der Dianatempel in Ephesus durch Feuer zerstört.

Gelegentlich wird auch das Bezugswort im Relativsatz wiederholt, was im Deutschen nicht nachgeahmt wird.

Erant omnīnō itínera duo, quibus ***itinéribus*** *Helvētiī domō exīre possent.*	Es gab insgesamt zwei Wege, auf denen die Helvetier von zu Hause auswandern konnten.

6. **Adverbiale Relativsätze** erfüllen die Funktion vor allem eines finalen, konsekutiven oder kausalen Adverbialsatzes und stehen daher im Konjunktiv, was im Deutschen anders wiedergegeben werden muss. Sie werden übersetzt

   a) durch einen Zusatz („sollen"; „können" bzw. „ja"),
   b) durch die entsprechende Konjunktion (damit; so dass; weil).

   Die wichtigsten Sinnrichtungen sind:

   final (sollen; damit)

Cōnsul nūntium mīsit, quī dīceret.	Der Konsul schickte einen Boten, **der** sagen **sollte**. Der Konsul schickte einen Boten, **damit** er sagte.

konsekutiv (können; so … dass)

Quae cīvitas tam firma est, quae discórdiā dēlērī nōn possit?	Welcher Staat ist **so** stark, **dass** er nicht durch Zwietracht zerstört werden kann?

Hierher gehören auch folgende Ausdrücke, bei denen der Lateiner eine konsekutive Sinnrichtung sieht, die im Deutschen nicht ausgedrückt wird:

sunt (reperiúntur), quī ...	es gibt (finden sich) Leute, die ...
nēmō est, quī ...	es gibt niemanden, der ...
quis est, quī ...	wen gibt es, der ...
nōn dēsunt, quī ...	es fehlt nicht an Leuten, die ...
aptus, idōneus, quī ...	geeignet, dass ...
dīgnus (indīgnus) est, quī ...	er ist würdig (unwürdig), dass ..., er verdient es (nicht), dass ...

Sunt, quī dīcant nēminem tam sapiéntem fuisse quam Sōcratem.	Es gibt Leute, die sagen, dass niemand so weise gewesen ist wie Sokrates.
Imperātor Augústus dīgnus est, quī laudētur, quia bellum cīvīle fīnīvit et pācem fēcit.	Kaiser Augustus verdient es, gerühmt zu werden, da er den Bürgerkrieg beendet und Frieden geschaffen hat.

kausal (weil, da)

Ō fortūnāte adulēscēns, quī tuae virtūtis Homērum praecōnem invēneris!	Glücklicher junger Mann (*Achilles*), **da** du Homer als Künder deiner Leistung gefunden hast!

(selten) adversativ oder konzessiv (der ... doch, während)

Cūr tibi invídeam, quī beātus sim?	Wieso sollte ich dich beneiden, der ich **doch** glücklich bin?

7. Wie alle Nebensätze **können** sonst indikativische Relativsätze in den **Konjunktiv** treten (müssen es aber nicht), wenn sie **innerhalb einer Infinitivkonstruktion oder eines konjunktivischen Nebensatzes** stehen; im Deutschen verwendet man hier den Indikativ; z. B.:

Bonī rēgis est ūtilitātī eōrum, quibus praesit, servīre.	Aufgabe eines guten Königs ist es, dem Nutzen derer zu dienen, die er regiert.
Vix quisquam invéntus est, cui, quod habēret, satis esset.	Man fand kaum jemanden, dem das genügte, was er hatte.

8. Hat ein Relativsatz das *Gewicht eines eigenständigen Satzes*, wird er (heute, dagegen nicht in der Antike!) durch Punkt / Strichpunkt vom vorausgehenden Satz abgetrennt, in dem sein Bezugswort steht. Dieser Fall heißt **relativer Satzanschluss**.

Dabei übersetzt man das Relativpronomen als deutsches Demonstrativum oft unter Beifügung einer vom Sinn her passenden *koordinierenden Konjunktion* (z. B. dieser *nämlich*, dieser *aber* ...).

Sallústius rēs Rōmānās scrīpsit. ***Quī*** *dēmōnstrāre vóluit, cūr rēs pūblica māgna facta esset.*	Sallust schrieb römische Geschichte. **Dieser nämlich** (denn dieser) wollte darlegen, warum der Staat groß geworden war.

Der relative Satzanschluss kann in Haupt- oder Gliedsätzen verwendet werden. Das Relativpronomen steht dabei immer an erster Stelle.

Sallústius prīmō ad rem pūblicam accéssit. ***Quī cum*** *animadvertisset ibī māgna perīcula īnstāre, ad históriam sē cóntulit.*	Zunächst betätigte sich Sallust politisch. **Als dieser aber** gemerkt hatte, dass dort viele Gefahren drohten, wandte er sich der Geschichtsschreibung zu.

Wichtige Verbindungen mit relativem Satzanschluss sind:

quae cum ita sint / essent	da dies so ist; unter diesen Umständen
quae cum dīxisset	nachdem er dies gesagt hatte; nach diesen Worten
quámobrem / quārē (quā rē)	daher

Pyrrhī médicus ad Fabrícium cōnsulem vēnit. Quem Fabrícius vinctum redūcī iussit.	Der Arzt des Pyrrhus kam zum Konsul Fabricius. Diesen aber ließ Fabricius gefesselt zurückführen.
Quámobrem (quārē) Pyrrhus valdē mīrātus est.	Deshalb wunderte sich Pyrrhus sehr.
Quae cum ita essent, Pyrrhus Rōmānōs admīrātus est et tímuit.	Unter diesen Umständen bewunderte Pyrrhus die Römer und fürchtete sie.
Plērīque labōrem et dolōrem timent. Quibus ut cáreant, ómnia experiúntur.	Die meisten fürchten Mühe und Schmerz. Damit sie aber diese nicht haben, unternehmen sie alles.

Beginnt ein Relativsatz mit *Quī enim* oder mit *Quī autem* (also mit einer koordinierenden Konjunktion neben einem Relativpronomen), kann es **kein** relativer Satzanschluss sein (ein Demonstrativum folgt oft).

Multās rēs Rōmae vīdī. ***Quās autem*** *exspectāveram, eās vidēre nōn póteram.*	Viele Dinge sah ich in Rom. **Diejenigen** aber, **die** ich erwartet hatte, konnte ich nicht sehen.

Hat ein Relativpronomen am Satzanfang eine unterordnende Konjunktion neben sich, kann es **nur** ein relativer Satzanschluss sein.

Multās rēs Rōmae vīdī. ***Quās cum*** *vīdíssem, valdē gavīsus sum.*	Viele Dinge sah ich in Rom. Als ich **diese** (aber) gesehen hatte, freute ich mich sehr.

Hérculēs vir fortis erat. Quī cum māgnōs labōrēs subīsset, multīs admīrātiōnī fuit.	Herkules war ein tapferer Mann. Weil dieser große Mühen auf sich genommen hatte, wurde er von vielen bewundert.
Quī post mortem ad deōs ábiit.	Dieser stieg nach dem Tod zu den Göttern auf.

9. Ein lateinischer Relativsatz kann mit einer Infinitivkonstruktion oder einem von ihm abhängigen Nebensatz (oft einem indirekten Fragesatz) **verschränkt** werden; hier ist meist eine freiere deutsche Wiedergabe nötig. Hilfreich kann es sein, den verschränkten Relativsatz zunächst wegzulassen und dann als eigenen Hauptsatz wiederzugeben.

Themístoclēs, quem bene dē pátriā méritum esse scīmus, exsul mórtuus est.
Themistokles starb in der Verbannung. Wir wissen, dass dieser sich um die Heimat verdient gemacht hat.

Als endgültige Übersetzung bieten sich folgende Möglichkeiten:

a) Verschränkung mit einem **AcI**:

Themístoclēs, quem bene dē pátriā méritum esse scīmus, exsul mórtuus est.

Notbehelf (wörtlich – meist nicht gut):
Themistokles, **von dem** wir wissen, dass er sich um die Heimat verdient gemacht hat, starb in der Verbannung.

Parenthese (Einschub – fast immer möglich):
Themistokles, **der – wie wir wissen** – sich um die Heimat verdient gemacht hat, starb in der Verbannung.

Übersetzung mit Präpositionalausdruck oder Adverb (oft möglich):
Themistokles, der sich **unserem Wissen nach (bekanntlich)** um die Heimat verdient gemacht hat, starb in der Verbannung.

b) Verschränkung mit (etwa) **einem indirekten Fragesatz**:

Sṓcratēs, in quem quam iniū́stē cīvēs cōnsulúerint scīmus, fúgere nṓluit.

Notbehelf (wörtlich – meist nicht schön):
Sokrates, **von dem wir wissen, wie** ungerecht sich seine Mitbürger gegen ihn verhalten haben, wollte nicht fliehen.

Parenthese (Einschub – fast immer möglich):
Sokrates – **wir wissen, wie** ungerecht sich seine Mitbürger gegen ihn verhalten haben – wollte nicht fliehen.

Übersetzung durch einen eigenständigen Satz (oft möglich):
Wir wissen, wie ungerecht sich die Mitbürger gegen Sokrates verhalten haben. Dennoch wollte er nicht fliehen.

Lycū́rgus, cúius tempóribus Homḗrum fuisse scīmus, Lacedaemóniīs lēgēs dedit.	Lykurg, zu dessen Zeit, wie wir wissen, Homer gelebt hat, gab den Lakedämoniern Gesetze.
Homḗrus, quī quā in urbe vī́xerit, īgnṓtum est, ópera praeclā́ra cōnfḗcit.	Homer – es ist unbekannt, in welcher Stadt er gelebt hat – schuf hervorragende Werke.

10. Zur **Verschränkung mit dem *ablātī́vus comparātiṓnis*** siehe Nachtäge S. 200!

§ 72 Temporalsätze

1. Zeitangaben sind adverbiale Bestimmungen; die Temporalsätze zählen daher zu den **Adverbialsätzen**.

2. Zeitangaben werden im Lateinischen sehr differenziert betrachtet. Dies spiegelt sich im Gebrauch unterschiedlicher Konjunktionen/Subjunktionen wider.

3. Die wichtigsten Konjunktionen mit dem **Indikativ** sind:

Konjunktion	Bedeutung	Bemerkung
cum (temporal) *(inversum)* *(iterativ)* *(coincidens)*	a) (dann) wenn; damals – als b) als (plötzlich) c) jedesmal – wenn, sooft d) dadurch, dass,	Angabe des Zeitpunkts überraschendes Ereignis wiederholte Handlung Zusammenfallen zweier Handlungen
dum, quoad, dōnec }	solange (als), solange bis	
dum	während	Indikativ Präsens
ántequam *priúsquam* }	bevor	bei lat. Perfekt → dt. Imperfekt oder Plusquamperfekt
postquam	nachdem	lat. meist Indikativ Perfekt → dt. Plusquamperfekt (Perfekt nur bei Präsens im Hauptsatz)
ut (prīmum) *ubī (prīmum)* *simul(átque)* }	sobald als	lat. Indikativ Perfekt → dt. Plusquamperfekt; (lat. Plusquamperfekt in der Bedeutung „sooft“)

Tum, cum auctṓritās mulíerum māgna erat, rēs pū́blica Rōmā́na flōrēbat.	Damals, als das Ansehen der Frauen groß war, stand der römische Staat in Blüte.
Epístulam tuam legēbam, cum ad mē amī́cus quīdam vēnit.	Ich war gerade dabei, deinen Brief zu lesen, als (plötzlich) ein Freund zu mir kam.
Gygēs cum ā́nulum convérterat, ā nūllō vidēbā́tur, ipse autem ómnia vidēbat.	Wenn (sooft) Gyges seinen Ring gedreht hatte, wurde er von niemandem mehr gesehen, er selbst aber sah alles.
Mē dēlectāvístī, cum haec dī́xistī.	Du hast mir Freude gemacht, dadurch dass du dies gesagt hast.

Dōnec eris fēlīx, multōs numerā-bis amīcōs.	Solange du glücklich bist, wirst du viele Freunde zählen.
Vidē, nē, dum ad cacūmen pervenīre conténdis, dēcidās.	Siehe zu, dass du nicht herabfällst, während du dich bemühst, zum Gipfel zu gelangen.
Tibi nōn respondēbō, priúsquam tū respónderis.	Ich werde dir nicht antworten, bevor du geantwortet hast.
Gráecia Homērum, poētam clārum, tulit, ántequam Rōma cóndita est.	Griechenland brachte Homer, einen berühmten Dichter, hervor, bevor Rom gegründet war.
Postquam Hérculēs leōnem necāvit, íncolae Németae ā timōre līberī erant.	Nachdem Herkules den Löwen getötet hatte, waren die Bewohner von Nema frei von Furcht.
Horātius ut prīmum ex púerīs excéssit, sē ad artem poēticam cóntulit.	Sobald Horaz dem Kindesalter entwachsen war, wandte er sich der Dichtkunst zu.
Simulátque nātum est ánimal, gaudet voluptāte.	Sobald ein Lebewesen geboren ist, freut es sich über ein Lustgefühl.

4. Mit dem **Konjunktiv** werden verbunden:

cum	a) als	Erzählung einmaliger Ereignisse
	b) während, wobei	Begleitumstand einer Handlung
dum, dōnec	(solange) bis	finaler Nebensinn
ántequam, priúsquam	bevor	finaler Nebensinn oder Potentialis (oder auch rein temporal)

Cum Agamémnō Chrysem sacerdōtem offendísset, Apóllō Graecōs morbō gravī affēcit.	Als Agamemnon den Priester Chryses beleidigt hatte, sandte Apollo den Griechen eine schwere Krankheit (bestrafte mit ...).
Cum Cicerō coniūrātiōnem Catilīnae dētēxísset, íncolae Rōmae ā timōre līberī erant.	Als Cicero die Verschwörung Catilinas aufgedeckt hatte, waren die Bewohner Roms frei von Furcht.
Éxiit, cum dīceret.	Er ging hinaus, wobei er sagte.
Exspéctā, dōnec ipse tē convéniam.	Warte, bis ich selbst dich besuche.
Īrātī coercéndī sunt, dum ipsī suī poténtēs rūrsus sint.	Zornige muss man in Schranken halten, bis sie selbst ihrer (ihrer selbst) wieder mächtig sind.
Dē Catilīnae mōribus pauca dēmōnstránda sunt, priúsquam inítium narrándī fáciam.	Über den Charakter Catilinas muss einiges erläutert werden, bevor ich den Anfang meiner Erzählung machen kann (will).

§ 73 Kausalsätze

1. Auch **Kausalsätze** gehören zu den **Adverbialsätzen.** Je nach ihrer Konjunktion/Subjunktion werden sie mit dem Indikativ oder dem Konjunktiv verbunden.

Sie werden oft durch Demonstrativa angekündigt, z. B.:

proptéreā, eō, idcírcō, quod	deshalb, weil
hanc ob causam , quod	deshalb, weil
eō magis (minus), quod	umso mehr (weniger), als

2. Konjunktionen mit dem **Indikativ** sind:

quod, quia	da, weil
quóniam	weil (ja)
síquidem	da ja; wenn wirklich

Falls *quod, quia* oder *quóniam* mt dem Konjunktiv verbunden sind, liegt ein subjektiver Grund vor, der im Deutschen gewöhnlich durch einen Einschub („nach seiner/ihrer Meinung“) wiedergegeben wird.

Inimī́cī Alcibiadem abséntem reum fḗcērunt, quod sacra violā́sset.	Alkibiades klagten seine Feinde in seiner Abwesenheit an, da er **ihrer Meinung nach** die Heiligtümer geschändet hatte (habe).

3. Folgende Konjunktionen haben den **Konjunktiv** nach sich:

cum	da, weil
praesértim cum	zumal da
quippe cum / quī	weil ja

Sṓcratēs iū́dicēs precā́rī nṓluit, nōn quia eōs illū́dere volēbat (vellet), sed quia nūllī́us culpae sibi cṓnscius erat.	Sokrates wollte die Richter nicht anflehen, nicht weil er sie verspotten wollte, sondern weil er sich keiner Schuld bewusst war.
Discḗdite in tēcta vestra, quóniam nunc nox est.	Geht in euere Häuser, weil ja jetzt schon Nacht ist.
Mercātṓrum timor māgnus erat, cum viae perīculṓrum plēnae essent.	Die Angst der Kaufleute war groß, da die Wege voller Gefahren waren.
Alcibiadēs dḗcipī nōn pótuit, praesértim cum ánimum attendísset ad cavéndum.	Alkibiades konnte nicht getäuscht werden, zumal er darauf geachtet hatte sich zu hüten .

§ 74 Finalsätze

1. **Finalsätze** (von *finis* der Zweck, die Absicht, das Ziel) lassen sich aufgrund ihrer syntaktischen Verwendung in zwei verschiedene Gruppen einteilen:
   a) Sie drücken eine **Absicht** (Wunsch, Begehren) aus und erfüllen die **Funktion eines Subjekts** (beim unpersönlichen Passiv des übergeordneten Verbums; Frage: Wer oder was?) oder meist **die Funkton eines Objekts** (Frage: Wen oder was? bzw. worum?): finale Objekts/Subjektsätze, sog. Wunsch- oder Begehrsätze.
   b) Sie können auch ein **Adverbiale** vertreten: finale Adverbialsätze, sog. Absichtssätze; Frage: In welcher Absicht, zu welchem Zweck?

2. Im Lateinischen besteht zwischen Konjunktionen, die finale Objekt (Subjekt)- oder Adverbialsätze einleiten, kein Unterschied.

   Im Deutschen lautet die Konjunktion bei Objekt(Subjekt)sätzen „dass", bei Adverbialsätzen „damit".
   Ich wünsche, dass du kommst (was? - dein Kommen): Objektsatz.
   Ich komme, damit ich dir helfe (zu welchem Zweck): Adverbialsatz.

   Im Deutschen steht auch im Adverbialsatz „dass", wenn der übergeordnete Satz ein Demonstrativum enthält:
   Ich komme in der Absicht (unter der Bedingung), dass ich dir helfe.

3. Finale Objeksätze stehen im Lateinischen nach Verben des Bittens, Forderns, Strebens und dgl., z. B.:

ōrā́re, rogā́re	bitten	*concḗdere*	zugestehen
imperā́re	befehlen	*in-, addū́cere*	veranlassen
hortā́rī, monḗre	mahnen	*postulā́re*	fordern
optā́re	wünschen	*persuā́dēre*	überreden

   Finale Adverbialsätze können von jedem Verbum abhängen.

4. Weil **Finalsätze** eine Absicht ausdrücken, stehen sie im Lateinischen im **Konjunktiv.** Die wichtigsten Konjunktionen sind:

ut	dass, damit	*nē*	dass, damit nicht,
nē ... nēve (neu) }	damit nicht ..	*nē quis, nē quid,*	dass, damit niemand,
nē ... neque }	und (nicht)	*nē umquam,*	nichts, niemals,
quō (= ut eō)	damit um so	*nē quandō*	nicht irgendwann

Vírginēs Sabīnae pátribus persuāsērunt, ut bellō dēsísterent.	Die sabinischen jungen Frauen überredeten ihre Väter, mit dem Krieg aufzuhören.
Augústus Rōmānōs mónuit, nē mōrēs māiōrum neglégerent.	Augustus mahnte die Römer, die Sitten der Vorfahren nicht zu vernachlässigen (dass sie …).
Ager arātur, quō meliōrēs frūctūs ferre possit.	Der Acker wird gepflügt, damit er umso besseren Ertrag hervorbringen kann.
Optō, nē quid malī mihi áccidat.	Ich wünsche, dass mir kein Übel zustößt.
Édimus, ut vīvāmus, nōn vī́vimus, ut edāmus.	Wir essen, um zu leben, wir leben nicht, um zu essen (damit wir …).
Sōcratēs cīvēs suos mónuit, nē quis álterī nocēret.	Sokrates mahnte seine Mitbürger, dass keiner dem anderen schade.

5. Sätze nach **Verben des Fürchtens und Hinderns** (*verba timéndī* und *impediéndī*) werden im Lateinischen als verneinte Wunschsätze (≈ wünschen, dass nicht) aufgefasst. Dazu gehören:

timēre, verērī, metúere	fürchten	*impedīre*	hindern
		prohibēre	abhalten
perīculum est	es besteht die Gefahr	*recūsāre*	sich weigern
		obstāre	im Wege stehen

Sie werden deshalb durch folgende Konjunktionen eingeleitet:

nē	dass	*nē nōn (ut)*	dass nicht
nē nēmō	dass niemand	*nē nihil (ut aliquid)*	dass nichts

Cornēlia tímuit, nē quid malī fīliīs accíderet.	Cornelia fürchtete, dass ihren Söhnen etwas Schlimmes zustoße.
Perīculum erat, nē nēmō īnsídiās fúgeret.	Es bestand die Gefahr, dass niemand dem Hinterhalt entkam.
Ímpedit īra ánimum, nē possit cérnere vērum.	Es hindert Zorn den Geist, dass er Wahres erkennen kann.

6. Nach den Verben des Hinderns kann statt *nē* auch *quōminus* stehen, in einigen Fällen (besonders bei *prohibēre* und *recūsāre*) auch Infinitiv.

Cimōn numquam in hortīs custōdem pósuit, nē quis impedīrētur, quōminus eīs rēbus, quae ibī essent (§71.7), *fruerētur.*	Kimon stellte niemals in seinen Gärten einen Wächter auf, damit niemand gehindert werde, das zu genießen, was es dort gab.

§ 75 Konsekutivsätze

1. **Konsekutivsätze (Folgesätze)** können zwei verschiedene Funktionen haben:
   a) *konsekutive Subjektsätze* nach unpersönlichen Ausdrücken; sie werden im Deutschen nur mit „dass" eingeleitet;
   b) *konsekutive Adverbialsätze* (die eigentlichen Folgesätze), also Adverbialsätze, die eine tatsächliche oder mögliche Folge bezeichnen; sie werden im Deutschen mit „dass" bzw. „so dass" eingeleitet (Nr. 4).

2. Konsekutivsätze stehen mit dem Konjunktiv, obwohl sie eine Behauptung enthalten. Sie werden eingeleitet durch:

ut	dass, so dass	*ut nōn*	(so) dass nicht
ut nihil, nēmō	(so) dass nichts, niemand	*ut numquam*	(so) dass niemals

3. **Konsekutive Subjektsätze** stehen vor allem nach unpersönlichen Verben und Ausdrücken des Geschehens und der Folge, wie z. B.:

fit	es geschieht	*séquitur*	daraus folgt
fierī potest	es ist möglich	*restat*	es bleibt übrig
áccidit, ēvenit	es ereignet sich	*mōs/lēx est*	es ist Sitte/Gesetz
contíngit	es glückt, gelingt	*nihil restat nisī*	nichts bleibt übrig als

Fierī potest, ut id falsum sit.	Es ist möglich, dass dies falsch ist.
Sapiéntī sōlī continget, ut nihil fáciat invītus.	Nur dem Weisen wird es gelingen, dass er nichts gegen seinen Willen tut.
Restat, ut dóceam, quae sint hóminum causa facta.	Es bleibt übrig, dass ich darlege, was der Menschen wegen geschaffen ist.

4. **Adverbiale Konsekutivsätze** können nach beliebigen übergeordneten Verben stehen; im Deutschen werden sie eingeleitet mit „so dass"; oft werden sie angekündigt durch **Demonstrativa** wie *is, tālis, tantus, sīc, ita, ádeō, tam* oder einen Komparativ mit *quam*. Im Deutschen werden sie in diesem Fall nur mit „dass" eingeleitet.

Átticus sīc Graecē locūtus est, ut Athḗnīs nātus esse vidērḗtur.	Attikus beherrschte die griechische Sprache so, dass es schien, er sei in Athen geboren.
Ariovístus eō supérbiae (~ ad tantam supérbiam) prōcéssit, ut nōn feréndus vidērḗtur.	Ariovist verstieg sich zu so großem Hochmut, dass er unerträglich zu sein schien.
Aristī́dēs iū́stior erat, quam ut invídiam vulgī effúgere posset.	Aristides war zu gerecht, als dass er dem Neid des Volkes entgehen konnte.
Ádeō excellḗbat Aristī́dēs abstinéntiā, ut ūnus post hóminum memóriam Iūstus sit appellā́tus.	So sehr zeichnete sich Aristides durch Uneigennützigkeit aus, dass er als einziger seit Menschengedenken der Gerechte genannt wurde.
Multṓrum aurēs vēritā́ti clausae sunt, ut nē ab amī́cīs quidem vērum audī́re possint.	Die Ohren vieler sind für die Wahrheit verschlossen, so dass sie nicht einmal von Freunden Wahres hören können.

§ 76 Konditionalsätze

1. **Konditionalsätze** zählen zu den Adverbialsätzen; sie geben eine **Bedingung** an und werden durch folgende Konjunktionen/Subjunktionen eingeleitet, die in der Regel den Indikativ nach sich haben (vgl. aber Nr. 2):

sī	wenn, falls	*nisī*	wenn nicht
sīn (autem)	wenn aber	*quodsī*	wenn aber, nun, nämlich
nisī forte (vērō)	es müsste denn sein, dass	*sī minus / sī nōn*	andernfalls, wenn nicht
sīve ... sīve / seu ... seu	sei es dass ... oder dass	*sī modo*	wenn nur (bloße Bedingung)

Mit dem Konjunktiv werden verbunden

quasi, tamquam (sī), velut (sī)	als ob, als wenn
dum, modo, dúmmodo	wenn nur (bedingter Wunsch)

2. Konditionalsätze stehen

a) im Indikativ, wenn die Bedingung als real angesehen wird (**Realis**);

b) im Konjunktiv Präsens oder Perfekt (gleichbedeutend), wenn sie nur als möglich gedacht ist (**Potentialis**); (vgl. § 46.2)

c) im Konjunktiv Imperfekt bzw. Plusquamperfekt, wenn sie als unwirklich dargestellt ist (**Irrealis der Gegenwart bzw. der Vergangenheit**). (vgl. § 46.3)

3. Konditionalsätze werden mit *nōn* verneint.

Sī vīta beā́ta amíttī potest, beā́ta esse nōn potest.	Wenn ein glückliches Leben verloren werden kann, kann es nicht glücklich sein.
Sī hoc crēdās (crēdíderis), errēs.	Solltest du das glauben, dürftest du wohl irren.
Nisī Alexánder essem, ego vērō vellem esse Diógenēs.	Wenn ich nicht Alexander wäre, wollte ich doch Diogenes sein.
Sī hoc crēdidíssēs, errāvíssēs.	Wenn du dies geglaubt hättest, hättest du geirrt.
Frūstrā labōrā́bis, nisī deus tē adiuvā́bit.	Du wirst vergeblich arbeiten, wenn Gott dir nicht hilft.
Sī statim nōbīs auxíliō veniḗtis, perī́cula arcēbimus; sīn diútius exspectā́bitis, nūlla spēs salū́tis nōbis erit.	Wenn ihr uns sofort zu Hilfe kommt, werden wir die Gefahren abwehren; wenn ihr aber noch länger wartet, werden wir keine Hoffnung auf Rettung haben.
Véniet tempus mortis, sīve recū́sās, sīve optās.	Es kommt die Zeit des Todes, sei es, dass du dich sträubst oder dass du es wünscht.
Ádiuvā miserōs, nisī forte sunt dīgnī misériā!	Hilf den Armen, es müsste denn sein, dass sie ihr Unglück verdienen.
Quid hīs téstibus ūtor, quasi rēs dúbia sit?	Warum (gebrauche) ziehe ich diese Zeugen heran, als ob der Sachverhalt zweifelhaft wäre?
Ṓderint, dum métuant.	Sie mögen mich hassen, wenn sie mich nur fürchten.
Fácilis est rēs, sī modo ūnum omnēs sentī́mus.	Leicht ist eine Sache, wenn wir nur alle eines Sinnes sind.

§ 77 Konzessivsätze

1. **Adverbialsätze** sind auch die **Konzessivsätze.** Sie drücken aus, dass etwas zugegeben (eingeräumt, vgl. *concēdere*) wird, was im Gegensatz zur Handlung (bzw. zum Zustand) des übergeordneten Verbums steht.

2. Konjunktionen mit **Indikativ** sind:

quamquam, etsī, támetsī	obwohl; auch wenn
etiámsī (z. T. mit Konjunktiv)	auch wenn, selbst wenn

3. Konjunktionen mit **dem Konjunktiv** sind:

quamvīs	obwohl, wenn auch
cum	obwohl; während dagegen
licet	mag auch, mag immerhin
ut	gesetzt den Fall, dass

Achíllēs bellō Trōiānō interésse vóluit, quamquam mortem sibi certam esse sciēbat.	Achilles wollte am trojanischen Krieg teilnehmen, obwohl er wusste, dass der Tod ihm gewiss sei.
Etsī (támetsī) in itínere eram, lítterās ad tē dedī.	Auch wenn ich auf einer Reise war, schickte ich dir einen Brief.
Quamvīs sint sub aquā, sub aquā maledīcere temptant.	Obwohl sie unter Wasser sind, versuchen sie noch unter Wasser zu schmähen.
Themístoclēs cum dē pátriā bene méritus esset, tamen invídiam cīvium suōrum nōn effūgit.	Obwohl sich Themistokles um das Vaterland verdient gemacht hatte, entging er dem Neid seiner Mitbürger nicht.
Platō multa dē Sōcrate scrīpsit, cum Sōcratēs ipse nūllam lítteram relīquisset.	Plato schrieb vieles über Sokrates, während (dagegen) Sokrates selbst keinen einzigen Buchstaben hinterlassen hat.
Tyránnī licet māgnās dīvítiās possídeant, tamen beātī nōn sunt.	Mögen auch die Tyrannen großen Reichtum besitzen, so sind sie dennoch nicht glücklich.
Ut dēsint vīrēs, tamen est laudánda volúntās.	Gesetzt den Fall, dass die Kräfte fehlen, so ist doch der Wille zu loben.

Anmerkung:
Quamquam kann auch einen Hauptsatz einleiten; Übersetzung: indes, freilich, doch.
Quamvīs steht nicht selten neben einem Adjektiv oder Adverb; Übersetzung: noch so.

Quamquam quid lóquor?	Indes (doch, freilich) was rede ich?
Hérculēs perīculīs quamvīs māgnīs nōn dētérritus est.	Herkules schreckte vor noch so großen Gefahren nicht zurück.

§ 78 Indirekte Fragesätze

1. **Wortfragen und Satzfragen** (vgl. § 48) können auch indirekt verwendet werden:
   a) direkt: Wer hat das getan? – Hast du das getan?
   b) indirekt: Ich frage, wer das getan hat. – Ich frage, ob du das getan hast.
   Indirekte Fragen sind abhängig von Verben des Sagens, Fragens und Wissens. Sie sind meist Objektsätze (selten Subjektsätze, etwa nach unpersönlichen Verben) und stehen im Lateinischen in der Regel im **Konjunktiv**, während im Deutschen fast immer der Indikativ gesetzt wird.

2. Indirekte Wortfragen werden mit denselben Fragewörtern (Interrogativa), indirekte Doppelfragen meist mit denselben Fragepartikeln eingeleitet wie direkte (vgl. § 48); die Verneinung lautet normalerweise *necne* statt *annōn*. Bei indirekten Satzfragen wird dagegen gleichbedeutend *-ne* oder *num* (ob, ob nicht) als Einleitung verwendet, kaum *nōnne*.
   Nach Verben des Erwartens, Versuchens oder ähnlicher Bedeutung heißt *sī* „ob".

Nōn quaerō, quae tē causa impúlerit.	Ich frage nicht, welcher Grund dich veranlasst hat.
Quid est, cūr domī máneās (mānseris, mānsūrus sīs)?	Was ist der Grund, weshalb du zu Hause bleibst (geblieben bist, bleiben wirst)?
Videāmus, deōrúmne prōvidéntiā mundus regātur necne.	Lasst uns untersuchen, ob die Welt durch die Vorsehung der Götter gelenkt wird oder nicht.
Xénophōn Sōcratem cōnsúluit, num Cyrum sequerētur.	Xenophon fragte Sokrates, ob er sich Kyros anschließen solle.
Helvētiī cōnātī sunt, sī flūmen trānsgredī possent.	Die Helvetier versuchten, ob sie den Fluss überschreiten könnten.

Anmerkung:

haud sciō (dúbitō), an	vermutlich, vielleicht (ich weiß nicht, ob nicht)
nésciō, annōn	schwerlich (ich weiß nicht, ob)

Haud sciō (dúbito), an errēs.	Vielleicht (vermutlich) irrst du.
Nésciō, annōn id contíngat.	Schwerlich gelingt das.

§ 79 Faktisches *quod*

1. Das sog. faktische *quod* drückt eine wirkliche Tatsache aus. Es wird meist mit dem Indikativ verwendet (zum Konjunktiv vgl. Nr. 71.7). Im Deutschen wird es gewöhnlich mit „dass" wiedergegeben.

2. Oft erklärt das faktische *quod* den Inhalt des übergeordneten Satzes oder einen seiner Begriffe, speziell ein Demonstrativum oder ein Adverb. Wichtige Wendungen sind:

hoc mấximē ínterest, quod	darin liegt der größte Unterschied, dass
bene, male, rēctē fácere, quod	gut, schlecht, richtig daran tun, dass
bene ḗvenit, quod	es trifft sich gut, dass
hūc accḗdit, quod	es kommt hinzu, dass

Anmerkung:
Dieses Demonstrativum kann gelegentlich fehlen; manchmal steht dann *quod* am Anfang eines Satzgefüges. Deutsche Übersetzung: „Was den Umstand (die Tatsache) anbelangt, dass; wenn."

Mihi vidéntur hóminēs hāc rē mấximē praestấre bēstiīs, quod loquī possunt.	Mir scheinen die Menschen am meisten dadurch die Tiere zu übertreffen, dass sie reden können.
Bene facis, quod mē ádiuvās.	Du tust gut daran, mir zu helfen.
Vítium hóminum saepe est, quod luxuriṓsē vīvunt.	Ein Laster der Menschen ist oft der Umstand, dass sie in Luxus leben.
Quod putās mē hoc fēcisse, errās.	Was den Umstand betrifft, dass / Wenn du glaubst, ich hätte das getan, irrst du.
Bene ēvḗnit, quod Athḗnās multī hóminēs doctī concurrḗrunt.	Es traf sich gut, dass in Athen viele Gelehrte zusammenströmten.
Hūc accéssit, quod étiam Athḗnae clārōs philósophōs tulḗrunt.	Es kam hinzu, dass auch Athen berühmte Philosophen hervorgebracht hat.

3. Häufig wird das faktische *quod* nach Verben der Gemütsstimmung und Gefühlsäußerung (neben anderen Konstruktionen wie z. B. AcI) verwendet. Häufige Wendungen sind:

gaudḗre, quod	sich darüber freuen, dass
mīrā́rī, quod	sich darüber wundern, dass
laudā́re, quod	loben, dass
crī́minī dare, quod	zum Vorwurf machen, dass
accūsā́re, quod	anklagen, dass
grātulā́rī, quod	Glück wünschen, dass
grā́tiās ágere, quod	Dank sagen, dass

Nach diesen Verben kann *quod* auch kausal aufgefasst und mit „weil“ übersetzt werden.

Anmerkung:
Insbesondere nach diesen Verben kann nach einem faktischen *quod* auch der Konjunktiv stehen, wenn eine Meinung des übergeordneten Subjekts ausgedrückt wird. Deutsche Wiedergabe: Konjunktiv oder „seiner (ihrer) Meinung nach“ (Einschub). Der Konjunktiv kann außerdem verwendet werden, wenn der *quod*-Satz von einem Infinitiv oder konjunktivischen Nebensatz abhängt (vgl. § 71.7).

Augústus gāvī́sus est, quod Athḗnīs cum Vergíliō convenī́ret.	Augustus freute sich, dass er in Athen Vergil antraf.
Rōmā́nī mīrā́tī sunt, quod Hánnibal ausus erat autúmnō Álpium montēs trānscéndere.	Die Römer wunderten sich, dass Hannibal es gewagt hatte, im Herbst die Berge der Alpen zu überschreiten.
Athēniḗnsēs Sṓcratī crī́minī dedḗrunt, quod mōrēs iúvenum corrūpisset.	Die Athener machten Sokrates zum Vorwurf, dass er (ihrer Meinung nach) die Sitten der jungen Leute verdorben habe.
Sṓcratēs apud iū́dicēs dīxit sibi bene accídere, quod mitterḗtur ad mortem.	Sokrates sagte vor den Richtern, es treffe sich für ihn gut, dass er in den Tod geschickt werde.
Rōmā́nī Augústō grātulā́tī sunt, quod bellum cīvī́le fīnī́verat et pācem fḗcerat.	Die Römer beglückwünschten Augustus, dass er den Bürgerkrieg beendet und Frieden geschaffen hatte.

§ 80 *Quīn*-Sätze

1. Am Anfang eines Hauptsatzes bedeutet *quīn* „warum nicht?". Es handelt sich dabei mitunter um eine unwillige Frage, die als Aufforderung gedacht ist.
Quīn ego nōn maneō? Warum bleibe ich denn nicht? Dann bleibe ich eben!

In Verbindung mit *etiam* bedeutet *quīn* „ja sogar".

Quīn discis?	Warum lernst du nicht? (≈ Lerne doch endlich!)
Quīn abīs in malam rem?	Warum scherst du dich nicht zum Teufel? (≈ Scher dich zum Teufel!)
Incrēdíbile est, quantum diē scrī́bam, quīn étiam nocte.	Es ist unglaublich, wieviel ich am Tag schreibe, ja sogar erst bei Nacht.

2. Wenn *quīn* einen Nebensatz einleitet, steht es stets mit Konjunktiv. Dabei bedeutet *quīn* nach den verneinten Ausdrücken des Zweifelns „dass".

nōn dubitā́re, quīn	nicht zweifeln, dass
dúbium nōn est, quīn	es besteht kein Zweifel, dass

Dubitā́rī nōn dēbet, quīn fúerint ante Homḗrum poḗtae.	Man darf nicht daran zweifeln, dass schon vor Homer Dichter gelebt haben.
Quis dúbitet (≈ nēmō dúbitet), quīn in virtū́te dīvítiae sint?	Wer (niemand) dürfte zweifeln, dass in der Tugend Reichtümer liegen?

3. Nach einigen negativen Ausdrücken kann statt anderer Konjunktionen (z. B. *ut, nē*) *quīn* in der Bedeutung „dass" verwendet werden. Beispiele.

nōn impedī́re, quīn	nicht hindern, dass
mē nōn fugit, quīn	es bleibt mir nicht verborgen, dass
multum abest, quīn	es fehlt weit, dass
nōn recūsā́re, quīn	sich nicht weigern, dass

Rōmā́nī nōn recūsāvḗrunt, quīn Gallīs aurum pénderent.	Die Römer weigerten sich nicht, den Galliern Gold zu zahlen.
Nōn multum ā́fuit, quīn Sṓcratēs ā iūdícibus absolverḗtur.	Es fehlte nicht viel, dass Sokrates von den Richtern freigesprochen wurde.
Gallī Germā́nōs impedī́re nōn potuḗrunt, quīn Rhēnum trānsī́rent.	Die Gallier konnten die Germanen nicht hindern, den Rhein zu überschreiten.

4. Als Einleitung eines Nebensatzes kann *quīn* auch heißen „dass nicht." Es handelt sich dabei um verneinte Konsekutiv- oder Relativsätze.

Nūllus mōns tam árduus est, quīn (= quī/ut nōn) ascéndī possit.	Kein Berg ist so steil, dass er nicht erstiegen werden kann.
Fierī nōn potest, quīn tibi asséntiar.	Es kann nicht geschehen, dass ich dir nicht zustimme (ich muss …)

§ 81 Cōnsecūtiō temporum

1. Die folgenden Regeln gelten nur für die Zeitenfolge (*cōnsecū́tiō témporum*) in **konjunktivischen Nebensätzen**. Sie ist im Lateinischen viel strenger als im Deutschen.

2. Maßgeblich für den Tempusgebrauch im Nebensatz ist das Prädikat des übergeordneten Satzes. Dabei ist zu beachten, ob ein **Haupt-** oder ein **Nebentempus** vorliegt.

- Haupttempora sind: Präsens, Futur I und II, präsentisches Perfekt (vgl. § 54.2), ferner der Konjunktiv Perfekt zum Ausdruck des Potentialis der Gegenwart (vgl. § 46.2) und des verneinten Imperativs (vgl. § 47.2);
- Nebentempora sind: Imperfekt, historisches Perfekt, Plusquamperfekt.

3. Für die *cōnsecū́tiō témporum* gelten im Lateinischen folgende Grundregeln:

übergeordneter Satz: Haupttempus	**gleichzeitig: Konjunktiv Präsens**	**vorzeitig: Konjunktiv Perfekt**	**nachzeitig: Konjunktiv** ***coniugātiō periphrástica***
Tē intérrogō, Ich frage dich,	*quid agās.* was du tust.	*quid ēgeris.* was du getan hast.	*quid āctū́rus sīs.* was du tun wirst.
Nebentempus	**Imperfekt**	**Plusquamperfekt**	***coniugātiō periphrástica***
Tē interrogāvī, Ich fragte dich,	*quid ágerēs.* was du tatest.	*quid ēgissēs.* was du getan hattest.	*quid āctū́rus essēs.* was du tun wirst.

4. Abweichungen von dieser Grundregel

- Hängt ein Nebensatz von einer infiniten Verbalform (vgl. § 66) ab, richtet sich sein Tempusgebrauch nach dem Prädikat des übergeordneten Satzes. Dies gilt nicht für den Infinitiv Perfekt, der als Nebentempus behandelt wird.

Iúbeō tē venī́re, ut mē ádiuvēs.	Ich befehle dir zu kommen, um mir zu helfen.

Iussī tē venī́re, ut mē adiuvā́rēs.	Ich befahl dir zu kommen, um mir zu helfen.
Cōnstat tē vēnisse, ut mē adiuvā́rēs.	Bekanntlich kamst du, um mir zu helfen.

- Historisches Präsens (vgl. § 54.1) wird ohne Unterschied als Haupt- oder Nebentempus angesehen.
- In Finalsätzen (auch nach den Ausdrücken des Fürchtens) wird Nachzeitigkeit durch Gleichzeitigkeit ersetzt.

Optō (optā́vī), ut mox véniās (venī́rēs).	Ich wünsche (wünschte), dass du bald kommst.

- In Konsekutiv- und indirekten Fragesätzen steht nach einem Nebentempus dennoch Konjunktiv Präsens, wenn die Handlung bis in die Gegenwart andauert.

Lī́via tantā prūdéntiā erat, ut étiam nunc admīrātiṓnī sit.	Livia besaß so große Klugheit, dass sie heute noch bewundert wird.

- Bei indirekten Fragesätzen ist die Möglichkeit des Deliberativs (§48.4) zu erwägen; der Sinn muss den Ausschlag geben.

Augústus Lī́viam cōnsúluit, num impéria sua iūsta essent.	Augustus fragte Livia um Rat, ob seine Befehle gerecht seien.
Augústus Lī́viam cōnsúluit, num réum impūnī́tum dīmítteret.	Augustus fragte Livia um Rat, ob er den Angeklagten ungestraft entlassen solle.

Dubitā́rī nōn dēbet, quīn fúerint ante Homḗrum poḗtae.	Es darf nicht bezweifelt werden, dass es schon vor Homer Dichter gegeben hat.
Cícerō mortem Túlliae fíliae adeō dóluit, ut nēmō eum cōnsōlā́rī posset.	Cicero empfand so sehr Schmerz über den Tod seiner Tochter Tullia, dass niemand ihn trösten konnte.
Augústus Lī́viam cōnsulḗbat, quid fáceret.	Augustus pflegte Livia um Rat zu fragen, was er tun solle.
Nōvístis, cūr Cornḗlia exémplum mulíeris Rōmā́nae sit (fúerit).	Ihr wisst, warum Cornelia das Vorbild einer römischen Frau ist (gewesen ist).
Verrēs Sicíliam ita pérdidit, ut ea restituī in antī́quum statum nōn possit.	Verres richtete Sizilien so zugrunde, dass es (jetzt) in den alten Zustand nicht mehr zurückversetzt werden kann.
Diógenēs Alexándrō rogántī, quid vellet, respóndit: „Abī ā sōle!“	Diogenes antwortete Alexander auf die Frage, was er wünsche: „Geh aus der Sonne!“

§ 82 Mehrdeutige Konjunktionen: Zusammenfassung und Ergänzung

Anmerkung: Im Hinblick auf die Lektüre umfasst die folgende Zusammenstellung nicht nur Konjunktionen, sondern auch gleichlautende Wörter, die als Pronomina, Relativa, Demonstrativa etc. auftreten.

1. ***cum***

Indikativ		Konjunktiv	
a) dann – wenn; damals – als	§ 72 § 72	a) als	§ 72
b) als (plötzlich)	§ 72	b) während, wobei	§ 72
c) jedes Mal – wenn, sooft	§ 72	c) da, weil	§ 73
d) indem; dadurch dass	§ 72	d) obwohl, während dagegen	§ 77

2. ***ut***

Indikativ		Konjunktiv	
a) sobald, sooft	§ 72	a) dass, damit	§ 74
b) wie		b) dass, so dass	§ 75
c) *ut ... sic* wie … so; zwar … aber		c) gesetzt den Fall, dass	§ 77

3. ***quod***

a) (das) was (Relativpronomen)	§ 23
b) dieses (relativer Satzanschluss)	§ 71.9
c) welch (adjektivisches Interrogativpronomen Neutrum)	§ 24.2
d) da, weil (kausale Konjunktion)	§ 73
e) dass (faktisches *quod*), was den Umstand anbelangt, dass ; wenn	§ 80

4. ***quam***

a) welche (Relativpronomen Fem. Akk. Sg.)	§ 23
b) diese (relativer Satzanschluss)	§ 71.8
c) als (beim Komparativ)	§ 17.5
d) möglichst (beim Superlativ)	§ 17.5
e) wie (*tam ... quam*)	
f) wie (bei Adjektiven / Adverbien)	

5. ***eō***

a) dorthin (Ortsadverb)	
b) durch diesen/dieses (Demonstrativpron. Mask./Neutr. Abl. Sg.)	§ 23
c) desto (beim Komparativ)	§ 63.6
d) ich gehe (Verbalform)	§ 39

6. ***quō***

a) wohin (Ortsadverb)	
b) dorthin (relativer Satzanschluss)	§ 71.8
c) wodurch (Relativpronomen Mask./Neutr. Abl. Sg.)	§ 23
d) dadurch (relativer Satzanschluss)	§ 71.8
e) durch welchen (Interrogativpronomen)	§ 24
f) damit umso (+ Konjunktiv, meist + Komparativ)	
g) je (beim Komparativ mit *eō* + Komparativ)	§ 63.6

7. ***dum***

a) während	§ 72.3
b) solange (als)	§ 72.3
c) (solange) bis	§ 72.4
d) wenn nur	§ 76.1

8. ***quīn***

a) ja sogar (*quīn étiam*)	§ 80
b) warum nicht?	§ 80
c) dass (bei verneinten Ausdrücken des Zweifelns)	§ 80
d) dass (nach verneinten Ausdrücken des Hinderns usw.)	§ 80
e) dass nicht (verneinter Konsekutivsatz)	§ 80
f) dass nicht (verneinter Relativsatz)	§ 80

§ 83 Rhetorische Stilmittel

Antike Literatur erhebt den Anspruch einer anspruchsvollen stilistischen Gestaltung. Dies betrifft sowohl Prosa (Geschichtswerke, Reden ...) als auch Poesie. Die folgende Zusammenstellung enthält Stilmittel, wie sie schon die antike Rhetorik (Redelehre) herausgearbeitet hat.

1. Kompositionsfiguren

Wort-Anordnungen, mit denen eine besondere Wirkung (Gefallen, Hervorhebung, Eindringlichkeit) erzielt werden soll, heißen in der Rhetorik Kompositionsfiguren.

1.1	**Alliteration** Gleicher Anlaut aufeinander folgender oder zusammengehörender Wörter	*In tantā tamque conrúptā cīvitáte Catilīna ...*

1.2	**Anapher** Wiederholung desselben Wortes am Anfang von Sätzen oder Satzteilen	*Nōs prō pátriā, prō lībertā́te, prō vītā certā́mus.*
1.3	**Antithese** Aneinanderreihung zweier sich widersprechender Wörter, Wendungen oder Gedanken	*Verba docent, exémpla trahunt.*
1.4	**Asyndeton** Aneinanderreihung von Wörtern, Sätzen oder Satzgliedern ohne verbindende Konjunktionen	*..., quae hóminēs arant, nā́vigant, aedíficant, ...*
1.5	**Chiasmus** Überkreuzstellung entsprechender Wörter oder Wortgruppen. (vgl. den gr. Buchstaben X = Chi)	*Concórdia mā́xima,* × *mínima avārítia erat.*
1.6	**Ellipse** Auslassung eines leicht ergänzbaren Wortes	*Summum iūs summa iniū́ria [est].*
1.7	**Enallage** Beziehung des Adjektivs auf ein unpassendes Bezugswort im Satz	*Ībant obscū́rī per umbram* (statt *obscū́ram per umbram*).
1.8	**Epanalepse bzw. Geminatio** Wiederholung eines Wortes oder einer Wortgruppe (unmittelbar oder nach einem kleinen Einschub)	*Crux, crux īnfēlī́cī et misérrimō comparā́bātur.*
1.9	**Epipher** Wiederholung desselben Wortes am Ende von Sätzen oder Satzteilen	*Poenōs pópulus Rōmā́nus iūstítiā vīcit, armīs vīcit, līberālitā́te vīcit.*
1.10	**Hendiadyoin** Wiedergabe eines als **Ein**heit empfundenen Ausdrucks durch **zwei** Teilbegriffe	*furor ac tēla;* *cōnsílium ratiṓque*
1.11	**Homoioteleuton** Gleichklang der Endsilben einander entsprechender Wörter oder Satzteile	*Ália fuḗre, quae illōs māgnōs fēcḗre.*
1.12	**Hyperbaton** Trennung syntaktisch zusammengehörender Wörter	*Iūnō aetérnum servāns sub péctore vulnus ...*
1.13	**Isokolon** Gleiche Wort- oder sogar Silbenzahl mehrerer Glieder einer Satzperiode	*Ā deō petā́tur, in deō quaerā́tur, ad deum pulsḗtur.*

1.14	**Klimax** Steigernde Aufzählung	*Vōs dīvítiās, decus, glṓriam, praetéreā lībertā́tem atque pátriam in mánibus vestrīs portā́tis.*
1.15	**Oxymoron** Verbindung zweier sich widersprechender Begriffe	*Cum tacent, clāmant.* *docta īgnōrántia*
1.16	**Parallelismus** gleiche (parallele) Anordnung von Wörtern in aufeinander folgenden Sätzen oder Satzteilen	*Numquam Catilī́nam* *pudor ā turpitū́dine* *aut metus ā perī́culō* *aut rátiō ā furṓre revocā́vit.*
1.17	**Polyptoton** Wiederholung eines Wortes in einer anderen Flexionsform	*ad lū́mina lūmen tollēns* (siehe auch Beispiel bei 1.13)
1.18	**Polysyndeton** Aneinanderreihung von Wörtern und Wortgruppen, die alle durch gleiche oder ähnliche Konjunktionen verbunden sind	*opus, quod nec Iovis īra nec ignis nec ferrum nec vetústās exstínguere póterit, ...*
1.19	**Zeugma** Verbindung eines Verbums mit zwei Substantiven, von denen eines unpassend wirkt	*Óculōs dextrámque precántem prōténdit.*

2. Tropen oder Wortfiguren

Zu den Besonderheiten der Literatursprache gehört es, dass das Gemeinte nicht direkt, sondern durch übertragene oder durch bildliche Ausdrücke formuliert wird.
Solche „Rede-Wendungen" bezeichnet man als Tropen (gr. *tropos*: die Wendung, die Art und Weise) oder als Wortfiguren.

2.1	**Allegorie** Bildhafte Darstellung eines umfassenden, meist abstrakten Sachverhaltes	*Sedēbā́mus in puppī et gubernā́culum* (Steuerruder) *tenēbā́mus.* (Cicero über seine politische Tätigkeit: Staat als Schiff)
2.2	**Euphemismus** Beschönigende Veränderung eines Ausdruckes	*omnī Gálliā pācā́tā (pācā́tā:* befriedet statt: *subiéctā:* unterworfen)
2.3	**Hyperbel** Übertreibung (positiv oder negativ)	*Tempéstās flūctūs ad sī́dera tollit.*

2.4	**Ironie** Ausdruck einer Sache durch deren Gegenteil	*Verrēs, praetor urbā́nus, homō sanctus et dī́ligēns* (Cicero über den niederträchtigen Provinzstatthalter Verres)
2.5	**Litotes** Ersatz eines Ausdruckes durch dessen verneintes Gegenteil	*Nec erit difficile ...*
2.6	**Metapher** Bildhafter Ausdruck in übertragener Bedeutung, verkürzter Vergleich	*hóminēs, quī ad gubernā́cula* (Steuerruder) *reī pū́blicae sedent* (= Politiker)
2.7	**Metonymie** Ersatz eines Wortes durch ein anderes, welches mit jenem in einer gedanklichen Beziehung steht	*Cēdant arma togae* (statt *ṓtiō* bzw. *pācī*)! *Cerēs* statt *frūméntum*, *Neptū́nus* statt *mare*
2.8	**Personifikation** Darstellung von Gegenständen oder abstrakten Begriffen als lebendige und handelnde Wesen	*Nunc tē pátria, quae commū́nis est parēns ómnium nostrum, ōdit ac métuit.*
2.9	**Synekdoche** Wahl eines engeren (Teil-) Begriffes statt des umfassenden (oder umgekehrt)	*tēctum* statt *domus*

3. Gedankenfiguren

Nicht zur Gestaltung der Worte und ihrer Anordnung, sondern zur Hervorhebung des Inhalts (oder seines Verschweigens) dienen Gedankenfiguren.

3.1	**Interrogatio (rhetorische Frage)** Frage, auf die keine Antwort erwartet wird, da sie einer Aussage entspricht	*Quae ōrā́tiō potest pār invenī́rī virtū́tī Cn. Pompēī?*
3.2	**Occupatio** Vorwegnahme eines möglichen Einwandes eines Gegners	*Dīcat áliquis: ...*
3.3	**Praeteritio** Ankündigung, einen Sachverhalt zu übergehen, um ihn dadurch doch zu erwähnen	*Prīmum illud tempus istī́us vītae praetermittam, ... ómnia praeterībō, quae mihi túrpia vidēbúntur.*

§ 84 Einführung in die Metrik

1. **Lateinische Dichtung** ist quantitierend, d. h. eine Abfolge von Längen und Kürzen (Quantitäten); deutsche Dichtung ist akzentuierend (Abfolge von betonten und unbetonten Silben; Wort- und Versakzent stimmen überein). Lateinische Gedichte weisen in der Antike keinen Reim auf; die Betonung können in der Regel nur lange Silben tragen, weshalb Wort- und Versakzent oft nicht identisch sind.

2. **Die vier wichtigsten Metren** (Metrum: Versfuß) sind:

Jambus	◡ –́ ◡ –́	(zwei Jamben bilden ein Metrum)
Trochäus	–́ ◡ –́ ◡	(zwei Trochäen bilden ein Metrum)
Daktylus	–́ ◡ ◡	
Spondeus	–́ –	(zwei Kürzen sind durch eine Länge ersetzt)
Anapäst	◡ ◡ –́	

3. **Für die Quantität der Silben** gilt:
   Eine Silbe ist lang (–),
   wenn sie einen langen Vokal oder Diphthong enthält (**Naturlänge**);
   wenn auf einen kurzen Vokal zwei oder mehr Konsonanten folgen (**Positionslänge**); zu beachten ist, dass x (aus c+s bzw. g+s) Positionslänge bildet; nach Muta (b, p, d, t, g, c) + Liquida (l, r) kann Positionslänge eintreten, tut es aber oft nicht, vor allem vor einem Wort, das mit Muta + Liquida beginnt.
   Kurz (◡) sind alle anderen Silben.

4. **Hiat**
   Wenn ein Wort mit einem Vokal oder *-m* (z.B. *-um*, *-am*, *-em*) endet und das nächste mit einem Vokal beginnt (*h* wurde nicht gesprochen und bleibt deshalb unberücksichtig), tritt in vorklassischer und klassischer Zeit eine Verschleifung (**Synalöphe**) ein; in der Kaiserzeit wird es üblich, den zweiten Vokal auszustoßen (**Elision**), was auch heute die Regel ist; lautet das zweite Wort *est*, wird das *e* unterdrückt (**Aphärese**):
   *Quidquid erit, superand**(a)** omnis fortūna ferendō **(e)**st.*
   *mōnstr**(um)** **(h)**orrend**(um)** īnfōrm**(e)** ingēns, cui lūmen ademptum*

5. **Der Hexameter**
   - Der Hexameter ist ein daktylischer Langvers mit sechs Hebungen.
     Grundschema: –́ ◡ ◡ | –́ ◡ ◡ | –́ ◡ ◡ | –́ ◡ ◡ | –́ ◡ ◡ | –́ ◡̄
     Da beide Kürzen jeweils durch eine Länge ersetzt werden können, ergeben sich für den Hexameter folgende Möglichkeiten:
     –́ ◡◡ (—) | –́ ◡◡ (—) | –́ ◡◡ (—) | –́ ◡◡ (—) | –́ ◡◡ ([—]) | –́ ◡
     Das letzte Metrum ist unvollständig (katalektisch). Die letzte Silbe ist lang oder kurz (*anceps:* ◡̄). Im fünften Metrum tritt selten ein Spondeus auf (*versus spondiacus*).

- Als Langvers hat der Hexameter Einschnitte (Zäsuren: ‖):
  nach der 2. Hebung = dem 3. Halbvers (Trithemimeres)
  nach der 3. Hebung = dem 5. Halbvers (Penthemimeres)
  nach der 4. Hebung = dem 7. Halbvers (Hephthemimeres)
  nach dem 4. Metrum am Wortende (Diärese) [im Hexameter selten, oft in der Bukolik]

- Beispiele zur Analyse des Hexameters (N: Naturlänge; P: Positionslänge; E: Elision; A: Aphärese; Z: Zäsur):

  Áurea prīma sata (e)st aetās, quae víndice nūllō
  –́ ∪ ∪ | –́ ∪ ∪ | –́ – | –́ ‖ – | –́ ∪ ∪ | –́ –
  N N P A N N Z N P P N
  (*áurea*: kurzes *a* am Ende trotz Position *pr*: Muta cum Liquida)

  Quidquid erit, superánd(a) omnis fortūna feréndō (e)st.
  –́ ∪ ∪ | –́ ‖ ∪ ∪ | –́ – | –́ ‖ – | –́ ∪ ∪ | –́ –
  P P Z P E P P Z P N P N A

  mōnstr(um) (h)orrend(um) īnfōrm(e) ingēns, cui lūmen ademptum
  –́ – | –́ ‖ – | –́ – | –́ ‖ – | –́ ∪ ∪ | –́ ∪
  N E P P E (Z)N P E N N Z N N P

6. **Der Pentameter**
   Der Pentameter ist ebenfalls ein daktylischer Langvers mit sechs Hebungen. Im Gegensatz zum Hexameter fehlen jedoch die beiden Kürzen im dritten Metrum und die *anceps* im letzten. Die Zäsur ist jeweils in der Mitte des Verses, wo durch den Wegfall der zwei Kürzen zwei „betonte" Silben aufeinandertreffen. Der zweite Halbvers ist stets rein daktylisch, im ersten können die Kürzen durch eine Länge ersetzt werden (Spondeen). Im ersten und letzten Halbvers ist die letzte Silbe *anceps*.

   Grundschema:
   –́ ∪ ∪ | –́ ∪ ∪ | ∪̄́ ‖ –́ ∪ ∪ | –́ ∪ ∪ | ∪̄́

   nescio, sed fierī sentī(ō) et excrucior.
   –́ ∪ ∪ | –́ ∪ ∪ | –́ ‖ –́ ∪ ∪ | –́ ∪ ∪ | ∪́
   P P N Z P E P

   Die Verbindung eines Hexameters mit einem Pentameter heißt (elegisches) **Distichon**.

7. **Der Hendekasyllabus (Elfsilbler)**
   Bei den Gedichten Catulls findet sich häufig der Hendekasyllabus.

   Grundschema:
   –́ ∪̄ –́ ∪ ∪ –́ ∪ –́ ∪ –́ ∪̄

   Die zweite Silbe kann auch lang sein, die letzte ist *anceps* (∪̄).

   quār(ē h)abē tibi, quidquid hoc libellī
   –́ ∪ –́ ∪ ∪ –́ ∪ –́ ∪ –́ –
   N E N P P P N

8. Der jambische Trimeter

Der jambische Trimeter besteht aus drei jambischen Metren.

Grundschema:

⏓ – ⏑ – | ⏓ – ⏑ – | ⏓ – ⏑ –

Die erste Silbe eines jeden Metrums kann auch lang sein.

Quid est, Catulle? Quid morāris ēmorī?

⏑ – ⏑ – | ⏑ – ⏑ – | ⏑ – ⏑ –

P P P N N N

§ 85 Texterschließung als Methode

Die Texterschließung als Methode geht davon aus, dass Inhalt und Aussage von lateinischen Texten sich nicht allein als Summe von einzelnen Wortbedeutungen und aus der Addition einzelner Sätze ergeben, sondern aus einem Textzusammenhang, dessen Erschließung der Interpretation und der Übersetzung vorausgehen und z. T. auch folgen. Dieser Textzusammenhang wird durch sprachliche Signale bewirkt, die die **Kohärenz** (der innere Zusammenhang) von Texten gewährleisten. Es handelt sich hierbei also um ein grammatikalisches Phänomen, das über die Ebene des Satzes hinausgeht, um **Textgrammatik**.

Die Kohärenz von Texten wird vor allem durch folgende Phänomene bewirkt:

- Konnektoren, d. h. Wörter, die einzelne Sätze syntaktisch und inhaltlich-logisch miteinander verbinden, z. B. Konjunktionen (*et*, *atque*, *-que* usw.), Subjunktionen (*quod*, *cum* usw.) und Adverbien (*tamen*, *intéreā* usw.), vor allem auch Pronominaladverbien (*hūc*, *inde* usw.);
- Pronomina, vor allem Demonstrativpronomina (*hic*, *haec*, *hoc*; *ille*, *illa*, *illud*; *is*, *ea*, *id* usw.) und relative Satzanschlüsse (*quī*, *quae*, *quod* usw.);
- voraus- oder rückverweisende Ausdrücke wie *id est* und *ut suprā dīxī*;
- Tempusgebrauch, z. B. das Plusquamperfekt zur Signalisierung einer zeitlich vor einem anderen Ereignis liegenden Handlung;
- Wortfelder und Wortbedeutungen;
- die Thema-Rhema-Abfolge eines Textes, d. h. die Abfolge bereits mitgeteilter oder als bekannt vorausgesetzter Information (Thema) und neuer Mitteilung (Rhema).

Die Texterschließung nach den oben genannten Prinzipien soll anhand eines Kapitels aus Cäsars *Dē bellō Gállicō* verdeutlicht werden:

Hīs rēbus gestīs cum ómnibus dē causīs Caesar pācā́tam Gálliam exīstimā́ret, superā́tīs Belgīs, expúlsīs Germā́nīs, victīs in Álpibus Sedū́nīs, atque ita ínitā híeme in Illýricum proféctus esset, quod eās quoque nātiṓnēs adī́re et regiṓnēs cognṓscere volḗbat, súbitum bellum in Gálliā coórtum est. Eius bellī haec fuit causa: P. Crassus adulḗscēns cum legiṓne séptimā próximus marī in Ándibus hiemā́bat. Is, quod in hīs locīs inópia frūméntī erat, praeféctōs tribūnṓsque mī́litum complū́rēs in fīnítimās cīvitā́tēs frūméntī causā dīmī́sit. (Caesar, BG III 7)

Als Caesar nach diesen Ereignissen aus allerlei Gründen Gallien unterworfen glaubte – die Belger waren überwunden, die Germanen vertrieben, die Seduner im Alpengebiet besiegt – und so im Winter nach Illyrien gereist war, weil er auch die dort ansässigen Stämme aufsuchen und diese Gegenden kennenlernen wollte, brach in Gallien plötzlich ein Krieg aus. Sein Anlass war folgender: Publius Crassus der Jüngere überwinterte mit der siebenten Legion im Gebiet der Anden in nächster Nähe des Meeres. Weil in diesen Gegenden Mangel an Getreide herrschte, schickte er mehrere Proviantmeister und Militärtribunen zu den benachbarten Stämmen, um Lebensmittel zu besorgen und die Zufuhr zu sichern (Übersetzung nach Georg Dorminger).

Das Demonstrativpronomen *hīs* am Anfang des Textes bezieht sich auf Ereignisse im Vordersatz und bildet so den logischen Anschluss an diesen. Die Subjunktion *cum* drückt wohl ein temporales Verhältnis aus, wird aber an dieser Stelle in den Nebensatz eingebaut, um die beiden Ablative *hīs rēbus gestīs* und *ómnibus dē causīs* voneinander zu trennen. Die *causae* werden in drei ohne Konjunktion aneinandergereihten Ablativen mit Partizip – *superā́tīs Belgīs, expúlsīs Germā́nīs, victīs in Álpibus Sedū́nīs* – in schneller Folge genannt. Caesar, der von sich selbst in der dritten Person spricht, verweist dabei direkt auf drei erfolgreiche Feldzüge gegen die *Belgae*, die *Germā́nī* und die *Sedū́nī*.

Dies soll der Leser im Hinterkopf haben, wenn von *Illýricum* die Rede ist, wohin Caesar jetzt aufbrechen will. Der formale Grund dafür wird durch einen Kausalsatz, der mit der Subjunktion *quod* eingeleitet wird, angegeben und enthält mit *eās quoque nātiṓnēs adī́re* und *regiṓnēs cognṓscere* zwei Ziele, die in geringer Verbindung mit dem Thema Krieg zu stehen scheinen, zumal mit *ínitā híeme* in einem weiteren Ablativ mit Partizip darauf verwiesen wird, dass wegen des Einbruchs des Winters nicht mehr mit kriegerischen Handlungen zu rechnen ist. Caesars Abreise erscheint vor diesem Hintergrund gerechtfertigt und der am Ende der Periode stehende Inhalt des Hauptsatzes – *súbitum bellum in Gálliā coórtum est* – wird durch die relativ späte Entfaltung des eigentlichen Themas dramatisiert. Zugleich wird durch die Wortstellung eine größtmögliche Distanz zwischen *Caesar* in Z. 1 und *bellum* in Z. 4 bewirkt.

Der phrasenhaft wirkende Kurzsatz „*Eius bellī haec fuit causa*" weist mit seinem Demonstrativpronomen *eius* und der Wiederaufnahme des Begriffes *bellum* im Genitiv auf das eigentliche Thema der Passage zurück, gleichzeitig aber signalisiert er, dass nun unmittelbar auf den Urheber des Krieges hingewiesen werden soll. Sofort nach dem Doppelpunkt folgt daher die Nennung des Namens *P. Crassus* und die nähere Bestimmung durch das Substantiv *adulēscēns*, mit dem der Leser mangelnde Erfahrung und mangelnde Kompetenz assoziieren kann. Der Inhalt des Satzes ist weniger aussagekräftig und beschreibt im Prinzip nur einen Zustand, nämlich die Einrichtung des Winterlagers. Das Wiederaufgreifen der Person P. Crassus durch das Demonstrativpronomen *is* im folgenden Satz signalisiert, dass dieser das „Subjekt" der nun folgenden Auseinandersetzung ist, nicht Caesar. Hier werden durch einen eingeschobenen *quod*-Satz und durch die Wendung *frūméntī causa* die Hintergründe der Handlungsweise Caesars kurz und präzise dargestellt.

Im Einzelnen ergeben sich folgende Beobachtungen:

Als **Konnektoren** dienen vor allem **Demonstrativpronomina**, die den Anschluss zum jeweils vorhergehenden Satz herstellen sollen, und es kommen selten temporale, häufiger aber kausale Verknüpfungselemente wie die Konjunktionen *cum* und *quod* bzw. Ablatívi absolúti mit kausaler Sinnrichtung zum Tragen. Caesar will damit einen hohen Grad an Plausibilität seiner Ausführungen erreichen.

Der **phrasenhaft** wirkende Kurzsatz „*Eius bellī haec fuit causa*", der unmittelbar an die Erwähnung des Krieges anschließt, erhöht das Tempo und die Intensität der Darstellung und weist P. Crassus rasch als den Schuldigen am Ausbruch des bewaffneten Konfliktes aus.

Die Verwendung des **Imperfekts** bei *pācā́tam Gálliam exīstimā́ret* und *volēbat* suggeriert in Bezug auf die Ruhe in Gallien einen Nebenumstand, der sich als Resultat aus den die Vorzeitigkeit anzeigenden Partizipien *superā́tīs* (*Belgīs*), *expúlsīs* (*Germā́nīs*) und *victīs* (*Sedū́nīs*) ergibt. Das Aufflammen des Krieges als ein plötzliches Ereignis wird mit dem **Perfekt** ausgedrückt (*coórtum est*). Anschließend verdeutlicht das Imperfekt *hiemā́bat* erneut eine Ausgangssituation und das Perfekt *dīmīsit* einen konkreten Anlass.

Auffällig ist in dieser Passage auch der sehr bewusste Umgang mit Verben und Verbformen im Sinne von **Wortfeldern**. Das entschlossene Handeln Caesars, das sich in den Ablatívi absolúti ausdrückt, wenn die Verben *superā́re*, *expéllere* und *víncere* verwendet werden, führt zu einer Situation des Friedens (*pācā́tā Gálliā*), die es Caesar ermöglicht, seine Truppen im Rahmen einer vermeintlich friedlichen Mission zu verlassen (*adī́re*, *cognṓscere*). Der Entschlossenheit und dem Durchsetzungsvermögen Caesars wird die mangelnde Erfahrung des P. Crassus gegenübergestellt, der als *adulēscēns* charakterisiert und damit letztlich in den Augen der Römer abqualifiziert wird.

Auch die Entfaltung der Darstellung im Sinne der **Thema-Rhema-Abfolge** ist in dieser Passage wirkungsvoll konzipiert. Der Beginn des neuen Krieges steht im Zentrum des Abschnitts, eingebunden in die Erinnerung an vergangene Großtaten Caesars gegenüber den *Belgae*, *Germānī* und *Sedūnī*, die davor thematisiert werden, und die Begründungen für das Handeln des Crassus (*hiemābat*, *inópia frūméntī*, *frūméntī causā*) und sein Versagen (*adulēscēns*) hinterher.

Neben der mehr großflächigen Betrachtung eines Textzusammenhangs stellt oft der Aufbau und die Struktur eines längeren Satzes ein Problem dar. Hier kann als Hilfsittel zur Texterschließung die **syntaktische Analyse** nach der Unterstreich-, Einrück- oder Kästchenmethode dienen. Dabei geht es darum, die Gliederung des lateinischen Satzes in Haupt- und Gliedsätze (Nebensätze) graphisch darzustellen. Dazu werden bei der Unterstreichmethode verschiedene Farben, bei der Kästchenmethode vertikal verschieden angeordnete Umrahmungen verwendet.
Als Beispiel für eine syntaktische Analyse soll hier die **Einrückmethode** dargestellt werden. Dabei beginnt alles, was zum Hauptsatz gehört, ganz vorne, die Gliedsätze werden je nach ihrem Abhängigkeitsverhältnis weiter eingerückt.

Hauptsatz	Glieds. 1. Ordn.	Gliedsatz 2. Ordnung
	Hīs rēbus gestīs / cum / ómnibus dē causīs / Caesar pācātam Gálliam exīstimāret, / superātīs Belgīs, expúlsīs Germānīs, victīs in Álpibus Sedūnīs, / atque ita / ínitā hieme / in Illýricum proféctus esset,	
		quod eās quoque nātiōnēs adīre et regiōnēs cognōscere volēbat,
súbitum bellum in Gálliā coórtum est.		
Eius bellī haec fuit causa: P. Crassus adulēscēns cum legiōne séptimā próximus marī in Ándibus hiemābat.		
Is,		
	quod in hīs locīs inópia frūméntī erat,	
praeféctōs tribūnōsque mīlitum complūrēs in fīnitimās cīvitātēs frūméntī causā dīmīsit.		

Die Passage weist demnach im ersten Satz eine hypotaktische Struktur (ein Satzgefüge) auf. Eine lange Reihe von Begründungen, die teils als Nebensatz, teils als Ablatívus absolútus aufgezählt werden, führt zu Caesars Einschätzung, dass in Gallien Ruhe herrsche. Der Ausbruch des Krieges selbst wird in Form eines Hauptsatzes an das Ende dieser Periode gestellt. Die folgenden beiden Sätze sind parataktisch (als Satzreihe) angeordnet. Viele Informationen werden in rascher Folge vermittelt. In den letzten Satz eingelegt ist eine Begründung für das Vorgehen des Crassus.

§ 86 Der römische Kalender

Der römische Kalender basierte ursprünglich auf einem Mondjahr zu Monaten mit je 29,5 Tagen. Deshalb mussten jedes zweite Jahr im Februar 22 bzw. 23 Schalttage eingeschoben werden. Mit Hilfe des alexandrinischen Mathematikers Sosigenes führte Caesar im Jahre 46 v. Chr. eine grundlegende Reform durch; Vorbild war das ägyptische Sonnenjahr, dessen 12 Monate die heute noch übliche Zahl an Tagen aufweisen. Dieser sog. julianische Kalender gilt mit einer geringfügigen Änderung durch Papst Gregor XIII. aus dem Jahre 1582 bis heute.

Der römische Kalender hat drei Fixpunkte:

Kaléndae; -arum	der erste Tag des Monats	*Kaléndīs Februā́riīs* am 1. Februar
Nōnae, -arum	der 7. Tag des Monats im März, Mai, Juli, Oktober (Merkwort: **M IL M O**) der 5. Tag des Monats in allen anderen Monaten	*Nōnīs Iū́liīs* am 7. Juli *Nōnīs Iū́niīs* am 5. Juni
Īdūs, -uum	der 15.Tag des Monats im März, Mai, Juli, Oktober (**M IL M O**) der 13. Tag des Monats in allen anderen Monaten	*Ī́dibus Mā́rtiīs* am 15. März *Ī́dibus Aprī́libus* am 13. April

Der Tag vor diesen Fixpunkten wird *prīdiē* genannt: *prīdiē Kaléndās Mā́rtiās* am 28. Februar.
Ansonsten wird jeweils auf den nächsten Fixpunkt vorausgezählt, wobei der erste und der letzte Tag mitgerechnet werden: *diē octā́vō ante Ī́dūs Mā́rtiās = ante diem octā́vum (a. d. VIII) Ī́dūs Mā́rtiās*: am 8. März (am 8. Tag vor den Iden des März). Zu beachten ist, dass nach den Iden jeweils auf den 1. Tag (die Kalenden) des **nächsten** Monats vorausgezählt wird: *ante diem décimum (a. d. X) Kalendas **Apriles***: am 23. **März** (am 10. Tag vor den Kalenden des April).

Das römische Jahr begann ursprünglich am 1. März; dementsprechend war der Februar der letzte Monat des Jahres (nur 28 Tage) und der September der siebte Monat, der Oktober der achte usw. Nach der Umstellung des Jahresanfangs auf den 1. Januar (153 v. Chr.) wurden diese Monatsnamen beibehalten, so dass nun – widersinnigerweise – der September der neunte, Monat, der Oktober der zehnte usw. ist.

heutige Monatstage	März M Juli IL Mai M Oktober O (31 Tage)		Januar August Dezember (31 Tage)		April Juni September November (30 Tage)		Februar (28 Tage)	
1.	Kaléndīs		Kaléndīs Iānuāriīs, Februāriīs, Mārtiīs, usw.					
2.	a. d. VI	Nōnās Mártiās usw	a. d. IV		Nōnās Iānuāriās, Februāriās, Aprīlēs, Iūniās, Augústās, Septémbrēs, Novémbrēs, Decémbrēs			
3.	a. d. V		a. d. III					
4.	a. d. IV		prīdiē					
5.	a. d. III		Nōnīs		Nōnīs Iānuāriīs, usw.			
6.	prīdiē		a. d. VIII		Īdūs Iānuāriās, Februāriās, Aprīlēs, Iūniās, Augústās, Septémbrēs, Novémbrēs, Decémbrēs			
7.	Nōnīs		a. d. VII					
8.	a. d. VIII	Īdūs Mārtiās , Iūliās usw	a. d. VI					
9.	a. d. VII		a. d. V					
10.	a. d. VI		a. d. IV					
11.	a. d. V		a. d. III					
12.	a. d.IV		prīdiē					
13.	a. d. III		Īdibus		Īdibus Iānuāriīs, usw.			
14.	prīdiē		a. d. XIX	Kaléndās Februariās, Septémbrēs, Iānuāriās	a. d. XVIII	Kaléndās Māiās, Iūliās, Octōbrēs, Decémbrēs	a. d.XVI	Kaléndās Mārtiās
15.	Īdibus		a. d. XVIII		a. d. XVII		a. d. XV	
16.	a. d. XVII	Kaléndas Aprīlēs, Iūniās, Augústās, Novémbrēs	a. d. XVII		a. d.XVI		a. d. XIV	
17.	a. d. XVI		a. d.XVI		a. d. XV		a. d. XIII	
18.	a. d. XV		a. d. XV		a. d. XIV		a. d. XII	
19.	a. d. XIV		a. d. XIV		a. d. XIII		a. d. XI	
20.	a. d. XIII		a. d. XIII		a. d. XII		a. d. X	
21.	a. d. XII		a. d. XII		a. d. XI		a. d. IX	
22.	a. d. XI		a. d. XI		a. d. X		a. d. VIII	
23.	a. d. X		a. d. X		a. d. IX		a. d. VII	
24.	a. d. IX		a. d. IX		a. d. VIII		a. d. VI	
25.	a. d. VIII		a. d. VIII		a. d. VII		a. d. V	
26.	a. d. VII		a. d. VII		a. d. VI		a. d. IV	
27.	a. d. VI		a. d. VI		a. d. V		a. d. III	
28.	a. d. V		a. d. V		a. d. IV		prīdiē	
29.	a. d. IV		a. d. IV		a. d. III			
30.	a. d. III		a. d. III		prīdiē			
31.	prīdiē		prīdiē					

§ 87 Münzen, Maße, Gewichte

Münzen

as, assis	der As	kleinste Münze, Kupfer
sēstértius	der Sesterz	2 ½ As (der dritte [As] halb [semi-])
dēnā́rius	der Denar	10 As; zunächst aus Silber, dann auch aus Gold, später Kupfer
áureus	der Aureus	25 Denare / 250 As; Goldmünze

Längenmaße

pēs	Fuß	30 cm
gradus	Schritt	2 ½ Fuß, 75 cm
passus	Doppelschritt	1,5 m
mīlle passūs	Meile	1,5 km

Gewichte

ū́ncia	Unze	27,16 g
pondō / lībra	Pfund	12 Unzen, 326 g

§ 88 Abkürzungen römischer Vornamen

Die römischen Vornamen wurden oft abgekürzt:

A.	Aulus
Ap(p).	Áppius
C. (!)	Gāius
Cn. (!)	Gnaeus
D.	Décimus
L.	Lū́cius
M.	Mārcus
M'.	Mānius
P.	Pū́blius
Q.	Quīntus
S(ex).	Sextus
Ser.	Sérvius
Sp.	Spúrius
T.	Titus
Ti(b).	Tibérius

Verzeichnis der behandelten lateinischen Wörter

Das Verzeichnis enthält nur Wörter, zu denen in der Grammatik spezifische Angaben gemacht werden. Die Zahlen geben den Paragraphen (gegebenenfalls mit Unterziffer) an, die Zahlen in Klammern die Seite, auf der das Wort behandelt wird.

Q

Verzeichnis der grammatischen Begriffe

Das Verzeichnis enthält die Fachbegriffe, die in der Grammatik eine Rolle spielen. Die Zahlen geben den Paragraphen (gegebenenfalls mit Unterziffer) an, die Zahlen in Klammern die Seite, auf der der Begriff vorkommt.

Abkürzungsverzeichnis

Abl.	Ablativ
AcI	Akkusativ mit Infinitiv
adj.	adjektivisch
Adj.	Adjektiv
Adv.	Adverb
Akk.	Akkusativ
Dat.	Dativ
f.; Fem.	Femininum
f; ff	folgende(r)
Fut.	Futur
Gen.	Genitiv
Ind.	Indikativ
Inf.	Infinitiv
jem.	jemand(em/en)
K.; Kas.	Kasus
Konj.	Konjunktiv
m.; Mask.	Maskulinum
N.	Numerus
n.; Neutr.	Neutrum
NcI	Nominativ mit Infinitiv
Nom.	Nominativ
Pass.	Passiv
P(er)f.	Perfekt
P.; Pers.	Person
PFA	Partizip Futur Aktiv
Pl.; Plur.	Plural
Plqupf.	Plusquamperfekt
PPA	Partizip Präsens Aktiv
PPP	Partizip Perfekt Passiv
Präp.	Präposition
Präs.	Präsens
Sg.; Sing.	Singular
subst.	substantivisch
Subst.	Substantiv
Superl.	Superlativ
trans.	transitiv
V.; Vok.	Vokativ
vgl.	vergleiche

Nachträge

Zu § 46 – Aussagesätze

4. Im Lateinischen steht der Indikativ (**Realis**) bei
   a) einem Geschehen, das als möglich, nötig oder beinahe eingetreten beurteilt wird;
   b) einem Geschehen, das als unvermutet beurteilt wird;
   c) rhetorischen Fragen, die eine Aussage wie „niemand, jeder usw." enthalten.

Im Deutschen verwendet man dabei gewöhnlich den Konjunktiv.

possum / pótuī	ich könnte, hätte können
dḗbeō / dḗbuī	ich müsste, hätte müssen
mélius est / erat	es wäre besser (gewesen)
longum est	es würde zu weit führen
fácile est / erat	es wäre leicht (gewesen)
paene cécidī	beinahe wäre ich gefallen
non spērā́bam	ich hätte nicht gehofft
quis nōn audī́vit?	wer hätte nicht gehört?

Possum dī́cere dē multīs áliīs rēbus, sed longum est.	Ich könnte über viele andere Themen sprechen, aber es würde zu weit führen.
Quis īgnṓrat Lī́viam Augústō uxṓrem fīdam fuisse?	Wer wüsste nicht, dass Livia dem Augustus eine treue Gattin gewesen ist?
Nāvis tempestā́te paene mersa est.	Das Schiff wäre beinahe im Sturm versunken.

Zu § 63.4 bzw. 71.10 – Relativsatz mit *ablātī́vus comparātiṓnis*

Das Relativpronomen erscheint im Lateinischen gelegentlich in Verbindung mit dem *ablātī́vus comparātiṓnis*:

*Homērus, **quō** clāriṓrem poḗtam Gráecia nōn tulit, caecus fuisse dī́citur.*
Hilfsübersetzung: Homer, im Vergleich zu dem Griechenland keinen berühmteren Dichter hervorgebracht hat, soll blind gewesen sein.

Im Deutschen empfiehlt sich folgende Wiedergabe:
a) Der Komparativ wird zum Superlativ.
b) Der Relativsatz wird zu einer Apposition + Relativsatz.
c) Die Verneinung fällt weg.

Homer, der berühmteste Dichter, den Griechenland hervorgebracht hat, soll blind gewesen sein.

Pater Hanníbalis, quō atrōciṓrem hostem Rōmā́nī nōn habḗbant, Hamílcar erat.	Der Vater Hannibals, des hitzigsten Feindes, den die Römer hatten, war Hamilkar.
Corínthī, quā locuplḗtior urbs in Gráeciā nōn erat, Paulus apóstolus diū versā́tus est.	In Korinth, der reichsten Stadt, die es in Griechenland gab, hielt sich der Apostel Paulus lange auf.

Zum § 20 und den §§ 66 ff – indirektes Reflexivpronomen

Bei Bezug auf das Subjekt des übergeordneten Satzes wird im Lateinischen die reflexive Form des Personal- und Possessivpronomens (indirektes Reflexivum) in folgenden Fällen verwendet:

a) beim AcI und in der *ōrā́tiō oblī́qua*;
b) in indirekten Fragesätzen und *quīn*-Sätzen nach *nōn dubitā́re* etc.;
c) in abhängigen Finalsätzen;
d) in sonstigen innerlich abhängigen Nebensätzen, die keine Tatsache, sondern eine Meinung des übergeordneten Subjekts ausdrücken und deshalb im Konjunktiv stehen.

Scī́piō gāvī́sus est pīrā́tās ad sē vēnisse et glṓriam suam láudibus extulísse.	Scipio freute sich, dass Seeräuber zu ihm gekommen waren und seinen Ruhm lobend hervorgehoben hatten.
Caesar lēgā́tōs Gallṓrum rogā́vit, quid ā sē vellent.	Caesar fragte die Gesandten der Gallier, was sie von ihm wollten.
Lēgā́tī ad Cáesarem vēnḗrunt ōrātum, ut sibi īgnṓsceret.	Gesandte der Gallier kamen zu Caesar mit der Bitte, ihnen zu verzeihen.
Rōmā́nī Cicerṓnī grātiās ēgḗrunt, quod sē et rēs suās servāvisset.	Die Römer sagten Cicero Dank, weil (dass) er (ihrer Meinung nach) sie und ihr Hab und Gut gerettet habe.